Buchners Kolleg Wirtschaft & Recht

Band 2

für die Oberstufe des Gymnasiums

Jahrgangsstufe 12

bearbeitet von

Max Bauer
Gerhard Pfeil
Stephan Podes
Ulrike Wombacher

C. C. Buchner Verlag · Bamberg

Buchners Kolleg Wirtschaft & Recht
Band 2
für die Oberstufe des Gymnasiums
Jahrgangsstufe 12

Bearbeitet von

Max Bauer/Stephan Podes (Kapitel 2)
Gerhard Pfeil (Kapitel 3, 7 und 8)
Stephan Podes (Kapitel 1)
Ulrike Wombacher (Kapitel 4, 5 und 6)

unter Beratung von Christoph Neubauer

1. Auflage, 2. Druck 2016
Alle Drucke dieser Auflage sind, weil untereinander unverändert, nebeneinander benutzbar.

Dieses Werk folgt der reformierten Rechtschreibung und Zeichensetzung. Ausnahmen bilden Texte, bei denen künstlerische, philologische oder lizenzrechtliche Gründe einer Änderung entgegenstehen.

Redaktion: Stephanie Gebhardt/Sonja Reus
Layout und Satz: tiff.any GmbH, Berlin
Druck und Bindung: Brüder Glöckner GmbH, Wöllersdorf

www.ccbuchner.de

ISBN 978-3-7661-**7216**-7

Zur Arbeit mit Buchners Kolleg Wirtschaft & Recht

Jedes **Großkapitel** beginnt mit einer **Auftaktseite**. Diese ist collageartig gestaltet und führt mit Hilfe ausgewählter Bilder, Karikaturen und Fälle in zentrale Fragestellungen des Kapitels ein. Die Auftaktseite setzt beim Alltagsverständnis der Schülerinnen und Schüler an und bietet die Möglichkeit zu einer ersten Annäherung an die Fragestellungen des Kapitels.

Jedes Unterkapitel beginnt mit einem **Unterrichtseinstieg** E (kurze Texte, Karikaturen, Grafiken, ...), der in Verbindung mit einer **Aufgabenstellung** (Randspalte) das Interesse der Schülerinnen und Schüler für die Thematik des Unterkapitels wecken soll.

Anschließend folgt der **Darstellungsteil**, in dem die verbindlichen Lehrplaninhalte in übersichtlicher Form vermittelt werden. *Wiederholungen* und *fakultative Inhalte* sind in den Überschriften als solche gekennzeichnet. In der Randspalte finden sich illustrierende Bilder, Begriffserklärungen oder wichtige Paragraphen.

Der vom Darstellungsteil durch das Layout klar getrennte **Arbeitsteil** *(Kompetent in Wirtschaft & Recht)* gibt viele Anregungen für eine vertiefende Auseinandersetzung mit den Inhalten des Kapitels. Anhand ausgewählter Quellen sollen die Schülerinnen und Schüler das erworbene Wissen anwenden und erweitern. Die Materialien M ermöglichen in Verbindung mit einem **differenzierten Aufgabenapparat** die analytische Erschließung der Lehrplaninhalte, schaffen problemorientierte Verknüpfungen zur Alltagswelt und Verbindungen zu anderen Fächern. Hierbei wurde besonders der **neuen Aufgabenkultur** in den Abiturprüfungen Rechnung getragen.

Zusammenfassungen Z stellen in kompakter Form nochmals die zentralen Inhalte und Begriffe eines Großkapitels dar und ermöglichen so eine gezielte Wiederholung und Systematisierung des Grundwissens.

Ein zusätzliches Kapitel am Ende des Bandes dient der Vorbereitung auf die Abiturprüfung. Hier finden sich Erläuterungen zu den Anforderungen der Aufgabenstellungen, Musterabituraufgaben und Lösungsbeispiele.

Ein umfangreicher **Serviceteil** mit Glossar, Recherchetipps und einem ausführlichen Register dient dem Auffinden zentraler Begriffe, schafft thematische Querverbindungen und erleichtert das Arbeiten mit dem Buch.

Inhalt

1	**Beschäftigung und Einkommen**	7
1.1	Strukturelle Ungleichgewichte auf dem Arbeitsmarkt	8
1.2	Wirtschaftspolitische Maßnahmen und Beschäftigung: Was kann und was soll die Wirtschaftspolitik tun?	13
1.3	Einkommen und Beschäftigung: grundlegende Positionen der Tarifpartner	19
1.4	Ursachen und Folgen der Staatsverschuldung	25
1.5	Steuern – die Einnahmen des Staates	30
1.6	Verbesserung der Rahmenbedingungen des Arbeitsmarktes	37
	Zusammenfassung	41
2	**Geld und Währung**	43
2.1	Grundlagen des monetären Systems	44
2.2	Das Europäische System der Zentralbanken	51
2.3	Das geldpolitische Instrumentarium der Europäischen Zentralbank	55
2.4	Strategie und Grenzen der Geldpolitik	62
2.5	Währungspolitik in der Europäischen Union	67
	Zusammenfassung	77
3	**Außenwirtschaft**	79
3.1	Die Bedeutung der außenwirtschaftlichen Beziehungen für die deutsche Volkswirtschaft	80
3.2	Die Zahlungsbilanz	84
3.3	Charakteristika der Zahlungsbilanz der Bundesrepublik Deutschland	90
3.4	Maßnahmen der Außenhandelspolitik	95
3.5	Grenzen nationaler Wirtschaftspolitik	102
	Zusammenfassung	107
4	**Die Systematik des Rechts der Leistungsstörungen**	109
4.1	Die Verpflichtung zur Leistung	110
4.2	Der Rücktritt – Möglichkeit zur Lösung vom Vertrag	115
4.3	Schadensersatz neben der Leistung	120
4.4	Schadensersatz statt der Leistung	123
	Zusammenfassung	129
5	**Verspätung der Leistung beim Kauf**	131
5.1	Verzögerte Leistung und Verzug des Schuldners	132
5.2	Rechtsfolgen aus verzögerter Leistung des Schuldners	136
	Zusammenfassung	142

6 Mangelhafte Leistung beim Kauf 143
6.1 Der Begriff des Sachmangels 144
6.2 Rechtsfolgen aus dem Vorliegen eines Sachmangels 149
Zusammenfassung 156

7 Das Spannungsverhältnis zwischen Verbraucherschutz und Vertragsfreiheit 157
7.1 Vertragsfreiheit in der sozialen Marktwirtschaft 158
7.2 Der Verbrauchsgüterkauf 162
7.3 Verbraucherschutz bei besonderen Vertriebsformen 165
Zusammenfassung 172

8 Abiturtraining 173
8.1 Die schriftliche Abiturprüfung im Fach Wirtschaft und Recht 173
8.2 Die mündliche Abiturprüfung im Fach Wirtschaft und Recht 188

Glossar 190
Register 194

1 Beschäftigung und Einkommen

Martin Guhl, Baaske-Cartoons

Klaus Stuttmann

Heinz Wildi, Baaske-Cartoons

Erläutern Sie mögliche Beziehungen der Karikaturen zu den Themenfeldern Beschäftigung und Einkommen.

1.1 Strukturelle Ungleichgewichte auf dem Arbeitsmarkt

E Sektoraler Strukturwandel auf dem Arbeitsmarkt

Beschreiben Sie die Entwicklung der Erwerbstätigkeit in den drei Sektoren und fassen Sie die Entwicklung mit einer geeigneten Überschrift zusammen.

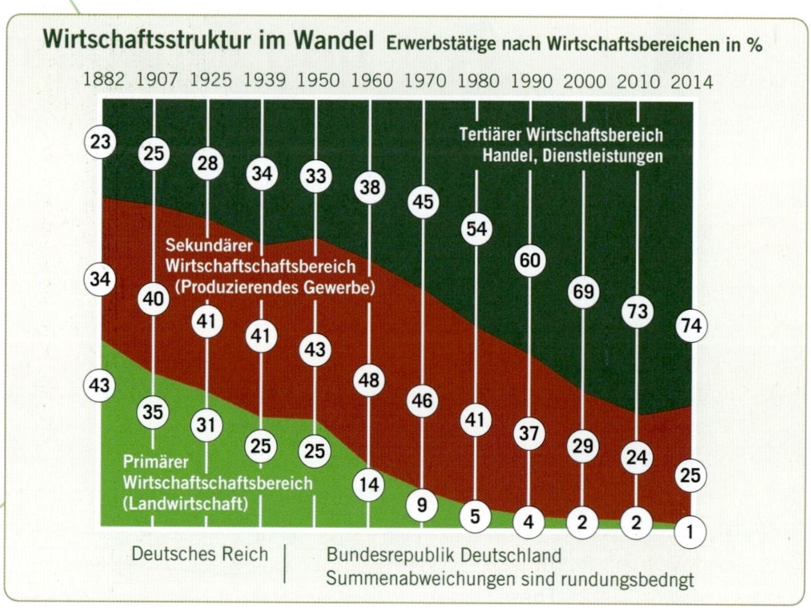

Nach: Bergmoser + Höller Verlag AG, 220020

Strukturelle Ungleichgewichte auf dem Arbeitsmarkt

Die **strukturelle Arbeitslosigkeit** stellt in Deutschland den hauptsächlichen Ansatzpunkt bei der Bekämpfung der Unterbeschäftigung dar. „In ihrer sehr weiten Abgrenzung ist darunter der Teil der Arbeitslosigkeit zu verstehen, der nicht auf friktionelle, saisonale oder konjunkturelle Ursachen zurückzuführen ist. Bei ca. 3 Millionen registrierten Arbeitslosen (Durchschnitt 2014) und einer geschätzten konjunkturellen Arbeitslosigkeit von 0,5 bis 1 Million sowie einer (friktionellen und saisonalen) Sockelarbeitslosigkeit von ungefähr 0,25 Millionen ergibt sich für Deutschland eine strukturelle Arbeitslosigkeit in der Größenordnung von 2 Millionen. (...)

Für die Existenz einer als [strukturell] zu bezeichnenden Arbeitslosigkeit (...) lässt sich eine ganze Reihe von Gründen finden.

Formen der ‚strukturellen' Arbeitslosigkeit im weiteren Sinne

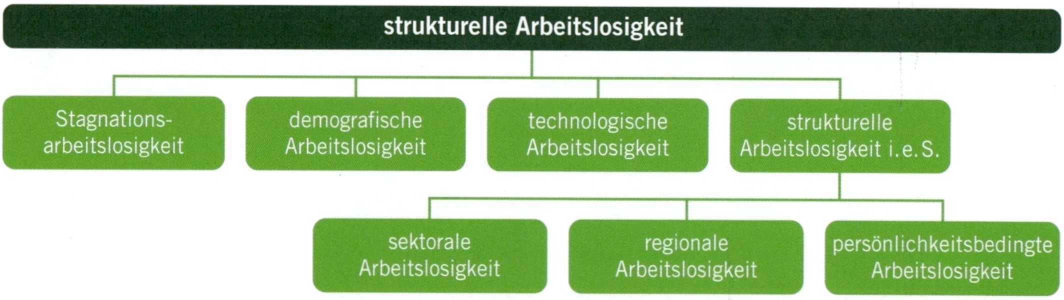

Sogenannte **Stagnationsarbeitslosigkeit** kann auftreten, wenn das Wachstum der gesamtwirtschaftlichen Produktion im Trend abnimmt. Worin die Ursache einer anhaltenden ‚Wachstumsschwäche' liegt und ob diese zwangsläufig ist, wird kontrovers diskutiert. Vertreter der ‚Sättigungsthese' betonen die natürlichen Grenzen des Wachstums (Club of Rome) und verweisen darauf, dass es mit zunehmendem Wohlstand auf immer mehr Märkten zu Nachfragesättigungen kommt. Angebotsorientierte Ökonomen, wie die meisten Mitglieder des Sachverständigenrats, halten den beobachtbaren Rückgang des Produktionszuwachses indes teilweise für eine Folge falscher Rahmenbedingungen, während die Bedürfnisse der Konsumenten noch keineswegs gesättigt seien.

Ursache struktureller Arbeitslosigkeit kann auch eine zu starke Ausdehnung des Arbeitskräfteangebots sein, ausgelöst beispielsweise durch den Eintritt geburtenstarker Jahrgänge in den Arbeitsmarkt, Zuwanderung aus dem Ausland oder die Zunahme der Erwerbstätigkeit von Frauen (noch bis etwa Ende der 1960er-Jahre galt es für viele Frauen als beschämend, außerhalb ihres Haushaltes arbeiten zu müssen). Man spricht von **demografischer Arbeitslosigkeit**. Der in den kommenden Jahrzehnten zu erwartende Rückgang der Bevölkerung dürfte insoweit das Beschäftigungsproblem in Deutschland entschärfen. Dafür gibt es andere Probleme.

Häufig hört man die These, der technische Fortschritt vernichte Arbeitsplätze und führe zu **technologischer Arbeitslosigkeit**. Untersuchungen zeigen, dass der technische Fortschritt – in Gestalt des Einsatzes von mehr oder leistungsfähigeren Maschinen bzw. von Prozessinnovationen – tatsächlich die Produktivität des Faktors Arbeit stark erhöht hat, und es ist auch zu vermuten, dass diese Entwicklung weiter anhalten wird. Die entscheidende Frage hierbei ist, ob diese Produktivitätssteigerung zu einer höheren Produktion bei gleichem oder zunehmendem Arbeitseinsatz führt (Wohlstandssteigerungseffekt des technischen Fortschritts) oder dazu, dass die gleiche Produktion mit einem geringeren Arbeitseinsatz erzeugt wird (Arbeitskräfteeinsparungseffekt). Nur in letzterem Fall wirken Produktivitätssteigerungen als ‚Jobkiller'. Ökonomen sprechen von der ‚Entlassungsproduktivität'. Seit Beginn des 20. Jahrhunderts hat sich die Arbeitsproduktivität in den Industrieländern im Durchschnitt um rund das Zehnfache erhöht. Die Zahl der Arbeitsplätze aber ist gestiegen. Andererseits ist nach Angaben der Deutschen Bundesbank in Deutschland durchaus eine teilweise spürbare Entlassungsproduktivität zu konstatieren, die offenbar maßgeblich von der Verteuerung des Faktors Arbeit ‚getrieben' wurde.

Gibt es Ungleichgewichte auf Teilarbeitsmärkten, so besteht strukturelle Arbeitslosigkeit im engeren Sinne. Beispielsweise existiert ein Überangebot an ungelernten Arbeitskräften, während bestimmte Facharbeiter fehlen. Bei unendlicher Anpassungsfähigkeit bzw. Mobilität der Erwerbspersonen gäbe es diese Form der Arbeitslosigkeit nicht. Dann könnte jeder arbeitslose Bleisetzer oder Bergmann sofort Softwareingenieur werden. Das erscheint aber unrealistisch. Die strukturelle Arbeitslosigkeit i. e. S. wird deshalb auch als ‚Mobilitätsdefizit-Arbeitslosigkeit' oder ‚**Mismatch-Arbeitslosigkeit**' bezeichnet. Eine wichtige Ursache für sie bildet der in jeder Volkswirtschaft beobachtbare Strukturwandel. Die meisten Leser kennen wahrscheinlich die ‚Drei-Sektoren-Hypothese' (Clark, Fourastie), nach der sich aus einer Agrargesellschaft (sog. primäre Gesellschaft) heraus die Industriegesellschaft (sekundäre Gesellschaft) und schließlich die Dienstleistungsgesellschaft (tertiäre Gesellschaft) entwickelt. In Deutschland waren im Jahr 2014 bereits 74 Prozent der Erwerbstätigen im Dienstleistungssektor (1991: 59,5 Prozent), gut 25 Prozent im produzierenden Gewerbe einschl. Baugewerbe (1991: 37 Prozent) und nur noch rund 1 Prozent in der Land- und Forstwirtschaft (1991: 4 Prozent) beschäftigt. Im Zuge dieses intersektoralen Wandels ändert sich der Arbeitskräftebedarf der Wirtschaft und es entsteht branchenspezifische oder sektorale Arbeitslosigkeit. Gleichzeitig finden innerhalb der einzelnen Sektoren Umschichtungen statt (intrasektoraler Strukturwandel). In Deutschland waren etwa der Kohlebergbau, die Textilindustrie oder die Kameraproduktion vom Niedergang betroffen. Aber es gibt heute auch keine Kutschenbauer und Lampenanzünder mehr. Dafür gibt es viele Jobs, die vor hundert Jahren noch undenkbar waren – vor allem in der Produktion so genannter Informationsgüter (man spricht bisweilen vom ‚quartären Sektor').

Der Strukturwandel zerstört nicht die Menge der Arbeitsplätze insgesamt, sondern verlagert sie nur – möglicherweise aber ins Ausland. Sektorale Krisen treffen oftmals bestimmte Regionen und es entsteht **regionale Arbeitslosigkeit**. Allerdings können Arbeitsmarktprobleme auch rein regionaler Natur sein, wenn ein Gebiet aufgrund seiner Lage benachteiligt ist (z. B. das ehemalige Zonenrandgebiet).

Wenn Personen aufgrund bestimmter Eigenschaften Probleme haben, eine Beschäftigung zu finden, liegt **persönlichkeitsbedingte Arbeitslosigkeit** vor. Nachweislich spielt die berufliche Qualifikation eine große Rolle. In Deutschland betrug im Jahr 2015 die Arbeitslosenquote unter den Personen ohne abgeschlossene Berufsausbildung fast 19,6 Prozent, dagegen waren nur 2,4 Prozent der Hochschulabsolventen arbeitslos. Bildung schützt also zweifelsohne vor Arbeitslosigkeit. Das Risiko, arbeitslos zu sein, hängt daneben mit weiteren Faktoren zusammen. Dazu gehören vor allem das Alter (Ältere haben in Deutschland ein höheres Beschäftigungsrisiko), das Geschlecht (Frauen sind stärker von Arbeitslosigkeit betroffen), die Nationalität (die Quote der registrierten Arbeitslosen mit ausländischem Pass ist bei uns doppelt so hoch wie bei deutschen Staatsangehörigen) oder der Gesundheitszustand (Schwerbehinderte sind benachteiligt).

Gegenüber der zählebigen strukturellen Arbeitslosigkeit wird die konjunkturelle bzw. **keynesianische Arbeitslosigkeit** als im Grunde vorübergehend (temporär) eingeschätzt. Sie bildet die Reaktion auf einen zeitlich befristeten Rückgang der gesamtwirtschaftlichen Güternachfrage, der im idealtypischen Fall alle Branchen, Regionen, Berufe etc. in etwa gleichem Maße betrifft." *Nach: Sperber 2012, S. 135 ff. (bearbeitet)*

M1 Erwerbstätige nach Wirtschaftsbereichen 1991 und 2013

Erwerbstätige nach Wirtschaftsbereichen 1991–2013 (in % aller Erwerbstätigen)

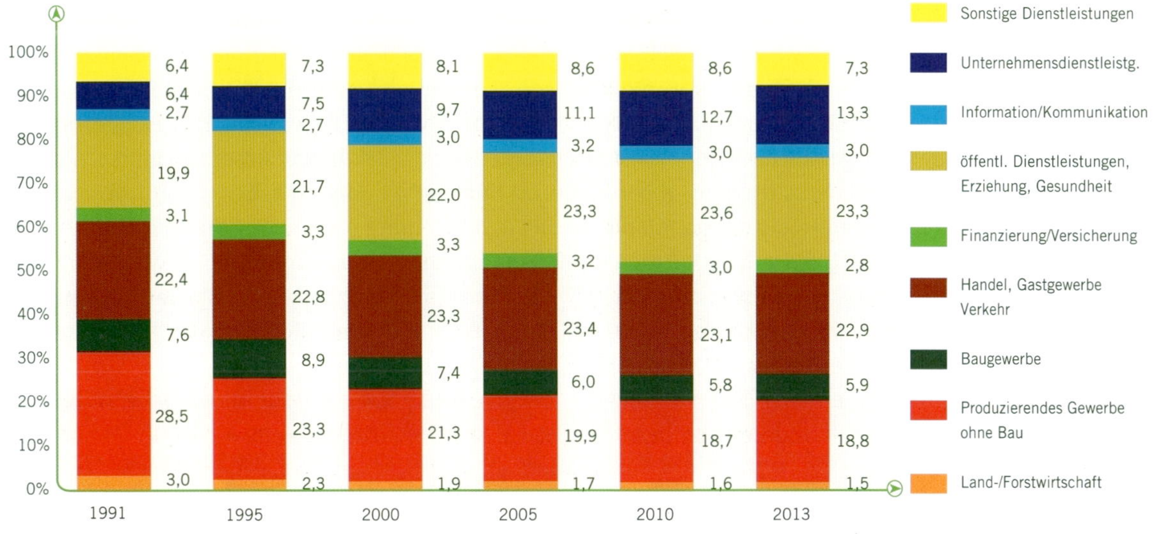

Quelle: Sachverständigenrat zur Begutachtung der gesamtwirtschaftlichen Entwicklung (2014), Zeitreihen für Deutschland

Kernerwerbstätige in einzelnen Erwerbsformen – in Millionen

		Selbständige		Abhängig Beschäftigte						
						atypisch Beschäftigte				
							und zwar[2]			
	Insgesamt	zusammen	darunter Solo-Selbständige	zusammen	Normalarbeitnehmer/-innen	zusammen[1]	befristet Beschäftigte	Teilzeitbeschäftigte[3]	geringfügig Beschäftigte	Zeitarbeitnehmer/-innen
1992	34,31	2,92	1,28	30,96	26,37	4,59	2,00	2,69	0,67	–
2002	33,43	3,43	1,72	29,67	23,62	6,05	2,05	4,22	1,85	–
2007	34,48	3,84	2,11	30,34	22,55	7,79	2,75	4,95	2,77	0,62
2008	34,91	3,82	2,10	30,83	22,98	7,85	2,83	4,92	2,58	0,64
2009	34,80	3,88	2,14	30,76	23,06	7,70	2,73	4,92	2,57	0,56
2010	35,15	3,92	2,17	31,08	23,13	7,95	2,86	4,94	2,52	0,74
2011	35,94	4,02	2,26	31,77	23,73	8,04	2,91	5,04	2,67	0,78
2012	36,28	4,01	2,25	32,12	24,23	7,89	2,74	5,02	2,55	0,75

Personen im Alter von 15 bis 64 Jahren, nicht in Bildung oder Ausbildung; ohne Zeit- und Berufssoldaten/Zeit- und Berufssoldatinnen sowie Grundwehr- und Zivildienstleistende. Bis 2004 Ergebnisse einer Bezugswoche im Frühjahr; ab 2005 Jahresdurchschnittswerte sowie geänderte Erhebungs- und Hochrechnungsverfahren.

1 Vor 2006 ohne Zeitarbeitnehmer/-innen 2 Mehrfachnennungen möglich 3 Mit höchstens 20 Arbeitsstunden pro Woche

Nach: Destatis, Datenreport 2013, S. 120

M2 Warum manche Menschen keinen Job finden: Effizienzlöhne

Die Erklärung der Arbeitslosigkeit nach Carl Shapiro und Joseph Stiglitz beruht auf der Beobachtung, dass die Unternehmen ihre Mitarbeiter nicht lückenlos überwachen können. Die Beschäftigten haben daher die Wahl: Sie können arbeiten oder sich drücken. Wenn sie sich drücken, gehen sie ein Risiko ein: Sie könnten entlassen werden, falls man sie dabei erwischt. Shapiro und Stiglitz kommen nun zu einer Erkenntnis: In Volkswirtschaften, in denen die Beschäftigten die genannte Wahl haben, wird es im Gleichgewicht Arbeitslosigkeit geben. Weshalb? Wenn es keine Arbeitslosigkeit gäbe und alle Unternehmen denselben Lohn zahlen würden, hätten die Arbeitnehmer keinen Anreiz, sich anzustrengen. Ohne Arbeitslosigkeit hat ein Angestellter ja nichts zu verlieren, wenn er entlassen wird. Er könnte, bildlich gesprochen, einfach „die Straßenseite wechseln" und sich einen anderen Job besorgen, der seinem alten entspricht. Die Unternehmen müssen also ihren Angestellten zusätzlich etwas anbieten, damit diese sich nicht drücken. Schapiro und Stiglitz zufolge nimmt dieses „Bonbon" die Form eines Lohns an, der das Niveau übersteigt, bei dem das Arbeitsangebot gleich der Nachfrage nach Arbeit ist, das heißt, bei dem jeder Arbeitsu chende sofort einen Job bekommt. Wenn alle Unternehmen „Bonbons" verteilen – was sie im Gleichgewicht tun werden –, kommt es zu Arbeitslosigkeit. Shapiros und Stiglitz' Version der Effizienzlohntheorie ist die bei den Ökonomen am stärksten verbreitete. (... Sie) enthält mehr als nur ein Körnchen Wahrheit. Wenn die Arbeitslosigkeit sinkt, steigt ja der Absentismus, bei dem es sich um eine Form der Drückebergerei handelt.

George A. Akerlof, Robert J. Shiller, Animal Spirits, Frankfurt/New York 2009, S. 153f., (Übersetzung: Doris Gerstner)

Aufgaben

1. Beschreiben Sie die Entwicklung und die Situation auf dem Arbeitsmarkt (M1).
2. Ordnen Sie zu, welche der nachfolgenden Fälle von Arbeitslosigkeit eher zur strukturellen Arbeitslosigkeit zählen, und begründen Sie Ihre Entscheidung:
   a) Ein Bauarbeiter wird wegen anhaltenden schlechten Wetters entlassen.
   b) Eine Fabrikarbeiterin verliert ihren Posten als Sortiererin.
   c) Ein Postbeamter wird im Konkurrenzkampf mit dem Internet entlassen.
   d) Einem Koch wird gekündigt, als ein neues Restaurant auf der anderen Straßenseite eröffnet.
   e) Ein angelernter Schweißer büßt seine Stelle ein, als ein Schweißautomat angeschafft wird.
3. Stellen Sie dar, warum sich strukturelle Arbeitslosigkeit nicht vermeiden lässt, und entwickeln Sie mögliche staatliche Maßnahmen, die zur Verringerung der strukturellen Arbeitslosigkeit beitragen könnten.
4. Arbeiten Sie heraus, worin die neue ökonomische Sichtweise der Effizienzlöhne durch Akerlof und Shiller besteht (M2). Stellen Sie anschließend die Effizienzlohntheorie in einem Preis-Mengen-Diagramm des Arbeitsmarktes (x-Achse: Beschäftigungsmenge; y-Achse: Lohn) dar.

1.2 Wirtschaftspolitische Maßnahmen und Beschäftigung: Was kann und was soll die Wirtschaftspolitik tun?

E Stabilisiert sich der Markt von alleine?

Interpretieren Sie diese Anzeige der Initiative Neue Soziale Marktwirtschaft.

Maßnahmen der Wirtschaftspolitik gegen Arbeitslosigkeit

Fragt man nach den Möglichkeiten einer wirtschaftspolitischen Bekämpfung der Arbeitslosigkeit, so gibt es in Deutschland im Wesentlichen zwei Positionen, die die wirtschaftspolitische Diskussion bestimmen:

- Der Staat soll im Sinne von Keynes eine antizyklische Nachfragepolitik zur Ankurbelung der Konjunktur und zum Abbau konjunktureller Arbeitslosigkeit, also eine aktive Konjunktur- und Beschäftigungspolitik, betreiben!
- Der Staat soll Angebotspolitik betreiben, um die strukturelle Arbeitslosigkeit zu bekämpfen!

Bei der Diagnose der Arbeitslosigkeit und ihrer Ursachen gibt es zwischen diesen beiden Positionen durchaus Konsens. Insbesondere in drei wichtigen Kernaussagen der Diagnose herrscht eine weitgehende Übereinstimmung:

- Die Arbeitslosigkeit ist die unmittelbare Folge einer unzureichenden Wachstumsdynamik, deren wichtigste Gründe der Mangel an privaten Investitionen und die Schwäche der privaten Konsumnachfrage sind.
- Die Konsumnachfrage hängt wesentlich vom verfügbaren Einkommen ab. Wenn die Masseneinkommen bei schwachem Wachstum stagnieren, kön-

nen vom privaten Konsum keine expansiven Impulse ausgehen. Das Investitionsvolumen wird von der erwarteten Rendite bestimmt, die einerseits von den Kosten abhängt, andererseits aber auch von den Erträgen, also der Nachfrage. Beide Faktoren sind über den gesamtwirtschaftlichen Kreislauf miteinander verschränkt.

- Eine breite Übereinstimmung herrscht zudem in der Frage der Arbeitskosten: Es ist weithin unstrittig, dass die Kosten des Faktors Arbeit, insbesondere die Lohnnebenkosten, in Deutschland sehr hoch sind.

Dieser Übereinstimmung steht ein Dissens in der Frage gegenüber, wie die verschiedenen Bestimmungsfaktoren nun gewichtet werden sollen. Und entsprechend umstritten sind auch die wirtschaftspolitischen Schlussfolgerungen, die aus der Ursachenanalyse gezogen werden.

Die **angebotsorientierte Denkschule** hält den Mangel an Unternehmensinvestitionen für die primäre Ursache: Zentrale Übel sind für sie hohe Arbeits- und Lohnnebenkosten, hohe Steuern und Sozialabgaben, kostspielige Regulierungen (vom Arbeits- und Kündigungsschutz über Umweltschutz bis zu langwierigen Genehmigungsverfahren), fehlende Arbeitsmarktflexibilität, zu viel Bürokratie, eine zu hohe Staatsquote und zu kurze Jahresarbeitszeiten. Entsprechend zielt die Therapie auf Verbesserung der Rahmenbedingungen für private Unternehmen und Investoren. Mehr Investitionen durch verbesserte Rahmenbedingungen, niedrigere Kosten und Deregulierung sollen ein höheres Wachstum bewirken, woraus dann mehr Beschäftigung, steigende Einkommen, eine Konsolidierung der öffentlichen Haushalte und schließlich mehr soziale Gerechtigkeit folgten.

Dagegen sieht die **nachfrageorientierte Denkschule** die primäre Ursache von Arbeitslosigkeit in der vorherrschenden Nachfrageschwäche. Entsprechend ist die Therapie ausgerichtet: Indem der Staat seine Ausgaben erhöht oder den Bürgern über niedrigere Steuern zeitweise mehr Geld zur Verfügung stellt, werde der gesamtwirtschaftliche Nachfragemangel bekämpft. Wegen der hohen Konsumneigung der unteren Einkommensschichten führe zusätzliches Einkommen dort unmittelbar zu Mehrkonsum. Höhere Masseneinkommen und steigende gesamtwirtschaftliche Nachfrage führe zu mehr Produktion und Beschäftigung, zu mehr Investitionen und schließlich zur Konsolidierung der öffentlichen Haushalte. Zur Initiierung dieser Wirkungskette werden auch staatliche Haushaltsdefizite in Kauf genommen (deficit spending).

Die unterschiedlichen Gewichtungen der „primären" Ursachen führen bis zur strikten Ablehnung der jeweils „gegnerischen" Therapie: Für die Angebotstheoretiker ist „deficit spending" unakzeptabel: Die erhöhte Staatsverschuldung verschärfe das ohnehin schon gestörte Zukunftsvertrauen der privaten Investoren. Für die Keynesianer sind dagegen weitere Entlastungen der Unternehmen und zusätzlichen Begünstigung der Investoren unannehmbar, weil für die Unternehmen kein Anlass bestehe, in zusätzliche Produktionskapazitäten zu investieren, solange die vorhandenen mangels Nachfrage schlecht ausgelastet seien; außerdem werde dadurch die Frage der Verteilungsgerechtigkeit noch verschärft.

Konfrontiert man die beiden Ansätze miteinander, wird deutlich, dass beide Ansätze jeweils nur eine Seite des gesamtwirtschaftlichen Kreislaufgeschehens erfassen, – in diesem Sinne also bewusst einseitig sind. Die konkurrierenden Denkschulen kommen zu ihren unterschiedlichen Diagnosen, weil sie mit ihren spezifischen Fragestellungen jeweils auf einen Aspekt fokussieren und dadurch notwendigerweise andere Aspekte vernachlässigen. Beide Erklärungshypothesen haben ihre Berechtigung, aber keine kann Anspruch darauf erheben, ein zutreffendes Bild der ganzen Wirklichkeit zu vermitteln.

Wirtschaftspolitische Maßnahmen vor dem Hintergrund grundlegender Prinzipien der Sozialen Marktwirtschaft

„Der Vergleich zwischen der angebotsorientierten und der nachfrageorientierten Denkschule legt den Gedanken nahe, die beiden partiellen Perspektiven zusammenzuführen, um aus dieser klugen Kombination eine dritte zu entwickeln, die nicht auf einem Auge blind ist, sondern Angebots- und Nachfragebedingungen gleichgewichtig berücksichtigt im Interesse einer effektiven Überwindung der Stagnation.

Wenn dieser offensichtlich mögliche Weg nicht eingeschlagen wird, dann muss dies andere als ökonomische Gründe haben. Die Übereinstimmung in der Diagnose und in den Zielen ist hinreichend, um darauf einen ökonomisch vertretbaren Kompromiss zu bauen. Wenn dies dennoch von den maßgeblichen wirtschaftspolitischen Akteuren in Deutschland (den Regierungen und der Opposition in Bund und Ländern, den Tarifvertragsparteien, Wirtschaftsverbänden etc.) hartnäckig verweigert wird, dann muss der Grund dafür im Außerökonomischen gesucht werden – in unvereinbaren Interessen, Wertvorstellungen und Leitbildern. Die tieferen Ursachen dürften in divergierenden Visionen von der ‚richtigen' bzw. der ‚guten Gesellschaft' liegen. Damit aber verlässt man den Bereich der Ökonomik und betritt den der ‚politischen Wissenschaft'.

Im Zentrum jeglicher politischen Programmatik steht eine Vision von der ‚guten Gesellschaft', stehen Überzeugungen und Präferenzen, welche sich auf die Rolle der Individuen in der Gesellschaft und auf die Aufgaben des Staates in dieser Gesellschaft beziehen, – Präferenzen und Wertungen, die also die Ausgestaltung des Verhältnisses zwischen individueller Freiheit und gesellschaftlicher Bindung betreffen. Keynesianer und die Anhänger des (strukturellen) Sozialdemokratismus wollen die Wirtschaft nicht allein dem Wettbewerbssystem und den Märkten überlassen, weil die Märkte existenziell wichtige Auswirkungen auf Einkommen und Beschäftigung, auf Verteilung und soziale Gerechtigkeit haben. Sie verlangen staatliche Kontrolle und Lenkung. Für Neoklassiker/Neoliberale liegt das Problem dagegen genau umgekehrt in einem überbordenden, überregulierenden Staat, der mit seinen Eingriffen und Vorschriften die Handlungsfreiheit der Individuen massiv einschränkt, – jedenfalls stärker als unbedingt nötig. Keynesianer sehen Massenarbeitslosigkeit und soziale Ungerechtigkeit im Lichte eines ‚Rückzugs des Staates' von seinen Aufgaben und Verantwortlichkeiten, als Folge von ‚Sozialabbau' und ‚Demontage' des Sozialstaates, während Neoliberale die aktuellen Fehlentwicklungen, insbesondere die Wachstumsschwäche genau umgekehrt dem übergewichtigen Sozialstaat und der Regulierungswut eines überzogenen Interventionismus anlasten.

Leitwert für die einen ist die autonome Persönlichkeit mit ihrer individuellen Handlungsfreiheit, die der Staat nicht unnötig beschränken, sondern im Gegenteil stützen und sichern soll. Für die anderen ist der Leitwert dagegen der in die Gesellschaft ‚eingebettete' Mensch, der ohne diese Gesellschaft nicht lebensfähig wäre und auf kollektive Formen des Schutzes und der sozialen Sicherung existenziell angewiesen ist. Für die einen stellt der Staat die große Bedrohung dar, weil er mit Interventionen und Regulierungen den Markt in seiner expansiven Dynamik behindert und ihn dadurch auch in seiner Funktion als Wohlstandsmotor blockiert. Für die anderen ist der Markt ein gefährlicher Moloch, der schreiende Verteilungsungerechtigkeiten produziert und alle Lebensbereiche dem schnöden Profitkalkül zu unterwerfen sucht. Diese gegensätzlichen Sichtweisen reflektieren tiefe politische und philosophische Differenzen und sind letztlich nicht durch ökonomisch-empirische Argumente zu belegen oder zu widerlegen. Am Ende geht es hier um Interessen, – und, noch tiefer, um Wert- und Glaubensfragen.

Die einen haben mehr Vertrauen in den Markt und begründen dies, wie Ludwig Erhard, mit ihrem Menschenbild: ‚Das Zutrauen in den Markt ist letztlich Zutrauen zu den Menschen selbst und ihren Fähigkeiten.' Andere stützen sich lieber auf den Staat, und begründen dies mit ihrem Gesellschaftsbild: Für sie ist es Aufgabe der Gesellschaft und ihrer Exekutive, der Politik, für Beschäftigung und soziale Gerechtigkeit zu sorgen."

Willke 2006, S. 51–59

M1 Pro und Kontra zum Mindestlohn: Ist ein flächendeckender Mindestlohn sinnvoll?

Seit Jahren kämpft der Gewerkschaftsbund für einen allgemeinen Mindestlohn.

Zu den wichtigsten Themen in den Koalitionsgesprächen zwischen Union und SPD gehört die Frage nach einem gesetzlich fixierten, alle Branchen und Regionen umspannenden Mindestlohn. Während die SPD dafür ist, gibt es in der Union viele kritische Stimmen.
Die beiden StZ-Redakteure Matthias Schiermeyer und Roland Pichler setzen sich in einem Pro und Kontra mit dem Thema Mindestlohn auseinander.

Pro: Der Abwärtsspirale ein Ende setzen (Matthias Schiermeyer)

Eine Forderung, die einem großen Teil der Bevölkerung rasche Besserung verspricht, wird gerne als populistisch diskreditiert. Welch dürftige Argumentation. Als ob nur Eliten von politischen Beschlüssen profitieren dürften.
So ist es auch beim angeblich populistischen Ziel eines gesetzlichen Mindestlohns: Ungefähr fünf Millionen Menschen würden mehr verdienen, wenn die Große Koalition eine allgemeine Lohnuntergrenze von 8,50 Euro festlegt. In der Folge nimmt der Staat mehr Steuern ein und die Sozialkassen erzielen höhere Beiträge. Die Ausgaben für Hartz IV verringern sich. Alles in allem ein Milliardengeschäft. Noch nicht eingerechnet ist dabei die wachsende Kaufkraft, wovon vor allem der Handel profitiert – selbst wenn sich der Effekt nicht in Euro beziffern lässt. Bei so vielen konkreten Vorzügen kann ein Mindestlohn nicht per se des Teufels sein.
Gewiss, der Lohn müsste bezahlt werden von Unternehmen, die ihre Geschäfte bisher auf der Basis geringfügiger Einkommen machen – weniger mit der Qualität ihrer Produkte oder Dienstleistungen. Man hat sich gut eingerichtet mit der Lohnabwärtsspirale – auch der Verbraucher. Ob beim Friseur oder im Einzelhandel: was billig ist, kommt an. Damit schädigen wir uns quasi selbst. Aber auch im europäischen Maßstab wirkt die Niedriglohnstrategie destabilisierend. Der Wirtschaft und dem Arbeitsmarkt geht es auch deswegen so gut, weil wir die Nachbarn mit Dumpinglöhnen unter Druck setzen. Siehe Fleischindustrie. Die Europäer benötigen von der Lokomotive Deutschland das Signal, dass Arbeit einen angemessenen Wert behält und Europa sozial bleibt.
Folglich muss es wie in den meisten EU-Ländern auch hierzulande ein Limit geben, das im Prinzip nicht unterschritten werden darf. Über die Ausgestaltung lässt sich reden. Spätere Anhebungen könnten von einer unabhängigen Kommission festgelegt werden. Doch klar ist: Je mehr Ausnahmen erlaubt sind, desto häufiger wird der Gesetzgeber ausgetrickst. Wie die Abwandlung der Werkverträge zeigt, sind viele Betriebe im Nutzen von Schlupflö-

chern kreativ. Um manch mies bezahlten Arbeitsplatz wäre es nicht schade. Solche Verluste regelt der Markt. Das Risiko des allgemeinen Jobschwunds ließe sich hingegen mit einem Stufenmodell verringern, indem der Osten an das höhere Niveau im Westen herangeführt wird. Entscheidend ist, dass die Löhne am unteren Rand gerade in jenen Bereichen der Wirtschaft, in denen die Tarifpartner völlig machtlos sind, nicht immer weiter ins Würdelose gedrückt werden können.

Kontra: Politik kann keine Löhne festsetzen (Roland Pichler)

Mit den Plänen für einen gesetzlichen Mindestlohn schlägt die Politik den falschen Weg ein. Man muss nur einmal den Blick in die Zukunft schweifen lassen und sich vorstellen, was passiert, wenn der Deutsche Bundestag künftig die Lohnuntergrenze bestimmte. Ein Teil der Lohnfindung würde ins Parlament verlagert. Parteien und Volksvertreter haben auf diesem Gebiet keinerlei Expertise. Deutschland ist gut damit gefahren, dass die Löhne von Arbeitgebern und Gewerkschaften bestimmt werden. Die Tarifpartner können die Lage in den jeweiligen Branchen und Regionen am besten beurteilen. Der Bundestag kann dies nicht.

Abenteuerlich wird es, wenn die SPD auf einen einheitlichen Mindestlohn von 8,50 Euro für ganz Deutschland besteht. Solch eine Grenze führt nach Meinung der meisten Ökonomen vor allem in Ostdeutschland zu einem Arbeitsplatzabbau. Es macht schon einen Unterschied, ob ein Arbeitnehmer in Rostock oder in Ravensburg wohnt. Mieten und Kaufkraft sind regional unterschiedlich. Zahlreiche Tarifverträge sehen nach wie vor eine unterschiedliche Bezahlung in Ost und West vor. Die SPD sollte das zur Kenntnis nehmen. In Ostdeutschland erhalten rund ein Viertel der Beschäftigten einen Stundenlohn von weniger als 8,50 Euro. Im Westen sind es rund zwölf Prozent.

Die Vorstellung, der Gesetzgeber könne für Millionen von Beschäftigten eine kräftige Lohnerhöhung beschließen und alles gehe so weiter, ist naiv. Das staatlich diktierte Lohnplus hat Folgen für die Betriebe. In vielen Fällen haben Gewerkschaften niedrige Gehälter ausgehandelt. Sie taten dies in der Erkenntnis, dass der Gaststättenbetreiber, der Landwirt oder der Getränkehändler um die Ecke nicht mehr bezahlen kann. Niedrige Löhne werden weniger in Großunternehmen bezahlt, sondern finden sich meist in kleinen und mittleren Unternehmen. Deren Kritiker unterstellen der Wirtschaft Geiz. Das mag in manchen Fällen zutreffen. Doch woher nimmt sich die Politik das Recht, dies zu beurteilen? Ein Wesensmerkmal in der Marktwirtschaft gerät in Vergessenheit: Löhne müssen am Markt verdient werden.

Der neue Bundestag würde den Betroffenen einen Bärendienst erweisen, wenn er Mindestlöhne ohne Rücksicht auf volkswirtschaftliche Wirkungen in Kraft setzte. Wenn die Politik schon der Meinung ist, sie müsse bei der Lohnfindung mitmischen, sollte sie wenigstens regionale und branchentypische Lösungen wählen.

Matthias Schiermeyer und Roland Pichler, Stuttgarter Zeitung 23.10.2013

Aufgaben

1. Ordnen Sie die folgenden Thesen der angebotsorientierten oder der nachfrageorientierten beschäftigungspolitischen Position zu:

   1 Der Staat stört nur. 2 Arbeitslosigkeit muss vom Markt bzw. von den Tarifvertragsparteien beseitigt werden. 3 Die konjunkturelle Komponente der Arbeitslosigkeit sollte im Fokus der Politik stehen. 4 Antizyklische Konjunkturpolitik erhöht die gesamtwirtschaftliche Nachfrage und damit die Produktion. 5 Antizyklische Konjunkturpolitik erhöht die Staatsverschuldung und überfordert den Staat. 6 Mehr Wachstum führt nicht zu mehr Beschäftigung. 7 Die Verbesserung der Angebotsbedingungen führt zur Besserstellung der Investoren, also der Reichen. 8 Es mangelt an Investitionen, weil die Angebotsbedingungen für Investoren unattraktiv sind.
2. Vor allem die Gewerkschaften machen sich für die Einführung eines gesetzlichen Mindestlohns stark. Vergleichen Sie die Positionen von Matthias Schiermeyer und Roland Pichler zu dieser Thematik (M1).
3. Stellen Sie mögliche Auswirkungen der Einführung eines gesetzlichen Mindestlohns auf das Magische Viereck dar.
4. Seit 1.1.2015 gilt der gesetzliche Mindestlohn. Erörtern Sie das Für und Wider des gesetzlichen Mindestlohns.

1.3 Einkommen und Beschäftigung: grundlegende Positionen der Tarifpartner

E Impressionen einer Tarifauseinandersetzung

Warum begründet die Gewerkschaft IG Metall ihre Lohnforderung von 8 % mit dem Ruf nach Gerechtigkeit?

Die Tarifautonomie

Handlungsakteure bei der Ermittlung des Tariflohnes sind die **Gewerkschaften** als Vereinigung der Arbeitnehmer und die **Arbeitgeberverbände**, wie etwa der Bundesverband der deutschen Industrie. Sie verhandeln im Rahmen ihrer Tarifautonomie – also unabhängig von direkter staatlicher Einflussnahme – über die Lohnhöhe, die Arbeitszeit und weitere Regelungen der Arbeitswelt. Die Tarifautonomie leitet sich aus dem im Grundgesetz (Art. 9 GG) garantierten Recht der Koalitionsfreiheit ab und genießt in Deutschland hohes Ansehen. Ergebnis der Tarifverhandlungen ist der Tarifvertrag, der die Rechte und Pflichten der Vertragsparteien regelt.

Die Position der Arbeitgeber: produktivitätsorientierte Lohnpolitik

Als **Arbeitsproduktivität** bezeichnet man das Verhältnis von Ausbringungsmenge (output) und mengenmäßigem Arbeitseinsatz (input).

$$\text{Arbeitsproduktivität} = \frac{\text{Ausbringungsmenge}}{\text{Arbeitseinsatz}}$$

Verteilt werden kann nur, was durch größere **Produktivität** erwirtschaftet wurde. Dies ist die Sicht der Arbeitgeber.

Vor allem in Zeiten hoher Arbeitslosigkeit sehen sich die Gewerkschaften mit der Forderung konfrontiert, sich bei den Lohnabschlüssen an der konjunkturellen Situation zu orientieren. Dahinter steht die Überlegung, dass Unternehmen so lange Arbeitskräfte einstellen, wie deren Lohn pro Stunde kleiner ist als ihre mit den erzielbaren Absatzpreisen bewertete Ertragskraft.

Das Gewinnmaximum besteht dann, wenn der Reallohn dieser Ertragskraft (technisch: der Grenzproduktivität) entspricht. Bis dahin, also bei niedrigeren Löhnen, lässt sich der Gewinn durch Neueinstellungen (und Mehrproduktion) noch erhöhen. Unterstellt man nun, dass im Ausgangsstadium Gewinnmaximum besteht, so folgt daraus die vom Sachverständigenrat aufgestellte Regel für Lohnerhöhungen. Sie verlangt, dass das Wachstum der Nominallöhne die Summe aus Produktivitätsfortschritt und erwarteter Inflationsrate nicht übersteigen darf:

Erhöhung der Nominallöhne ≤
Produktivitätsfortschritt + Anstieg der Absatzpreise

Gehen die Lohnsteigerungen über den Produktivitätsanstieg hinaus, so ist dies nur durch Preisanhebungen oder den Abbau von Arbeitsplätzen (zur Steigerung der Produktivität) abzufangen. Anders ausgedrückt: Der Produktivitätsfortschritt und der Preisüberwälzungsspielraum der Unternehmen bilden in dieser Perspektive die Schranke für die Erhöhung der Nominallöhne. Wird diese Schranke überschritten, so stellt sich Arbeitslosigkeit ein. Wenn also beispielsweise die Produktivität um 2 Prozent zunimmt und eine Inflationsrate von 2 Prozent erwartet wird, dann beträgt der maximal erlaubte Lohnanstieg 4 Prozent.

Nominallohn
Unter Nominallohn ist das in Geldeinheiten gezahlte Entgelt für geleistete Arbeit zu verstehen, das keine Aussagen über die Kaufkraft des Geldes (Geldwert) zulässt, da – im Gegensatz zum Reallohn – die Veränderungen des Preisniveaus in Form von Inflation oder Deflation nicht berücksichtigt werden.

Entscheidung über Arbeitsplätze

Reallohn
Während der Nominallohn die tatsächliche Summe des Lohnes bezeichnet, gibt der Reallohn die Kaufkraft der Löhne und Gehälter wieder, d. h. den um die Inflation bereinigten Nominallohn. Lohnerhöhungen führen für die Arbeitnehmer nur dann zu einer Steigerung der Kaufkraft, wenn die Erhöhung größer ist als der Preisanstieg. Steigt der Lohn innerhalb eines bestimmten Zeitraums beispielsweise um 5 Prozent und liegt die Inflationsrate während des gleichen Zeitraums bei 3 Prozent, so steigt der Reallohn lediglich um 2 Prozent.

Die Position der Arbeitnehmer: Kaufkrafttheorie

Die gewerkschaftliche Argumentationskette sieht anders aus: Lohnsteigerungen sollten neben dem Produktivitätszuwachs und Inflationsausgleich auch eine Umverteilungskomponente enthalten.

Nach dieser Theorie sind hohe Löhne nicht etwa schlecht für die Vollbeschäftigung, sondern sogar notwendig. Denn nur wenn es genügend Nachfrage nach Gütern und Dienstleistungen gibt, werden auch entsprechend viele Arbeitskräfte eingestellt. Lohnsenkungen würden der Konjunktur dagegen eher schaden als nützen.

Als warnendes Beispiel wird dabei oft auf die Deflationspolitik in der Weltwirtschaftskrise der 1930er Jahre verwiesen. Damals hatte Reichskanzler Heinrich Brüning nicht nur den Staatshaushalt mit einem rigorosen Sparkurs zu sanieren versucht, sondern per Notverordnung auch die Löhne gesenkt. Nach heute allgemein vertretener Auffassung wurde die Krise damit verschärft. Wie der englische Ökonom John Maynard Keynes 1936 in einem bahnbrechenden Werk gezeigt hat, hätte man stattdessen die Staatsausgaben erhöhen sowie Zinsen und Steuern senken sollen, um wieder mehr Nachfrage zu schaffen. So wurde es schließlich auf Betreiben des Reichsbankpräsidenten und späteren Wirtschaftsministers Hjalmar Schacht auch gemacht. Gleichzeitig leitete Präsident Roosevelt in Amerika eine expansive Wirtschaftspolitik unter dem Namen „New Deal" ein, was schließlich zur Überwindung der Weltwirtschaftskrise führte.

Da im Zeitalter der Globalisierung die Unternehmen mobiler sind als die Arbeitnehmer, hat die Drohung mit Produktionsverlagerung ins Ausland die Position der Gewerkschaften verschlechtert. Gewerkschaftliche Tarifpolitik hat daher zunehmend defensiven Charakter. Offensive Lohnstrategien treten zugunsten von Arbeitsplatzsicherung in den Hintergrund.

Tarifvertrag und Tarifbindung

Tarifverträge werden nach Forderung der Gewerkschaften meist als **Flächentarifverträge** geschlossen. Diese garantieren einheitliche Arbeitsbedingungen, insbesondere gleiche Arbeitsentgelte, für die gesamte Tarifbranche eines bestimmten Tarifgebiets.

Firmentarifverträge hingegen schreiben geltende Arbeitsbedingungen nur für die Beschäftigen innerhalb eines Unternehmens fest.

Der traditionelle Flächentarifvertrag wird nach Ansicht von Kritikern für viele Unternehmen zunehmend zu einer Belastung. Globalisierung, struktureller und technologischer Wandel erfordern von den Betrieben eine hohe Anpassungsfähigkeit, flexible Arbeitsorganisationen und differenzierte Entlohnungssysteme. Genau das aber können traditionelle Flächentarife ohne betrieblichen Gestaltungsspielraum kaum leisten. Die Veränderung der Arbeitswelt wirft die Frage auf, inwieweit das Regelwerk für Arbeit, das sich im Wesentlichen unter den Bedingungen der Industriegesellschaft entwickelt hat, sich noch unter den Bedingungen der Informationsgesellschaft bewährt oder ob nicht verstärkt nach neueren Wegen – z. B. Firmentarifverträgen – gesucht werden muss, die der Differenziertheit der Arbeitnehmer und Unternehmen besser Rechnung tragen.

M1 Tarifbindung in Deutschland im Jahr 2012

	Flächentarifvertrag		Firmentarifvertrag		Ohne Tarifvertrag	
	West	Ost	West	Ost	West	Ost
Anteil der Betriebe in %	32	18	2	3	66	79
Anteil der Beschäftigten in %	53	36	7	12	40	51

Quelle: IAB-Betriebspanel 2012

M2 Warum die Kaufkrafttheorie nicht funktioniert

„Autos kaufen keine Autos“, hat Henry Ford einmal gesagt. Der Gründer des gleichnamigen Autokonzerns und erfolgreiche Unternehmer wird mit diesem Satz hauptsächlich von den Gewerkschaften zitiert. Denn damit lässt sich die sogenannte Kaufkrafttheorie der Löhne auf eine einfache, scheinbar für jedermann einleuchtende Formel bringen. (...)

Was nun allerdings die Kaufkrafttheorie der Löhne betrifft, so ist von diesem Rezept auch grundsätzlich nicht viel zu halten. Eigentlich handelt es sich dabei nicht einmal um eine wirkliche Theorie, denn kein bedeutender Ökonom hat sie jemals vertreten. In der Fachliteratur sucht man denn auch vergebens nach einem entsprechenden Modell oder gar nach einer überzeugenden Beweisführung. Nicht einmal Karl Marx hat behauptet, mit Lohnerhöhungen ließe sich in einem kapitalistischen Wirtschaftssystem Arbeitslosigkeit vermeiden.

Man kann sich leicht klarmachen, warum die Kaufkrafttheorie der Löhne niemals funktionieren wird. Nehmen wir einen Einzelhändler, der dieser Theorie vertraut. Wenn er an seine Angestellten 100-Euro-Scheine verteilt, wird er dann aufgrund entsprechend höheren Umsatzes mehr Leute einstellen können? Wohl kaum. Das wäre nicht einmal dann der Fall, wenn seine Angestellten das ganze Geld sofort wieder in seinem eigenen Laden ausgeben würden. Dann hätte er am Ende zwar wieder genauso viel Geld in der Kasse wie am Anfang. Die von den Angestellten zusätzlich gekauften Waren würden aber fehlen – er hätte sie praktisch verschenkt. Man kann sich leicht ausrechnen, wie schnell ein solcher Kaufmann pleite wäre.

Das Ganze funktioniert auch dann nicht, wenn alle Unternehmer gleichzeitig so handeln würden. Dann mag zwar der eine oder andere davon profitieren, dass seine Waren bevorzugt gekauft werden. Aber in der Summe bleibt das Ergebnis negativ – Umsatz ist eben noch kein Gewinn. Es kommt hinzu, dass ein Teil jeder Lohnerhöhung gar nicht für Konsumgüter verausgabt, sondern gespart wird. Und vollends absurd wird die Kaufkrafttheorie im Zeitalter der Globalisierung. In Deutschland wird nämlich knapp jeder dritte Euro für Importgüter ausgegeben. Die höheren Löhne steigern also insoweit erst einmal die Nachfrage in Frankreich, China oder Taiwan, aber nicht bei uns. Es sollte klar sein, dass unter diesen Umständen die Rechnung der Kaufkrafttheorie niemals aufgehen kann.

Ein Blick auf die empirischen Fakten zeigt denn auch, dass an der Theorie nichts dran ist. So belegt die Arbeitsmarktentwicklung der 21 wichtigsten Industriestaaten in den vergangenen 20 Jahren eindeutig, dass die Länder mit den höchsten Beschäftigungssteigerungen eher niedrige und nicht etwa überdurchschnittlich hohe Lohnsteigerungsraten hatten.

Ulrich van Suntum, Frankfurter Allgemeine Sonntagszeitung, 2.9.2007, S. 56

M3 Kaufkrafttheorie: Erst steigen die Löhne, dann das Wachstum?

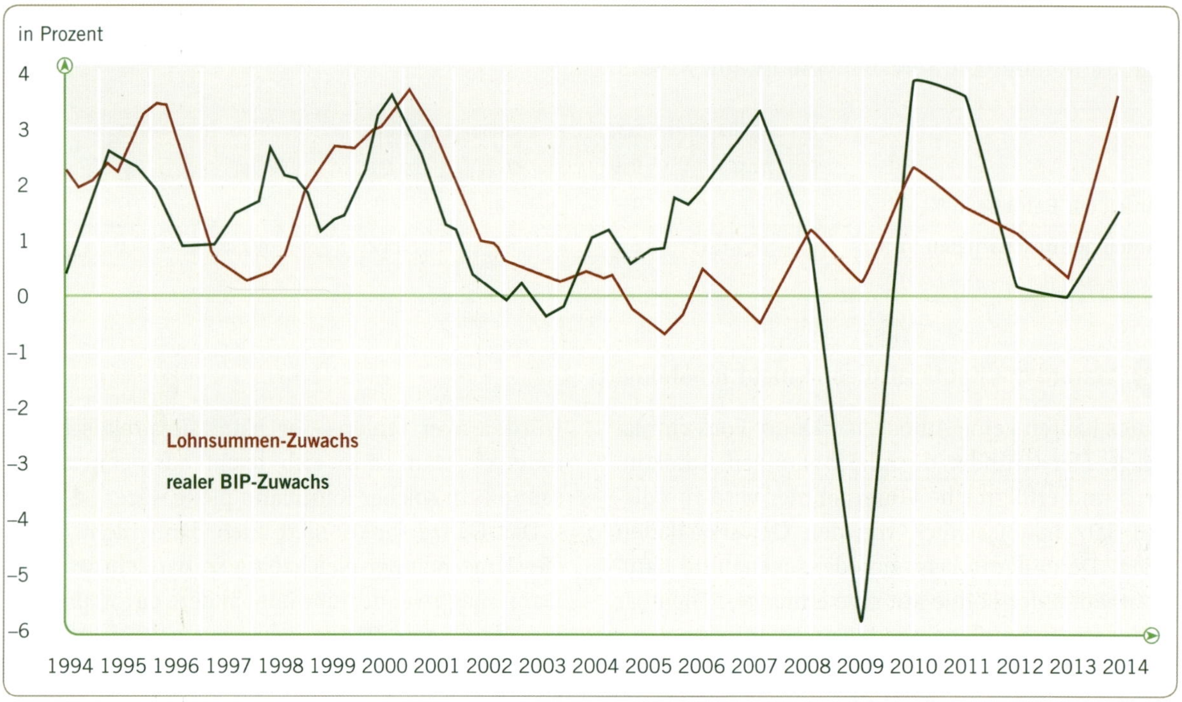

Nach: www.destatis.de

Aufgaben

1. Viele Unternehmen halten die Lohnpolitik der Gewerkschaften für eine zentrale Ursache der Arbeitslosigkeit. Arbeiten Sie grafisch in einem Marktmodell für den Arbeitsmarkt heraus, wie dieser beschaffen sein muss, damit diese Argumentation zutrifft.
2. Manche Ökonomen sehen im Flächentarifvertrag ein großes Problem. Trotzdem ziehen viele Unternehmen diese Lösung einer Lohnpolitik auf der Betriebsebene vor. Stellen Sie die Vorteile eines Flächentarifvertrags dem Firmentarifvertrag gegenüber.
3. M2 setzt sich kritisch mit der Kaufkrafttheorie auseinander. Verfassen Sie aus der Perspektive eines Vertreters der Kaufkrafttheorie einen Leserbrief zu M2.
4. Die Kaufkrafttheorie behauptet u.a., dass Lohnerhöhungen nötig seien, damit es zu Wachstum komme. Überprüfen Sie diese These an der Grafik M3.
5. Zur Vertiefung: In C-Land ist die Arbeitslosigkeit seit einiger Zeit sehr hoch. Die größte Gewerkschaft des Landes fordert deshalb starke Lohnerhöhungen, da nur so die notwendige Ausweitung der gesamtwirtschaftlichen Nachfrage erreicht werden könne. Analysieren Sie, unter welchen Voraussetzungen das die richtige Therapie ist und welche Risiken und Nebenwirkungen dabei zu beachten sind (M1–M3).

1.4 Ursachen und Folgen der Staatsverschuldung

E Sicher ist sicher

Karikatur: Sakurai

Interpretieren Sie die Karikatur.

Die Entwicklung der öffentlichen Verschuldung

Bei der Planung der Staatseinnahmen und -ausgaben wird es nur selten zu einem in Einnahmen und Ausgaben ausgeglichenen Budget kommen. Ende der 50er-Jahre wurden in den Bundeshaushalten Überschüsse erzielt, die auf Konten bei der Zentralbank gehalten wurden. Über Jahrzehnte musste der Staat aber Kredite aufnehmen, um seinen Haushalt auszugleichen. Erst 2014 war der deutsche Bundeshalt erstmals ausgeglichen. Die „schwarze Null“ wurde ein Jahr früher als geplant erreicht.

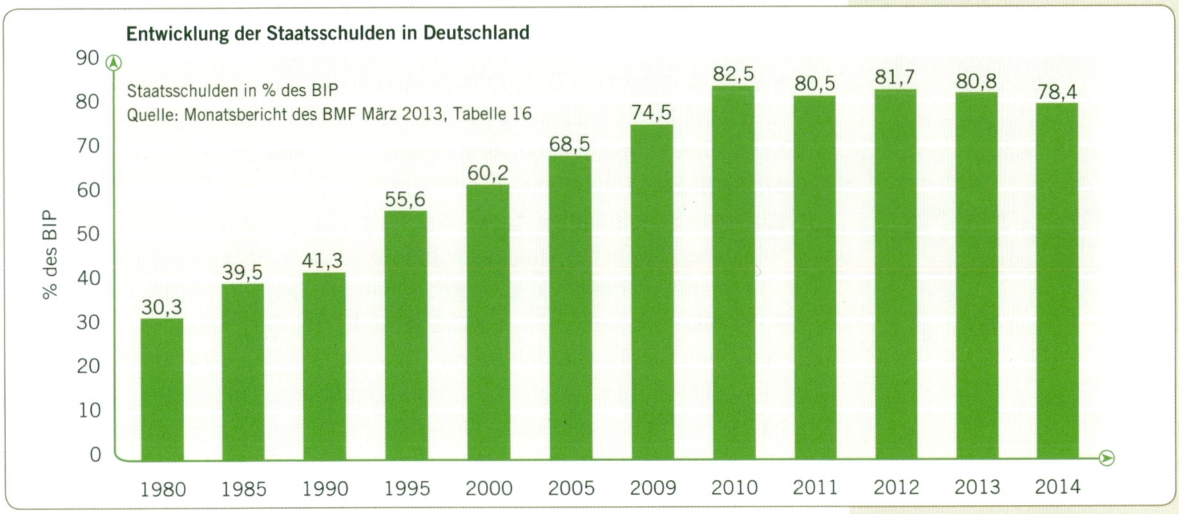

Rechtliche Grundlagen der Staatsverschuldung

Art. 115 GG

(1) Die Aufnahme von Krediten sowie die Übernahme von Bürgschaften, Garantien oder sonstigen Gewährleistungen, die zu Ausgaben in künftigen Rechnungsjahren führen können, bedürfen einer der Höhe nach bestimmten oder bestimmbaren Ermächtigung durch Bundesgesetz.

(2) Einnahmen und Ausgaben sind grundsätzlich ohne Einnahmen aus Krediten auszugleichen. Diesem Grundsatz ist entsprochen, wenn die Einnahmen aus Krediten 0,35 vom Hundert im Verhältnis zum nominalen Bruttoinlandsprodukt nicht überschreiten. (...)

„Für jeden Kredit, den er aufnehmen möchte, braucht der Staat eine **gesetzliche Ermächtigung**, die in der Regel im Haushaltsplan enthalten ist und die auf Art. 115 des Grundgesetzes beruht.

Außerdem haben Bundestag und Bundesrat Anfang 2009 die Einführung einer so genannten „Schuldenbremse" beschlossen. Nach dieser Regelung soll erstmals ab 2011 die strukturelle, also nicht konjunkturbedingte Nettokreditaufnahme des Bundes höchstens 0,35 Prozent des Bruttoinlandsproduktes betragen. Ausnahmen sind nur bei Naturkatastrophen oder schweren Rezessionen gestattet. Die Einhaltung der Vorgabe eines ausgeglichenen Haushalts ist für den Bund ab dem Jahr 2016 zwingend vorgesehen, für die Länder ab dem Jahr 2020.

Eine völkerrechtliche Grenze besteht außerdem durch die Europäische Währungsunion. Beitrittswillige Mitgliedstaaten müssen die folgenden staatsschuldbezogenen Konvergenzkriterien erfüllen:

- Das jährliche gesamtstaatliche Haushaltsdefizit darf 3 % des BIP nicht übersteigen.
- Der Schuldenstand darf nicht höher sein als 60 % des BIP.

Diese Kriterien sind im Rahmen des Stabilitätspaktes zu einem dauerhaften Beurteilungsmaßstab für die Haushaltsdisziplin der Mitgliedstaaten der Währungsunion geworden. In Art. 126 des Vertrags über die Arbeitsweise der Europäischen Union (AEUV) heißt es: ‚Die Mitgliedstaaten vermeiden übermäßige öffentliche Defizite.' Sofern ein Land die festgelegten Grenzwerte ohne hinreichende Begründung verletzt, können vom EU-Ministerrat Sanktionen verhängt werden. Zudem haben sich die Mitgliedsländer verpflichtet, mittelfristig einen ausgeglichenen Haushalt zu erreichen bzw. Haushaltsüberschüsse zu erwirtschaften.

Ökonomische Grenzen der Staatsverschuldung

Das Schuldenmanagement liegt in den Händen der „Bundesrepublik Deutschland Finanzagentur GmbH" in Frankfurt a. M. Die Wertpapiere, die der Bund im Zuge der Kreditaufnahme ausgibt, sind Bundesanleihen, -obligationen, -schatzanweisungen, -schatzbriefe, Finanzierungsschätze des Bundes und unverzinsliche Schatzanweisungen.

Die Frage nach den Grenzen der Staatsverschuldung macht vor allem dann einen Sinn, wenn man sie ökonomisch versteht. Zunächst einmal kann die Höhe der staatlichen Verschuldung in Beziehung zur Höhe des Inlandsproduktes gesetzt werden. Steigt die Schuld in gleichem Maße wie das Inlandsprodukt, bleibt die Belastung für die Volkswirtschaft als Ganzes gleich. Das mit steigendem Inlandsprodukt ebenfalls – teilweise sogar überproportional – wachsende Steueraufkommen befähigt den Staat, die Zins- und Tilgungsleistungen (Schuldendienst) für die steigende Staatsschuld zu erbringen. Problematisch wäre die Staatsverschuldung nur, wenn sie wesentlich schneller als Inlandsprodukt und Steueraufkommen wachsen würde. Dabei ist allerdings die jeweilige gesamtwirtschaftliche Lage zu beachten. Wenn die zusätzlichen Staatsschulden für die Bekämpfung einer Rezession eingesetzt werden, scheint eine staatliche Kreditaufnahme sogar geboten, um zusätzliche beschäftigungswirksame Staatsausgaben finanzieren zu können. Die Zins- und Tilgungszahlungen könnten aus dem nach erfolgreicher Bekämpfung des wirtschaftlichen Niedergangs wieder reichlicher fließenden

Steueraufkommen geleistet werden. Die Budgetpraxis des Staates zeigt allerdings, dass Mehreinnahmen nicht zur Schuldentilgung, sondern für andere Zwecke ausgegeben werden. Erst, wenn infolge hoher Zinsen und Tilgungen die Freiheit der Budgetgestaltung merklich eingeengt würde, könnte die Grenze für weitere staatliche Kreditaufnahmen erreicht werden. Dies gilt allerdings eher für die nachgeordneten Gebietskörperschaften als für den Bund, der sich eigene Einnahmen (Steuern) leichter verschaffen kann."

Baßeler 2010, S. 433 ff.

Gründe für Staatsverschuldung

„Die Frage, ob öffentliche Verschuldung notwendig oder schädlich ist, ist seit jeher umstritten. David Ricardo (1772–1823), prominenter Klassiker der Nationalökonomie, vertrat die Auffassung, die Staatsverschuldung sei ‚eine der schrecklichsten Geißeln, die je zur Plage der Nation erfunden wurden'. Dem widersprach der deutsche Finanzwissenschaftlicher Lorenz von Stein 100 Jahre später mit den Worten: ‚Ein Staat ohne Staatsschuld tut entweder zu wenig für seine Zukunft oder er fordert zu viel von seiner Gegenwart.' In der Tat gibt es gute Gründe für die staatliche Kreditfinanzierung: Öffentliche Investitionsvorhaben, vor allem im Bereich der Infrastruktur, fallen nicht gleichmäßig über die Jahre an, sondern konzentrieren sich auf bestimmte Zeiträume. Müssten sie durch Steuern finanziert werden, so wären dazu sprunghafte Änderungen in der Steuerpolitik notwendig. Nach dem so genannten Pay-as-you-use-Ansatz lässt sich weiter argumentieren, dass an dem Nutzen öffentlicher Investitionen auch künftige Generationen teilhaben. Deshalb ist es nur gerecht, diese an den Zins- und Tilgungslasten kreditfinanzierter Staatsausgaben zu beteiligen. Und schließlich wird auch noch darauf hingewiesen, dass dem Staat die Aufgabe der antizyklischen Konjunkturpolitik zufällt.

Gefahren der Staatsverschuldung

Die Staatsverschuldung birgt eine Reihe von Gefahren: Wenn außer den Unternehmen auch der Staat mit seiner Kreditnachfrage die Ersparnisse der Haushalte beansprucht, so kann das zu einem Anstieg der Zinsen führen. Dadurch können private Investitionen ‚verdrängt' werden (Crowding-out-Effekt). Die staatliche Nachfrage bringt dann konjunkturell keinen positiven Effekt oder schadet sogar. Außerdem ist jede Kreditaufnahme mit einer Ausweitung der Geldmenge verbunden (auch wenn der Staat keine Direktkredite bei der EZB aufnehmen darf!), was den Bemühungen der Zentralbank um Preisstabilität zuwiderläuft.

Staatsschulden belasten zukünftige Generationen nach dem Motto: ‚Kinder haften für ihre Eltern'. Die Schulden von heute sind die Steuern von morgen, denn Schulden ziehen Zins- und Tilgungsverpflichtungen nach sich (Lastenverschiebungsthese).

Steigende Staatsschulden haben, wie gesagt, auch zur Folge, dass ein wachsender Anteil der öffentlichen Ausgaben auf Zinsverpflichtungen entfällt. Die Zinsausgabenquote der deutschen öffentlichen Haushalte hat sich in den letzten Jahrzehnten im Trend erhöht. Sie ist mittlerweile doppelt so hoch wie der Anteil der staatlichen Ausgaben für Sachinvestitionen. Jeder Euro, der für Zinsen ausgegeben werden muss, fehlt an anderer Stelle, etwa für Lehrer, Polizisten, Soldaten, Krankenhäuser und andere öffentliche Kernaufgaben. Die Handlungsfähigkeit des Staates wird zunehmend eingeschränkt." *Sperber 2012, S. 189ff.*

Kompetent in Wirtschaft & Recht

erweitern – vertiefen – anwenden

M1 Die Mythen der Staatsverschuldung

Eine höhere Neuverschuldung erhöht automatisch die Schuldenlast.

Dieser Satz erscheint den meisten Menschen so logisch, dass über ihn gar nicht mehr nachgedacht wird. Wenn man neue Schulden aufnimmt, steigt natürlich die Schuldenlast, oder etwa nicht? Tatsächlich ist für eine Volkswirtschaft nicht die Neuverschuldung an sich von Bedeutung, sondern das Verhältnis von Gesamtschuldenstand zur Wirtschaftsleistung. Wenn etwa die Wirtschaft um nominal vier Prozent wächst (zwei Prozent reales Wachstum und zwei Prozent Inflation), kann sich ein Land in alle Ewigkeit ein jährliches Haushaltsdefizit von 2,4 Prozent des BIP leisten, ohne dass die Schuldenquote steigt.

In all jenen Situationen, in denen höhere Defizite zu einem höheren Wachstum führen, als es ohne die Neuverschuldung der Fall wäre, kann eine Kreditaufnahme sogar langfristig die Schuldenlast senken. (...)

Defizite sind schlecht, weil Regierungen freiwillig nie sparen werden.

Tatsächlich hat die US-Regierung von 1993 bis 2000 die Schuldenquote ohne Stabilitätspakt oder Verfassungszwang um fast 20 Prozentpunkte gesenkt. Unter Rot-Grün fiel Ende der 90er Jahre die Schuldenquote, ebenso wie Ende der 80er Jahre unter Helmut Kohl.

Höhere Staatsschulden gehen immer auf Kosten künftiger Generationen.

Ob die höheren Staatsschulden für unsere Kinder und Enkel wirklich nachteilig sind, hängt von den Alternativen ab. Wenn etwa Ausgaben für Bildung, Forschung oder Investitionen in den Straßenbau gekürzt werden, damit die Staatsverschuldung nicht steigt, könnte dies ein Bärendienst sein. Die gesamtwirtschaftliche Rendite von Bildungsausgaben ist üblicherweise deutlich höher als die Zinsen, die der Staat auf seine Anleihen zahlen muss. Kaputte Straßen ziehen enorme Folgekosten in Form höherer Ausgaben für Kfz-Reparaturen und längerer Reise- und Lieferzeiten nach sich. Eine höchst profitable Investition in die Zukunft nicht zu tätigen, bloß weil man dafür (billigen) Kredit aufnehmen müsste, ist betriebswirtschaftlich wie volkswirtschaftlich Unfug. In den USA haben sogar die Bürger diese Logik verinnerlicht. Dort ist es ganz normal, für das Hochschulstudium hohe Kredite aufzunehmen – weil sich die Bildung später auszahlt.

Wir können uns eine höhere Neuverschuldung einfach nicht mehr leisten.

Im internationalen und historischen Vergleich sind die deutschen Schulden längst nicht auf einem übermäßig hohen Niveau. Wir liegen derzeit unter den Werten in den USA in den 80er Jahren. Das Beispiel Japans seit Anfang der 90er Jahre zeigt zudem, dass für die Stabilität der Staatsfinanzen weniger hohe Defizite als eine lange Stagnation und fallende Preise gefährlich sind.

nach: Sebastian Dullien, Financial Times Deutschland, 12.5.2005, S. 34

M2 Zur Erklärung steigender Staatsverschuldung

Eine Antwort auf die Frage nach den Gründen permanenter, im Zeitablauf sogar steigender öffentlicher Verschuldung liefert die relativ junge Public-Choice-Theorie (...). Der Erklärungsansatz der Vertreter der Public-Choice-Theorie lautet wie folgt: Kennzeichnendes Merkmal einer repräsentativen Demokratie sind Wahlen, bei denen sich die entsprechenden Parteien in bestimmten Zeitabständen den Wählern stellen müssen. Ziel der Parteien ist das Gewinnen der Wahl und somit die Erlangung bzw. der Erhalt der Macht. Da für den Wähler die Staatsverschuldung eine recht undurchsichtige Materie ist, haben die Politiker die Möglichkeit, durch so genannte merkliche Ausgaben, die durch unmerkliche Einnahmen finanziert sind, Wählerstimmen zu gewinnen. Merkliche Ausgaben sind dabei solche, deren direkte Wirkungen von den Wählern zu spüren sind. Hierzu sind z. B. Subventionen für Unternehmen, aber auch direkte Transfers an Haushalte zu verstehen. Die Finanzierung dieser Maßnahmen kann anschließend durch unmerkliche Einnahmen geschehen, zu denen insbesondere die indirekte Besteuerung in Form von Verbrauchsteuern zu zählen ist. Da die letzte Maßnahme jedoch im Zeitablauf Wählerstimmen kosten kann und der Staat nahezu unbeschränkten Zugang zum Kapitalmarkt hat, kann er somit auch auf eine indirekte Besteuerung heute verzichten und die Steuerlast durch Kreditfinanzierung in die Zukunft verlegen. Mit Hilfe dieses Kalküls sind Politiker in der Lage, entweder Macht zu erlangen oder aber zu sichern. Eine zunehmende Staatsverschuldung ließe sich somit aus diesem Machtkalkül heraus erklären.

Ulrich Baßeler, Jürgen Heinrich, Burkhard Utecht, Grundlagen und Probleme der Volkswirtschaft, Stuttgart 2002, S. 402–410

Aufgaben

1. Stellen Sie dar, was ein staatliches Budgetdefizit ist und welche Wirkungen es auf Zinssätze, Investitionen und Wirtschaftswachstum ausüben kann.
2. Erläutern Sie, in welchen Fällen ein Budgetdefizit gerechtfertigt werden kann (M1).
3. Einige Ökonomen behaupten, dass der Staat in alle Ewigkeit ein Budgetdefizit anhäufen könne, ohne dass die Verschuldung zunimmt. Beurteilen Sie, wie das möglich sein soll (M1).
4. Diskutieren Sie, ob eine Erhöhung des Haushaltsdefizits zu einer Umverteilung von jung zu alt oder von alt zu jung führt (M1).
5. Umfragen haben ergeben, dass die meisten Menschen gegen Budgetdefizite sind, aber die gleichen Menschen wählen Repräsentanten, die Budgets verabschieden, die schon bedeutende Defizite aufweisen. Erklären Sie, warum die Kritik an Budgetdefiziten in der Theorie stärker sein mag als in der Praxis (M2).
6. Erläutern Sie, welchem grundlegenden Tausch sich eine Gesellschaft gegenübersieht, wenn sie beschließt, mehr zu sparen.
7. Diskutieren Sie in der Lerngruppe, ob die gegenwärtige Höhe der Staatsverschuldung in der Bundesrepublik Deutschland „gefährlich" ist (M1).

1.5 Steuern – die Einnahmen des Staates

E Steuermoral

Formulieren Sie die Grundaussage der Karikatur und nehmen Sie dazu Stellung.

Karikatur: Puth

Arten der Besteuerung

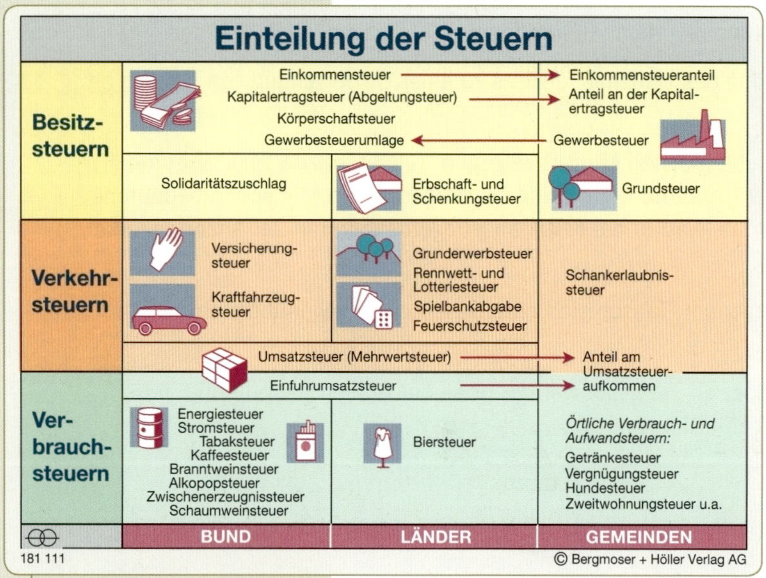

Bei den einzelnen Steuerarten handelt es sich lediglich um Beispiele.

Al ‚Narbengesicht' Capone, der bekannte Gangster und Verbrecherboss der 1920er-Jahre, wurde niemals wegen seiner zahlreichen brutalen Verbrechen verurteilt. Schließlich kam er doch noch ins Gefängnis – wegen Steuerhinterziehung. Er hatte es versäumt, Benjamin Franklins Hinweis zu beachten, „in dieser Welt ist nichts sicher außer dem Tod und den Steuern".

Als Franklin diese Behauptung im Jahr 1789 aufstellte, machte die Steuerzahlung eines Amerikaners im Durchschnitt weniger als 5 % seines Einkommens aus, und das blieb die nächsten hundert Jahre so. Im Lauf des zwanzigsten Jahrhunderts jedoch haben die Steuern immer mehr an Bedeutung gewonnen. Heute machen alle Steuern zusammen – einschließlich Einkommensteuer, Körperschaftsteuer, Umsatzsteuer und Grundsteuer – etwa 35 % des durchschnittlichen Einkommens eines Amerikaners aus.

Steuern sind unvermeidlich, da wir als Bürger vom Staat die Bereitstellung verschiedener Güter und Dienste erwarten. (...) Regierungen können manchmal die Marktergebnisse verbessern. Wenn der Staat eine Externalität (z. B. Luftverschmutzung) beseitigt, ein öffentliches Gut (z. B. nationale Verteidigung) bereitstellt oder die Nutzung einer öffentlichen Ressource (z. B. Fisch in einem öffentlichen See) regelt, kann dies die wirtschaftliche Wohlfahrt erhöhen. Doch die Leistungen des Staats gehen mit Kosten einher. Um diese zu bewältigen und seinen vielfältigen anderen Aufgaben nachzukommen, muss der Staat Einnahmen durch Besteuerung erzielen.

Welchen Anteil am Einkommen der Nation machen die Staatseinnahmen (Einnahmen des Bundes, der Länder, der Gemeinden und Parafisci) aus? Über die letzten 35 Jahre ist der Staat annähernd so stark gewachsen wie der Rest der Wirtschaft, die Staatseinnahmen sind mit ca. 44 % am BIP konstant geblieben. Im europäischen Vergleich nimmt Deutschland damit eine mittlere Position ein.

Parafisci = Sozialversicherungen, Kirchen, berufsständische Organisationen u. Ä.

Staatseinnahmen als Prozentsatz des BIP im Jahr 2014	
Rumänien	33,4
Lettland	35,5
Großbritannien	38,7
Slowakei	38,9
Deutschland	44,6
Schweden	51,1
Norwegen	54,7
Finnland	55,5
Dänemark	58,8
EU-Schnitt	45,2

Quelle: Eurostat 2015

Steuern und Effizienz

Offensichtlich ist es das Ziel eines Steuersystems, Einnahmen für den Staat zu beschaffen. Es gibt allerdings verschiedene Wege, einen gegebenen Geldbetrag einzuziehen. Bei der Ausgestaltung eines Steuersystems verfolgen Politiker zwei Ziele: **Effizienz und Gerechtigkeit**.

Ein Steuersystem ist effizienter als ein anderes, wenn die Beschaffung desselben Einnahmenbetrags mit geringeren Kosten für die Steuerzahler verbunden ist.

Woraus bestehen die Kosten von Steuern für Steuerzahler? Der offenkundigste Kostenbestandteil ist die Steuerzahlung selbst. Dieser Geldtransfer vom Steuerzahler zum Staat ist ein unvermeidliches Merkmal jedes Steuersystems. Steuern bringen aber außerdem noch zwei andere Arten von Kosten mit sich, die eine wohl ausgestaltete Steuerpolitik zu vermeiden oder wenigstens zu minimieren versucht:

- Die Zusatzlasten, die resultieren, wenn Steuern die Entscheidungen der Menschen verzerren.
- Den Erhebungsaufwand, den Steuerzahler tragen, wenn sie die Steuergesetze befolgen.

Ein effizientes Steuersystem ist eines, das geringe Zusatzlasten sowie einen geringen Erhebungsaufwand mit sich bringt.

Karikatur: Gerhard Mester, Baaske-Cartoons

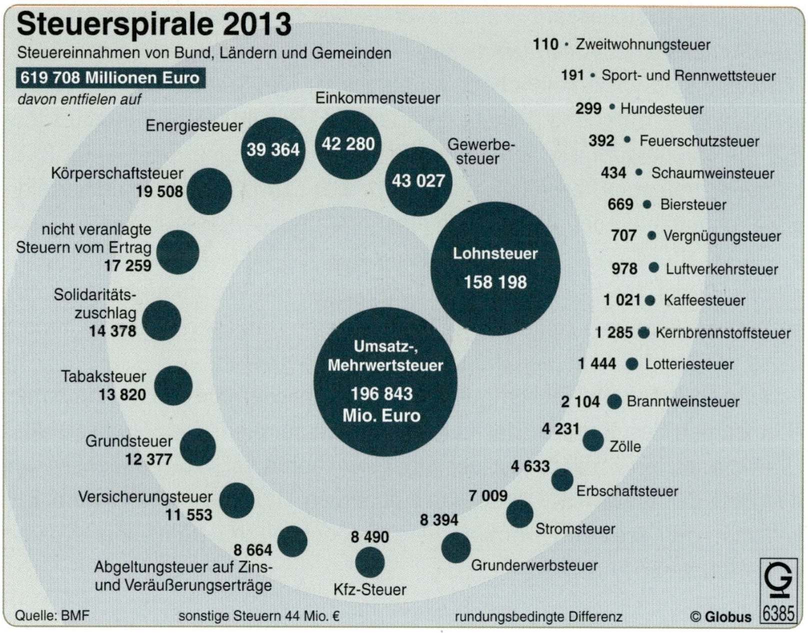

Sollte das Einkommen oder der Konsum besteuert werden?

Deshalb ist umstritten, ob der Staat seine Einnahmen besser aus direkten Steuern auf Einkommen und Ertrag erzielen sollte oder aus indirekten Steuern, die wie die Mehrwert- oder Tabaksteuer beim Konsum ansetzen. In Deutschland erzielt der Staat etwa die Hälfte der Einnahmen durch direkte, die andere Hälfte durch indirekte Steuern. Direkte Steuern lassen sich besser auf die Leistungsfähigkeit des Einzelnen zuschneiden. Sie werden deshalb oft als gerecht empfunden. Konsumsteuern sind jedoch leichter zu erheben und wirken sich weniger nachteilig auf die Leistungsbereitschaft der Bürger aus.

Ist das deutsche Steuersystem gerecht?

Frage: „Finden Sie unser Steuersystem, so wie es jetzt ist, also die Höhe der Steuersätze, die Steuervergünstigungen usw., alles in allem gerecht oder nicht gerecht?"

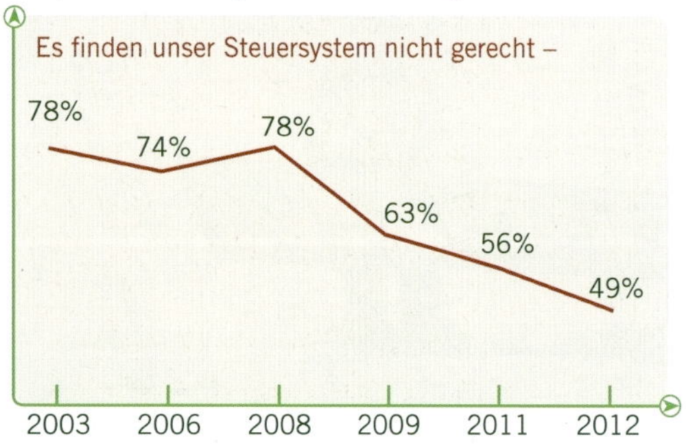

Basis: Bundesrepublik Deutschland, Bevölkerung ab 16 Jahre
Quelle: Allensbacher Archiv, IfD-Umfragen, zuletzt 11001

Steuern und Gerechtigkeit

Wie sollte die Last der Steuern auf die Bevölkerung verteilt werden? Wie beurteilen wir, ob ein Steuersystem gerecht ist? Jeder ist damit einverstanden, dass das Steuersystem gerecht sein sollte, aber es herrscht Uneinigkeit darüber, was Gerechtigkeit bedeutet und wie die Gerechtigkeit eines Steuersystems beurteilt werden kann (…).

Die Gerechtigkeit eines Steuersystems hängt davon ab, ob die Steuerlast fair unter der Bevölkerung verteilt ist. Nach dem **Äquivalenzprinzip** ist es fair, wenn die Bürger Steuern entsprechend den aus den beanspruchten staatlichen Leistungen empfangenen Vorteilen zahlen.

Die Mineralölsteuer, zum Beispiel, wird mithilfe des Äquivalenzprinzips gerechtfertigt. Die Einnahmen aus der Mineralölsteuer werden (im Wesentlichen) für den Bau und die Unterhaltung des öffentlichen Straßennetzes verwendet. Weil diejenigen, die Kraftstoffe kaufen, dieselben Leute sind wie diejenigen, die die Straßen benutzen, wird die Mineralölsteuer als gerechter Weg angesehen, für diese staatliche Leistung zu zahlen.

Mit dem Äquivalenzprinzip lässt sich auch begründen, dass reiche Bürger höhere Steuern zahlen sollten als arme. Warum? Ganz einfach, weil die Reichen mehr von öffentlichen Leistungen profitieren. Betrachten wir zum Beispiel die Vorteile des Diebstahlschutzes durch die Polizei. Bürger, die viel zu beschützen haben, ziehen einen größeren Vorteil aus der Polizei als diejenigen, die weniger zu beschützen haben. Nach dem Äquivalenzprinzip sollten sich die Reichen deshalb mehr als die Armen an den Kosten der Unterhaltung der Polizei beteiligen (...).

Einen anderen Weg, die Gerechtigkeit eines Steuersystems zu beurteilen, stellt das so genannte **Leistungsfähigkeitsprinzip** dar, das besagt, dass jeder Bürger entsprechend seiner steuerlichen Leistungsfähigkeit an der Aufbringung des Steueraufkommens beteiligt werden soll. Dieses Prinzip wird manchmal mit der Behauptung gerechtfertigt, dass alle Bürger ein „gleiches Opfer‘ tragen sollten, um den Staat zu unterstützen. Das Ausmaß des Opfers einer Person hängt jedoch nicht nur von der Höhe ihrer Steuerzahlung ab, sondern ebenso von ihrem Einkommen und von anderen Umständen. Eine Steuer von 1.000 €, gezahlt von einer armen Person, kann ein größeres Opfer bedeuten als eine Steuer von 10.000 €, gezahlt von einer reichen Person (...).

Typen der Besteuerung (absolute Zahlen: €)

Einkommen	Proportionale Steuer		Regressive Steuer		Progressive Steuer	
	Steuerbetrag	Prozent des Einkommens	Steuerbetrag	Prozent des Einkommens	Steuerbetrag	Prozent des Einkommens
50.000	12.500	25	15.000	30	10.000	20
100.000	25.000	25	25.000	25	25.000	25
200.000	50.000	25	40.000	20	60.000	30

Wenn Steuern auf der Fähigkeit basieren, Steuern zu zahlen, dann sollten reiche Steuerzahler mehr zahlen als arme Steuerzahler. Aber wie viel mehr sollten die Reichen zahlen? (...) Es gibt keine eindeutige Antwort hierauf, und die Wirtschaftstheorie hilft nicht bei dem Versuch, eine zu finden. Gerechtigkeit liegt, ebenso wie Schönheit, im Auge des Betrachters."

Nach: Mankiw/Taylor 2012, S. 295 ff.

Der deutsche Einkommensteuertarif

Die Einkommensteuer (Abkürzung: ESt) ist eine Steuer, die auf das Einkommen natürlicher Personen erhoben wird. Bemessungsgrundlage ist das zu versteuernde Einkommen. Die Einkommensteuer ist eine der wichtigsten Einnahmequellen des Staates. Der Einkommensteuertarif ist der Steuertarif zur Einkommensteuer. Er gibt an, wie viel Steuern auf ein gegebenes zu versteuerndes Einkommen zu zahlen sind. Grundsätzlich kann man bei der Erhebung der Einkommensteuer verschiedene Tarif-Modelle unterscheiden: progressiver Tarif, Stufentarif, proportionaler Tarif (Flat Tax), regressiver Tarif.

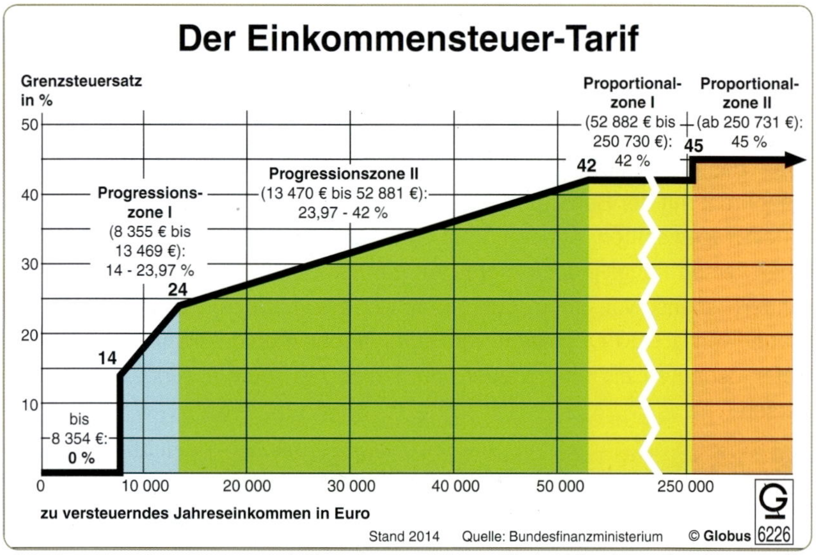

Ein progressiver Steuertarif ist ein Tarif, bei dem hohe Einkommen prozentual höher besteuert werden als geringe Einkommen. Beim proportionalen Steuertarif werden alle Einkommen – egal wie hoch – prozentual gleich besteuert. Beim Stufentarif gibt es verschiedene proportionale Tarife (Stufen), die mit der Höhe des Einkommens ansteigen. Der Grenzsteuersatz gibt an, mit welchem Prozentanteil jede zusätzliche Einheit eines Einkommens besteuert wird. Der Durchschnittssteuersatz gibt das Verhältnis des gesamten Steuerbetrags zum Einkommen wieder. Bei der Pauschalsteuer (Kopfsteuer) müssen alle Steuerpflichtigen unabhängig von ihrem Einkommen einen Steuerbetrag in gleicher Höhe entrichten. Der deutsche Einkommensteuertarif ist ein Mischtarif aus progressiven und proportionalen Tarifen.

Kompetent in Wirtschaft & Recht
erweitern – vertiefen – anwenden

M1 Führen Steuersenkungen zu mehr Wirtschaftswachstum?

Der Zusammenhang zwischen der Höhe des Steuersatzes und dem Steueraufkommen wird in der so genannten Laffer-Kurve (s. Abb.) aufgegriffen. Der amerikanische Ökonom Arthur Laffer soll diese Kurve 1974 in einem Washingtoner Restaurant erstmals auf eine Papierserviette gemalt haben. Demnach nimmt das Steueraufkommen mit steigenden Steuersatz zunächst zu, um dann wieder zu sinken. Dieser Verlauf erscheint auch durchaus logisch: bei einem Steuersatz von null gibt es natürlich keine Steuereinnahmen. Ebenso wird der Staat bei einem Satz von 100 % keine Einnahmen erzielen, weil dann verständlicherweise niemand mehr bereit ist zu arbeiten. Der Steuersatz, der zu einem maximalen Steuerertrag führt, muss also irgendwo zwischen diesen beiden Extremen liegen. Wird er überschritten, so dämpft dies die Leistungsbereitschaft der Betroffenen. Dadurch gehen Produktion und Einkommen zurück, so dass die Steuereinnahmen sinken, anstatt zu steigen. Allerdings weiß leider keiner, wo genau dieser optimale Steuersatz liegt. In den 1980er Jahren hat US-Präsident Reagan anhand der Laffer-Kurve massive Steuersenkungen angeordnet. Sie bildeten den Kern der „Supply-Side-Economics“. Die spätere Wirtschaftsgeschichte vermochte die Laffer-Kurve nicht zu bestätigen. Als Reagan nach seiner Wahl den Steuersatz senkte, kam es zu weniger statt zu mehr Steuereinnahmen. Doch die einmal eingeschlagene politische Richtung war schwer zu korrigieren. Es kam während der beiden Amtsperioden von Ronald Reagan und auch noch in den Jahren danach zu großen Haushaltsdefiziten, weil die Steuereinnahmen nicht zur Abdeckung der Staatsausgaben reichten.

Sperber 2012, S. 187 und Mankiw/Taylor 2012, S. 209f.

M2 Was macht der Staat eigentlich mit unserem Geld?

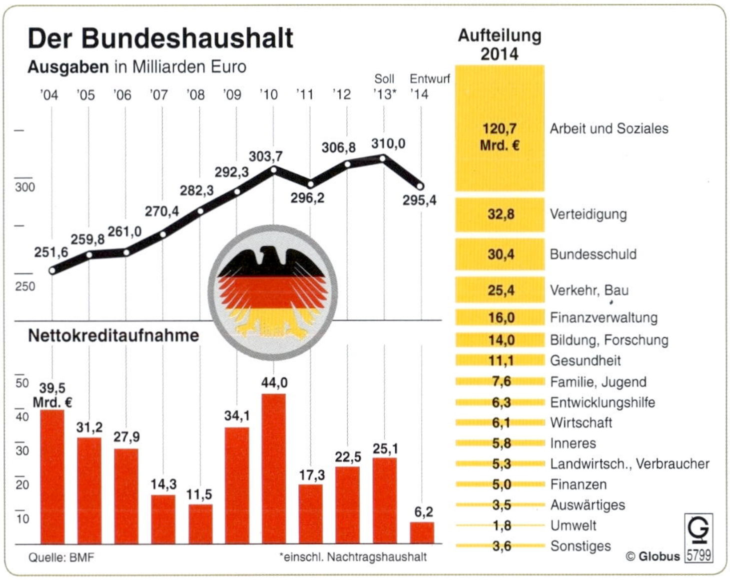

M3 Steuern und Abgaben von Arbeitnehmern

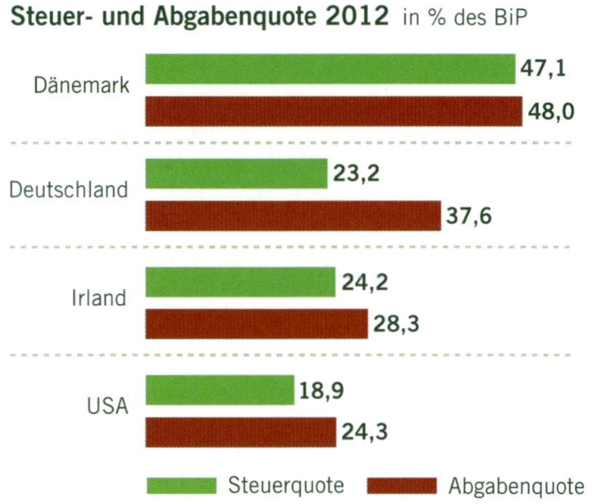

Quelle: OECD (Hrsg.), Revenue Statistics 1965–2012, Paris 2013

Um die Belastung durch (in einer Volkswirtschaft gezahlte) Steuern festzustellen, werden sogenannte Steuerquoten ermittelt. Die Aussagekraft dieser Steuerquoten ist aber begrenzt, weil die in den Vergleich einbezogenen Staaten ihre staatlichen Sozialversicherungssysteme in unterschiedlichem Ausmaß über eigenständige Beiträge (die nicht in der Steuerquote enthalten sind) oder aus allgemeinen Haushaltsmitteln und damit über entsprechend hohe Steuern finanzieren. Erst die Abgabenquote, die die Belastung durch Steuern und Beiträge zur Sozialversicherung in Relation zum jeweiligen Bruttoinlandsprodukt darstellt, macht die Belastung durch Steuern und Abgaben international vergleichbar.

Aufgaben

1. Zeichnen Sie je einen Grenzsteuertarif, der proportional, progressiv, regressiv ist (x-Achse: zu versteuerndes Einkommen in €; y-Achse: Steuersatz in %). Erläutern Sie den Kurvenverlauf, und beurteilen Sie den jeweiligen Steuertarif unter dem Aspekt der Gerechtigkeit.
2. Klassifizieren Sie jede der nachfolgenden Formen der Finanzierung als Beispiel für das Äquivalenzprinzip oder das Leistungsfähigkeitsprinzip:

   a) In vielen Nationalparks zahlen die Besucher Eintrittsgeld.

   b) Die Grund- und weiterführenden Schulen in einer Gemeinde werden aus dem Grundsteueraufkommen der Gemeinde finanziell unterstützt.
3. Diskutieren Sie die von einigen Parteien vertretene These, Steuersenkungen seien ein geeignetes Mittel, um Wirtschaftswachstum und Beschäftigung zu fördern (M1).
4. a) Erläutern Sie, welchen Personengruppen jeweils die öffentlichen Mittel zufließen (M2).

   b) Die Forderung nach Steuersenkungen und einem schlanken Staat würde zwangsläufig Einschnitte bei den Positionen der Grafik erfordern. Diskutieren Sie, bei welchen Positionen Sie solche Einschnitte für richtig halten (M2).
5. Erläutern Sie, inwiefern M3 ein unvollständiges Bild zeichnet, und machen Sie Vorschläge, welche weiteren Daten in die Grafik aufgenommen werden sollten.

1.6 Verbesserung der Rahmenbedingungen des Arbeitsmarktes

E Flexicurity – Dänemark als Vorbild?

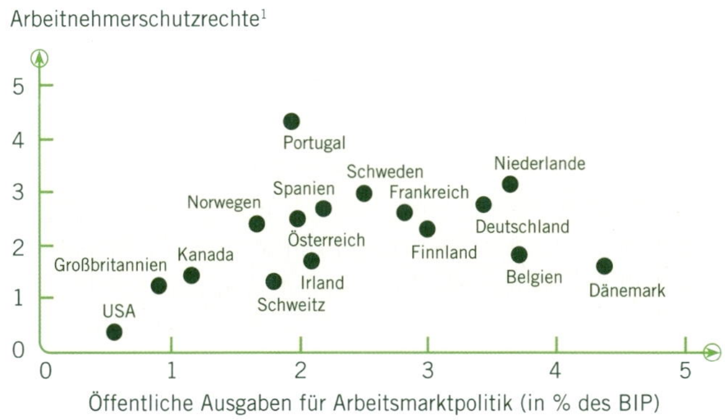

[1] je höher die Zahl, um so strenger der Kündigungsschutz

http://aplefebvre.files.wordpress.com/flexicurite.png

Beschreiben Sie in Ihren eigenen Worten die Position Dänemarks und die anderer extrem positionierter Staaten. Sollte Deutschland das dänische Modell übernehmen?

Probleme des Arbeitsmarktes

„Laut Martin Luther ‚ist der Mensch zur Arbeit geboren wie der Vogel zum Fliegen‘. Dennoch suchen die deutschen Arbeitsämter alle Jahre wieder unter Millionen von Arbeitslosen vergeblich einheimische Erntehelfer. Nach Angaben des Bauernverbandes kommen von den rund 300.000 Kräften, die bei der Gemüse- und Obsternte helfen, 220.000 aus Osteuropa. Dabei hat man in manchen Regionen sogar einen Chauffeurdienst organisiert, der die Arbeitslosen zu ihrem Einsatzort bringt. Und weil die Feldarbeit so hart ist, gibt es zusätzlich zum Lohn noch einen Erschwerniszuschlag. Doch das ist offenbar nicht genug. Solche Geschichten nähren schnell den Vorwurf der ‚Drückebergerei‘. Der Ökonom aber sieht, dass die Situation zu einem Gutteil die Folge politischer Fehlsteuerung darstellt. Augenscheinlich wird der vorhandene Regel- und Anreizmechanismus mit der Arbeitslosigkeit nicht fertig. Das kann man den Menschen jedoch nicht vorwerfen.

Vorgeschlagene Maßnahmen

Die Vorschläge zur Verbesserung der Arbeitsmarktlage klingen teilweise hart, sind indes seit Jahren bekannt und teilweise schon realisiert (Stichwort „Hartz IV“). Gefordert werden unter anderem:

- Kürzung des Arbeitslosengeldes bei gleichzeitiger Erhöhung der Hinzuverdienstmöglichkeiten. Dies senkt den ‚Anspruchslohn‘ der Bevölkerung und lässt Erwerbstätigkeit früher lohnenswert erscheinen. Auch darf die Zumutbarkeit einer neuen Tätigkeit nicht nur im Lichte der früheren Beschäftigung bewertet werden, sondern auch als Pflicht gegenüber der Solidargemeinschaft. Damit verbunden sind gezielte Maßnahmen zur beruflichen Qualifizierung.

- Lohnzurückhaltung, Lohndifferenzierung (nach Qualifikationen, Sektoren und Regionen) und Förderung gering bezahlter Arbeitsplätze. Das bedingt die rechtliche Erlaubnis zur Abweichung vom Flächentarif (‚Öffnungsklauseln'), wenn dadurch ein Einstieg ins Arbeitsleben möglich wird oder ein Job gerettet werden kann. Auch könnte man den Lohn durch Einbau einer Gewinnbeteiligung flexibler gestalten (‚Investivlohn').

Kombilohn
bedeutet, dass der Staat ein niedrig entlohntes Arbeitsverhältnis finanziell bezuschusst.

- Um Geringqualifizierte oder Ältere (50 plus) in Beschäftigung zu bringen, wird teilweise die Einführung von ‚Kombilöhnen' erwogen, bei denen der Staat den niedrigen Verdienst eines Arbeitnehmers aufstockt. Das ist indes extrem teuer (erfordert also kräftige Einschnitte bei anderen Ausgaben) und es sind ‚Mitnahmeeffekte' durch Unternehmen zu befürchten, die eventuell reguläre Arbeitsplätze in subventionierte Stellen umwandeln. Kombilöhne sind im Grunde als nicht marktkonform einzustufen, da sie eine staatliche Subventionierung beinhalten. Im Übrigen gibt es sie in Deutschland bereits in Form der Aufstockung von Lohneinkommen auf das Niveau des Hartz IV-Satzes.
- Abbau des Kündigungsschutzes, der als Einstellungsbremse wirkt, und verstärkte Einführung von befristeten sowie Teilzeit-Arbeitsverträgen. Einschränkung der Mitbestimmung. Förderung der Selbstständigkeit.

Angebotspolitik

Die dargestellten Maßnahmen werden allgemein (mit Ausnahme der Kombilöhne) unter dem Stichwort der Deregulierung des Arbeitsmarktes diskutiert. Sie kommen hauptsächlich von Seiten der Arbeitgeber bzw. der ‚Angebotspolitik'.

- Ein gravierendes Beschäftigungshemmnis bildet aus angebotspolitischer Sicht die hohe Steuer- und Abgabenlast, die wesentlich zur Ausbreitung der Schwarzarbeit beigetragen hat. Der in der ‚hidden economy' (Schattenwirtschaft) erzeugte Umsatz wird in Deutschland auf 380 Milliarden Euro geschätzt, das sind ungefähr 15 Prozent des offiziellen Bruttoinlandsprodukts. Gelänge es, die Schwarzarbeit in legale Arbeit umzuwandeln, dürfte es in Deutschland praktisch keine – auch keine verdeckte – Arbeitslosigkeit mehr geben. Das lässt sich anhand einer (zugegebenermaßen stark vereinfachten) Rechnung leicht zeigen: Die Zahl der Erwerbstätigen beträgt in Deutschland ca. 40 Millionen; diese erzeugen 100 Prozent des offiziellen Bruttoinlandsprodukts. Unter der Annahme einer gleichen Arbeitsproduktivität sind also für das auf dem Schwarzmarkt erzeugte Produktionsvolumen in Höhe von 15 Prozent des BIP 0,15 x 40 Millionen = 6 Millionen Personen tätig.
- Hohe Sozialbeiträge treiben überdies die von den Unternehmen zu zahlenden Lohnnebenkosten nach oben (und bewirken damit Arbeitseinspar- bzw. -verlagerungseffekte). Hier Entlastung zu schaffen, bedingt eine Reform des Systems der sozialen Sicherung mit der Stoßrichtung, die Kosten u. a. der Kranken- und Rentenversicherung vom Arbeitsverhältnis bzw. von den Löhnen abzukoppeln.

Nachfragepolitik

Es gibt auch Vorschläge seitens der Gewerkschaften bzw. der Vertreter der ‚Nachfragepolitik'. Neben der ‚Ankurbelung der Nachfrage' zählt hierzu unter anderem

- die Einführung bzw. Ausweitung von ‚Mindestlöhnen'. Die meisten Ökonomen sind sich aber einig, dass Mindestlöhne beschäftigungsfeindlich sind. Gerade die Beschäftigungschancen Geringqualifizierter (mit niedriger Produktivität) dürften sich dadurch weiter verschlechtern. (...)
- „Gewerkschaften setzten früher bisweilen darauf, die Arbeit durch Arbeitszeitverkürzung gerechter zu verteilen. Dieser Vorschlag beruht einerseits auf der falschen Annahme, dass es eine begrenzte Menge von Arbeit gebe. Zum anderen kann das Konzept nicht funktionieren, wenn die Reduzierung der Arbeitszeit nicht von einer entsprechenden ‚Absenkung der Arbeitskosten begleitet wird'. Nach dem amerikanischen Ökonomen Paul Krugman wäre die 32-Stunden-Woche deshalb ‚wahrscheinlich ein Anti-Beschäftigungsprogramm'. In Deutschland befasst sich der normale Arbeitnehmer mit durchschnittlicher Lebenserwartung gerade etwa ein Zehntel seines Lebens mit aktiver Arbeit (Gartenarbeit oder Ähnliches nicht mitgerechnet). Früher war es einmal ein Fünftel, vor Jahrzehnten gar ein Drittel. Vor diesem Hintergrund wird immer häufiger eine Verlängerung der Arbeitszeit propagiert." (...)

Einig sind sich Angebots- und Nachfragepolitiker regelmäßig in der Überzeugung, dass verstärkte Investitionen in Bildung und Forschung notwendig sind. Hierzu bedarf es aber finanzieller Mittel."

Sperber 2012, S. 140 ff.

Kompetent in Wirtschaft & Recht

erweitern – vertiefen – anwenden

M1 Überschätzte Hartz-Reformen?

***FREIBURG.** Wird der Beitrag der Hartz-Arbeitsmarktreformen für die positive wirtschaftliche Entwicklung der Bundesrepublik überschätzt? Zu diesem Schluss kommen vier Ökonominnen und Ökonomen in einer neuen Studie. Nach Ansicht der Wissenschaftler hat vor allem das sehr flexible und vielfältige Tarifsystem Deutschlands den Weg vom kranken Mann Europas zum wirtschaftlichen Vorbild geebnet. Mit Bernd Fitzenberger, Volkswirtschafts-Professor an der Uni Freiburg und Mitautor der Studie, sprach Bernd Kramer.*

BZ: Herr Fitzenberger, müssen jetzt die Geschichtsbücher neu geschrieben werden? Bislang galt die These, die Hartz-Reformen hätten die Bundesrepublik zum ökonomischen Musterknaben gemacht.

Fitzenberger: [...] Bei realistischer Einschätzung haben die Hartz-Reformen nach ihrer Einführung [...] bei der Bekämpfung der Langzeitarbeitslosigkeit geholfen. Aber die Verbesserung der Wettbewerbsfähigkeit der deutschen Wirtschaft hat bereits Mitte der 90er-Jahre begonnen. Dieser lange Zeit kaum wahrgenommene Prozess war entscheidend für die gute Arbeitsmarktentwicklung in Deutschland, und für diesen Prozess spielten die Hartz-Reformen nur eine sehr untergeordnete Rolle.

BZ: Was hat die Wende bewirkt? Für viele Beobachter galt die deutsche Wirtschaft lange als reformunfähig und als viel zu teuer produzierend.

Fitzenberger: [Es] ist das System der Lohnfindung in der Bundesrepublik von maßgeblicher Bedeutung. Unter dem Druck wachsender ausländischer Billiglohnkonkurrenz nach dem Fall der Mauer trat seine enorme Flexibilität und Vielfältigkeit erst richtig zutage. Bei den Flächentarifverträgen kam es beispielsweise zu mehr Ausnahmeregelungen, die auf die individuelle Situation der Betriebe zugeschnitten waren. Unternehmen konnten sich auch aus der Tarifbindung lösen. Den Mitarbeitervertretungen, also den Betriebsräten, kam eine größere Rolle zu. Sie standen hinter Betriebsvereinbarungen oder Flexibilitätsspielräumen in Tarifverträgen, die im Zweifel die Existenz der Unternehmen sicherten. Dabei konnten die Arbeitnehmervertreter davon ausgehen, dass sie bei einer besseren wirtschaftlichen Lage auch wieder mehr Geld bekommen würden – so wie es nach der Krise 2008/2009 zum Beispiel nahezu mustergültig der Fall war. Bei einer zentralen, staatlichen Lohnfindung hätte es solch eine Flexibilität auf der Betriebsebene nicht gegeben.

BZ: Flexibilität in Krisenzeiten bedeutet für den Arbeitnehmer vor allem Lohnzurückhaltung. [...] Fand die große Anpassung auf dem Rücken der Geringverdiener statt?

Fitzenberger: In der Tat haben die unteren Lohngruppen diese Anpassung überproportional finanziert, aber für die Erhöhung der Wettbewerbsfähigkeit ist die moderate Lohnentwicklung im mittleren bis weit in den höheren Bereich der Lohnverteilung absolut gesehen mindestens so wichtig. Mit diesem Prozess hat die Lohnungleichheit in der Bundesrepublik deutlich zugenommen. Das ist eine sozialpolitische Herausforderung für unser Land.

BZ: Helfen staatlich verordnete hohe Mindestlöhne und satte Tarifabschlüsse?

Fitzenberger: Die starke Spreizung der Löhne ist nicht auf die Bundesrepublik beschränkt. Wir haben vielmehr in einem relativ kurzen Zeitraum das nachgeholt, was in einigen Ländern schon vorher stattgefunden hatte. Diese Entwicklung werden Sie auch nicht umkehren können. Extreme Tarifabschlüsse oder ein hoher Mindestlohn, der sich nicht an den wirtschaftlichen Gegebenheiten orientiert, wären deshalb kontraproduktiv, die Beschäftigung würde abnehmen. Sinnvoller wäre es, das Bildungssystem zu verbessern. Nach wie vor sind zu viele Menschen ohne Schul- oder Berufsabschluss. Ansonsten bleiben nur die Mechanismen der Umverteilung durch das Steuer- und Transfersystem, die sich jedoch auch negativ auf die Beschäftigung auswirken können, wenn dadurch die Arbeitsanreize zurückgehen.

BZ: Also weg mit dem Mindestlohn?

Fitzenberger: Grundsätzlich halte ich einen moderaten Mindestlohn für keinen Fehler. [...] Entscheidend ist jetzt, welche Ausnahmeregelungen am Ende tatsächlich umgesetzt werden.

Bernd Fritzenberger/Bernd Kramer,
www.badische-zeitung.de, (5.2.2014)

Aufgaben

1. Mittlerweile liegen einige Studien zur Wirksamkeit der Hartz-Reformen vor. Stellen Sie dar, welche Erwartungen mit den einzelnen Elementen des Gesetzes verbunden waren und prüfen Sie, inwieweit diese Erwartungen erfüllt werden konnten (M1, Internetrecherche).
2. Ordnen Sie die Hartz-Reformen begründet einer wirtschaftspolitischen Position (Angebots-/Nachfrageorientierung) zu.
3. Beurteilen Sie die arbeitsmarktpolitischen Gestaltungsmöglichkeiten des Staates in der globalisierten Welt.

Z Beschäftigung und Einkommen

Die **Arbeitslosigkeit** ist in Deutschland das sozialpolitische Thema Nummer eins. Arbeitslosigkeit entsteht, wenn am **Arbeitsmarkt** ein Ungleichgewicht besteht, bei dem die angebotene Art und Menge von Arbeitsleistungen die nachgefragte Art und Menge übersteigt, so dass ein Teil der arbeitswilligen und der arbeitsfähigen Erwerbspersonen zeitweise keine Beschäftigung hat. Von besonderem Interesse ist die sog. **strukturelle Arbeitslosigkeit** im eigentlichen Sinn: Veränderungen der Nachfrage in einzelnen Wirtschaftszweigen, der Einsatz neuer Techniken oder Veränderungen auf dem Weltmarkt führen zu sich wandelnden Anforderungsprofilen für die Beschäftigten und zum Abbau von Arbeitsplätzen. Strukturelle Arbeitslosigkeit ist meist langfristig, da die Anpassungsfähigkeit der Arbeitnehmer an veränderte Anforderungen mangels Qualifikation und Mobilität begrenzt ist.

Bei den **wirtschaftspolitischen Maßnahmen** zur Bekämpfung der Arbeitslosigkeit kennt man zwei konkurrierende Ansätze:

Die **antizyklische Nachfragepolitik** (im Sinne Keynes') sieht zum Abbau von Arbeitslosigkeit eine aktive Konjunktur- und Beschäftigungspolitik vor. Der Staat als zentraler Akteur soll durch eine Erhöhung der Staatsausgaben die gesamtwirtschaftliche Nachfrage steigern, um Phasen der Stagnation zu überwinden. Über die Initialzündung höherer Staatsinvestitionen soll ein positiver, sich selbst verstärkender Wirtschaftsprozess in Gang gesetzt werden. Damit verbundene staatliche Haushaltsdefizite werden trotz der Gefahr einer höheren Staatsverschuldung billigend in Kauf genommen (deficit spending).

Die **angebotspolitische Position** ist der neoliberalen bzw. neoklassichen Schule zuzuordnen und möchte die Arbeitslosigkeit durch eine Verbesserung der Investitionstätigkeit der Unternehmen beseitigen. Dazu sollen für die Unternehmen verbesserte Rahmenbedingungen (wie z. B. niedrigere Kosten, weniger staatliche Regulierung) geschaffen werden. Über ein höheres Wirtschaftswachstum werde sich dann auch mehr Beschäftigung einstellen.

Beide Erklärungshypothesen haben ihre Berechtigung, aber keine kann Anspruch darauf erheben, ein zutreffendes Bild der ganzen Wirklichkeit zu vermitteln.

Wesentliche Akteure bei der Gestaltung der Beschäftigungs- und Einkommensverhältnisse sind die **Tarifpartner**, d. h. die Verbände der Arbeitnehmer und Arbeitgeber (Gewerkschaften, Arbeitgeberverbände). Sie handeln im Rahmen der grundgesetzlich garantierten Tarifautonomie (Art. 9 GG) – also unabhängig von direkter staatlicher Einflussnahme – Tarifverträge aus. Diese regeln für die Mitglieder der Tarifparteien verbindlich die Rechte und Pflichten in den Arbeitsverhältnissen. Das tarifliche Entgelt (Tariflohn, Tarifgehalt) darf vom Arbeitgeber nicht unterschritten werden.

Aus **Sicht der Arbeitgeber** kann nur verteilt werden, was durch größere Produktivität erwirtschaftet wurde. Vor allem in Zeiten hoher Arbeitslosigkeit sehen sich die Gewerkschaften mit der Forderung konfrontiert, sich bei den Lohnabschlüssen an der konjunkturellen Situation zu orientieren. Dahinter steht die Überlegung, dass Unternehmen so lange Arbeitskräfte einstellen, wie deren Lohn pro Stunde kleiner ist als ihre mit den erzielbaren Absatzpreisen bewertete Ertragskraft.

Die **gewerkschaftliche Argumentationskette** sieht anders aus: Lohnsteigerungen sollten neben dem Produktivitätszuwachs und Inflationsausgleich auch eine Umverteilungskomponente enthalten.

Nach dieser sog. Kaufkrafttheorie sind hohe Löhne nicht etwa schlecht für die Vollbeschäftigung, sondern sogar notwendig. Denn nur wenn es genügend Nachfrage nach Gütern und Dienstleistungen gibt, werden auch entsprechend viele Arbeitskräfte eingestellt. Lohnsenkungen würden der Konjunktur dagegen eher schaden als nützen.

Ein nicht zu vernachlässigendes Problem stellt die **Staatsverschuldung** dar, die mit der Entwicklung der Bundesrepublik Deutschland zum Wohlfahrtsstaat einhergeht. Am höchsten ist der Bund verschuldet; auf ihn entfallen rund 60 Prozent der

Staatsschulden. Danach folgen die Länder mit 32 Prozent und die Gemeinden mit 6 Prozent.

Die Frage, ob öffentliche Verschuldung notwendig oder schädlich ist, ist seit jeher umstritten. In der Tat gibt es gute Gründe für die staatliche Kreditfinanzierung: Öffentliche Investitionsvorhaben, vor allem im Bereich der Infrastruktur, fallen nicht gleichmäßig über die Jahre an, sondern konzentrieren sich auf bestimmte Zeiträume. Müssten sie durch Steuern finanziert werden, so wären dazu sprunghafte Änderungen in der Steuerpolitik notwendig. Weiter lässt sich argumentieren, dass an dem Nutzen öffentlicher Investitionen auch künftige Generationen teilhaben. Deshalb ist es nur gerecht, diese an den Zins- und Tilgungslasten kreditfinanzierter Staatsausgaben zu beteiligen. Und schließlich wird auch noch darauf hingewiesen, dass dem Staat die Aufgabe der antizyklischen Konjunkturpolitik zufällt.

Andererseits ist jede Kreditaufnahme mit einer Ausweitung der Geldmenge verbunden, was den Bemühungen der Zentralbank um Preisstabilität zuwiderläuft.

Staatsschulden belasten zukünftige Generationen nach dem Motto: „Kinder haften für ihre Eltern". Die Schulden von heute sind die Steuern von morgen, denn Schulden ziehen Zins- und Tilgungsverpflichtungen nach sich (Lastenverschiebungsthese).

Schließlich wird durch die Zinsverpflichtungen die Handlungsfähigkeit des Staates zunehmend eingeschränkt. Jeder Euro, der für Zinsen ausgegeben werden muss, fehlt an anderer Stelle, etwa für Lehrer, Polizisten, Soldaten, Krankenhäuser und andere öffentliche Kernaufgaben.

Und letztlich sind dem Staat auch deutliche rechtliche Grenzen staatlicher Verschuldung gesetzt, sowohl im Grundgesetz (Art. 115) wie völkerrechtlich durch den Stabilitäts- und Wachstumspakt der EU.

Mit der Entwicklung zur Sozialen Marktwirtschaft übernahm der Staat zusätzliche Aufgaben, die über allgemeine Regelungsfunktionen wie Gesetzgebung oder Rechtsprechung hinausgehen, zum Beispiel mit der Konjunktursteuerung. Die dafür nötigen Einnahmen erzielt der deutsche Staat mithilfe zahlreicher **Steuern** und sonstiger Einnahmearten. Die wichtigsten Einnahmequellen des Bundes und der Länder sind die Lohn- und Einkommensteuer sowie die Mehrwertsteuer.

Die **Effizienz** eines Steuersystems ergibt sich aus den Kosten, die es den Steuerzahlern auferlegt. Diese Kosten ergeben sich u. a. aus der Tatsache, dass Steuern Anreize und Verhaltensweisen verändern (z. B. das Sparen betreffend).

Die **Gerechtigkeit** eines Steuersystems hängt davon ab, ob die Steuerlast fair unter der Bevölkerung verteilt ist. Nach dem **Äquivalenzprinzip** ist es fair, wenn die Bürger Steuern entsprechend den aus den beanspruchten staatlichen Leistungen empfangenen Vorteilen zahlen. Nach dem **Leistungsfähigkeitsprinzip** ist es fair, wenn die Bürger entsprechend ihrer steuerlichen Leistungsfähigkeit an der Aufbringung des Steueraufkommens beteiligt werden.

Um die **Rahmenbedingungen auf dem Arbeitsmarkt** zu verbessern, werden unter anderen folgende **Maßnahmen** erwogen.

Aus der Sicht der Angebotstheorie:

- Kürzung des Arbeitslosengeldes bei gleichzeitiger Erhöhung der Hinzuverdienstmöglichkeiten und Maßnahmen zur Qualifizierung
- Lohnzurückhaltung, Lohndifferenzierung (nach Qualifikationen, Sektoren und Regionen)
- Lockerung des Kündigungsschutzes und weitere Maßnahmen zur Flexibilisierung des Arbeitsmarktes (Deregulierung)
- Lohnkostenzuschüsse für Problemgruppen (z. B. Kombilöhne für Ältere)

Aus der Sicht der Nachfragetheorie:

- Einführung und Ausweitung von Mindestlöhnen
- Kurzarbeitergeld bei drohender konjunktureller Arbeitslosigkeit
- Umverteilung von Arbeit durch Arbeitszeitverkürzung

Einig sind sich Vertreter der Angebots- und Nachfragetheorie, dass die Investitionen in Bildung und Forschung verstärkt werden müssen. Hierzu bedarf es aber finanzieller Mittel.

2 Geld und Währung

Die neue 20-Euro-Banknote kommt Ende November in Umlauf
EZB-Präsident Mario Draghi hat am 24. Februar 2015 die 20-Euro-Banknote der sogenannten Europa-Serie vorgestellt. Sie ist die dritte Banknote aus der zweiten Euro-Banknotenserie, die von der Europäischen Zentralbank (EZB) und den nationalen Zentralbanken seit Mai 2013 eingeführt wird.

www.deutschebundesbank.de

Geldpolitik: EZB belässt Leitzins bei 0,05 Prozent
0,05 Prozent – so niedrig ist der Leitzins in der Eurozone seit September vergangenen Jahres, und dabei bleibt es zunächst auch. Die Europäische Zentralbank belässt den wichtigsten Zins im Währungsraum auf dem Rekordtief.

yes/Reuters/dpa, www.spiegel-online,de, 3.6.2015

Bankenaufsicht in Europa: Ab jetzt kontrolliert die EZB
Die 120 größten Banken in der Eurozone haben einen neuen Aufpasser: Die Europäische Zentralbank hat offiziell die Kontrolle über die Institute übernommen.

www.spiegelonline.de, 4.11.2014

EZB warnt vor Risiken für Finanzsystem
Die Finanzstabilität im Euroraum ist nach Einschätzung der Europäischen Zentralbank in Gefahr. Wegen der Staatsschuldenkrise und der trüben Konjunkturaussichten sei die Wahrscheinlichkeit eines Zusammenbruchs von Großbanken gestiegen.

ww.sueddeutsche.de, 19.12.2011

Devisengeschäfte: EZB und Co. einigen sich auf Regeln
Die größten Zentralbanken der Welt sagen der Manipulation am Devisenmarkt den Kampf an. Sie einigten sich auf einen neuen Verhaltenskodex für Banken bei Währungsgeschäften.

www.handelszeitung.ch, 23.3.2015

1. Stellen Sie mit Hilfe der Schlagzeilen Aufgaben der Europäischen Zentralbank zusammen.

2.1 Grundlagen des monetären Systems

E Wenn das Geld seine Bedeutung verliert

Einem hungrigen Freunde wurde ein Pfund Butter für 320 Reichsmark angeboten. Er nahm sie auf Kredit, weil er soviel Geld nicht hatte. Er wollte sie morgen bezahlen. Ein halbes Pfund bekam seine Frau. Mit dem Rest gingen wir „kompensieren“: In einem Tabakladen gab es für das halbe Pfund 50 Zigaretten. Zehn Stück behielten wir für uns. Mit dem Rest gingen wir in eine Kneipe. Wir rauchten eine Zigarette, und das Geschäft war perfekt: Für die 40 Zigaretten erhielten wir eine Flasche Wein und ein Flasche Schnaps. Den Wein brachten wir nach Hause. Mit dem Schnaps fuhren wir aufs Land. Bald fand sich ein Bauer, der uns für den Schnaps zwei Pfund Butter eintauschte. Am nächsten Morgen brachte mein Freund dem ersten Butterlieferanten sein Pfund zurück, weil es zu teuer war. Unsere Kompensation hatte 1 ½ Pfund Butter, eine Flasche Wein, zehn Zigaretten und das Vergnügen eines steuerfreien Gewerbes eingebracht. *Bericht des Berliner Telegraf vom 24. Juni 1947, in: Kurt Zentner (Hrsg.), Aufstieg aus dem Nichts, Köln/Berlin 1954, Band 1, S. 16*

Erläutern Sie die Folgen der Geldentwertung in Nachkriegsdeutschland.

Kartoffelhamsterer auf dem Bahnhof Gorgast (Oderbruch/Brandenburg) im Jahr 1948. Nur wer Zigaretten hatte, war fein heraus: Mit Zigaretten konnte man alles kaufen, was es für wertlose Reichsmark nicht gab. Die Zigarettenwährung war in jenen Jahren die heimliche Währung Deutschlands.

Zur Bedeutung des Geldes

„Wenn Sie ein Restaurant betreten und ein Essen bestellen, so erhalten Sie etwas von Wert – einen vollen Magen. Um für diese Dienstleistung zu bezahlen, werden Sie der Bedienung oder dem Restaurantbesitzer vielleicht einige schon etwas zerknüllte Papierstücke geben, die mit seltsamen Portraits, Gegenständen und Mustern versehen sind. Oder Sie bezahlen mit einem Stück Papier, das den Namen einer Bank und Ihre Unterschrift trägt. Gleichgültig, ob Sie mit Bargeld oder Scheck bezahlen – der Restaurantbesitzer arbeitet gerne hart, um Ihre gastronomischen Wünsche zu erfüllen und im Gegenzug dafür dieses an sich wertlose Papiergeld zu erhalten.

Jedem, der in einer modernen Ökonomie lebt, scheint diese gesellschaftliche Gepflogenheit ganz und gar nicht seltsam. Obwohl Papiergeld keinen intrinsischen (inneren/eigenen) Wert hat, vertraut der Restaurantbesitzer darauf, dass eine dritte Person dieses im Austausch gegen etwas, das der Restaurantbesitzer für wertvoll erachtet, akzeptieren wird. Diese dritte Person vertraut darauf, dass eine vierte Person usw. Für den Restaurantbesitzer und andere Personen unserer Gesellschaft stellt ihr Bargeld oder Scheck einen Anspruch auf Waren und Dienstleistungen dar.

Die gesellschaftliche Sitte, Geld zur Abwicklung von Transaktionen zu verwenden, ist in einer großen, komplexen Gesellschaft außerordentlich nützlich. Stellen Sie sich für einen Augenblick vor, es gebe in einer Gesellschaft kein Medium, das im Austausch für Waren und Dienstleistungen weit verbreitete Akzeptanz fände. Die Menschen müssten sich auf den Tauschhandel verlassen – den Austausch eines Guts gegen ein anderes – um an die Dinge zu gelangen, die sie brauchen. Um ihr Essen zu bekommen, müssten Sie also beispielsweise dem Restaurantbesitzer etwas von unmittelbarem Wert anbieten. Sie könnten ihm das Angebot machen, Geschirr zu spülen, sein Auto zu putzen oder ihm ein gehütetes Geheimrezept Ihrer Familie für Fleischklößchen zu verraten. (...)

Das Vorhandensein von Geld vereinfacht den Handel. Dem Restaurantbesitzer kann es gleichgültig sein, ob Sie ein für ihn wertvolles Gut produzieren oder eine von ihm gewünschte Dienstleistung anbieten können. Er ist zufrieden damit, ihr Geld zu akzeptieren – im Wissen, dass auch andere dieses Geld von ihm akzeptieren werden. (...) Der Restaurantbesitzer akzeptiert Ihr Geld und zahlt damit seine Köchin; die Köchin verwendet das Geld dazu, ihr Kind in eine Tagesstätte zu schicken; die Kindertagesstätte bezahlt mit diesem Geld eine Kindergärtnerin; und die Kindergärtnerin kann Sie zum Rasenmähen anstellen. Dieser Geldfluss von einer Person zur nächsten in einer Volkswirtschaft erleichtert Produktion und Handel und ermöglicht es so jeder Wirtschaftseinheit, sich auf das zu spezialisieren, was sie am besten beherrscht, und erhöht damit den Lebensstandard eines jeden."

Mankiw/Taylor 2012, S. 759f.

Die volkswirtschaftliche Geldmenge

„Nehmen Sie an, Sie bekämen den Auftrag zu messen, wie viel Geld in Deutschland oder in Europa existiert. Was würden Sie alles in Ihre Maßzahl einbeziehen?

Was als erstes berücksichtigt werden müsste, ist das Bargeld – die Scheine und Münzen in den Händen der Öffentlichkeit. Bargeld ist ohne Zweifel ein Teil des Geldbestandes.

Jedoch lassen sich nicht nur mit Bargeld Güter erwerben. Viele Geschäfte akzeptieren auch EC-Karten und Schecks. Damit ist Geld auf Ihrem Girokonto ein fast ebenso geläufiges Zahlungsmittel wie das Bargeld in Ihrem Portemonnaie. Um den Geldbestand zu messen, möchten Sie daher vielleicht auch die Giroeinlagen (Buchgeld) – also Einlagen auf Bankkonten, die die Kunden sofort abrufen können – einbeziehen.

Haben Sie einmal damit begonnen, die Giroeinlagen als Teil der Geldmenge in Betracht zu ziehen, so müssen Sie auch überlegen, wie sich das mit der Vielzahl anderer Einlagen bei Banken und sonstigen Finanzinstitutionen verhält. In der Regel kann man keinen Scheck auf seine Spareinlagen ausstellen, es ist jedoch ohne Probleme möglich, Mittel von den

Spareinlagen in die Giroeinlagen umzuschichten. Also sollten auch diese anderen Einlagen plausiblerweise zum Geldbestand gerechnet werden.

In einer komplexen Volkswirtschaft wie der unsrigen ist es nicht leicht, zwischen den Aktiva, die ‚Geld' genannt werden können, und jenen, die diese Bezeichnung nicht tragen sollten, eine Linie zu ziehen. Die Münzen in Ihrer Hosentasche sind sicherlich Teil des Geldbestandes, der Frankfurter Messeturm ist es sicherlich nicht; aber es gibt viele Aktiva zwischen diesen beiden Extremen, bei denen die Zuordnung weniger klar ist. Daher existieren auch verschiedene Maße für die Geldmenge." *Mankiw/Taylor 2012, S. 736 f.*

Die Entstehung von Zentralbankgeld und die Giralgeldschöpfung

Geschäftsbanken
Diejenigen Banken, die sämtliche Bankgeschäfte betreiben. Kunden sind Unternehmen, Privatpersonen, öffentliche Stellen und andere Banken.

„Zentralbankgeld kann nur von der **Zentralbank** selbst hergestellt werden. Es ist hoheitliches Geld und alleiniges Zahlungsmittel. Seine Erscheinungsformen sind Bargeld und Guthaben der **Geschäftsbanken** auf Konten der Zentralbank. Wie aber kommt dieses Geld in den Wirtschaftskreislauf?

Dazu stellen wir uns Herrn Maier vor, der sich für 10.000 € ein Motorrad kaufen will. Am einfachsten wäre es für Maier, wenn er bereits über einen entsprechenden Geldbestand verfügen würde. Für unsere Fragestellung ist es jedoch interessanter, wenn Maier bei seiner Bank einen Kredit über 10.000 € beantragen würde. Wird ihm dieser bewilligt, stellt ihm die Bank den gewünschten Betrag auf seinem Girokonto zur Verfügung. Für die Geschäftsbank kann sich in diesem Fall – sollten die vorhandenen Einlagen nicht ausreichen – ein Liquiditätsproblem ergeben. Da sie die 10.000 € nicht selbst schaffen kann, muss sie sich das Geld entweder bei einer anderen Bank oder bei der Zentralbank besorgen. Die Geschäftsbank muss sich also ihrerseits – gegen die Zahlung von Zinsen – „refinanzieren", und das kann sie, wenn andere Geschäftsbanken ausscheiden, eben nur bei der Bank der Banken, nämlich der Zentralbank. In diesem Fall führt die Kreditgewährung an Maier zu einer Nachfrage nach Zentralbankgeld und damit zu einer Zentralbankgeldschöpfung über 10.000 €. Zentralbankgeld entsteht also durch Kreditgewährung an Geschäftsbanken. Wird der Kredit zurückgezahlt, wird Zentralbankgeld vernichtet."

Aber nicht nur die Zentralbank kann Geld schöpfen. Auch die Geschäftsbanken haben die Möglichkeit – zwar nicht Zentralbankgeld – aber Geld zu schaffen. Das Grundprinzip dieser sog. Giralgeldschöpfung lässt sich am Beispiel des Motorradkaufs von Herrn Maier verdeutlichen: Maier überweist den Kaufpreis über 10.000 € auf das Konto des Motorradhändlers bei der A-Bank. Die A-Bank kann über diesen Betrag einen Kredit gewähren – aber nicht in voller Höhe. Sie muss erstens eine Barreserve (im Beispiel 8 %) halten, um Auszahlungen an

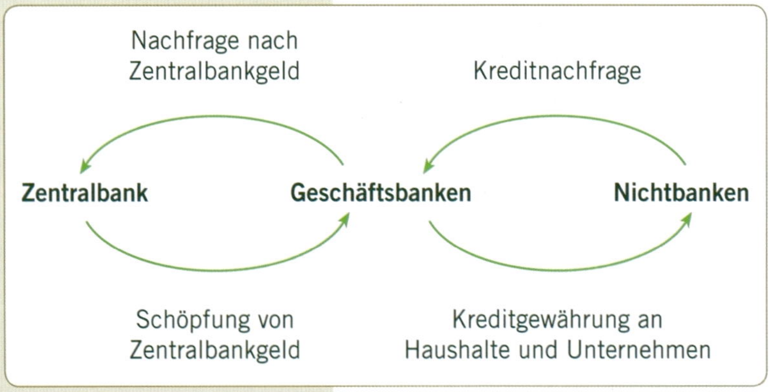

Kunden nachzukommen. Zweitens ist sie verpflichtet, einen bestimmten Prozentsatz der Einlage als Mindestreserve bei der Zentralbank zu hinterlegen (hier 2 %). Den verbleibenden Rest in Höhe von 9.000 € kann sie als Kredit „ausleihen“. Der Kreditnehmer bezahlt mit dem Kredit eine Lieferantenrechnung. Er überweist auf das Konto des Lieferers bei der B-Bank 9.000 €. Von dieser Einlage darf die B-Bank, gleiche Reservesätze unterstellt, 90 % oder 8.100 € als neuen Kredit ausgeben. Der neue Kreditnehmer bezahlt eine Rechnung mit Scheck. Der Schecknehmer reicht den Scheck der C-Bank zur Gutschrift ein. Die Einlage von 8.100 € wird die Grundlage für einen neuen Kredit über 7.290 €. Obwohl sich dieser (multiple) Geldschöpfungsprozess sich bis ins Unendliche fortsetzen lässt, stellt sich heraus, dass kein unendlich hoher Geldbetrag geschaffen werden kann. Addiert man die neu geschaffenen Kredite, wird man feststellen, dass aus 10.000 € ursprünglicher Einlagen 100.000 € Geld geschöpft werden können. Der Geldbetrag, den das Bankensystem aus jedem Euro ursprünglicher Einlagen schafft, wird Geldschöpfungsmultiplikator genannt. Im Zahlenbeispiel, bei dem aus 10.000 € Einlagen 100.000 € geschöpft werden können, beträgt der Geldschöpfungsmultiplikator 10.

Die Geldschöpfung der Geschäftsbanken

Banken	Sichteinlagen	Reserven	Kredite
A	10.000 €	1.000 €	9.000 €
B	9.000 €	900 €	8.100 €
C	8.100 €	810 €	7.290 €
D	7.290 €	729 €	6.561 €
			.
			100.000 €

Obwohl also die Kreditvergabemöglichkeiten der einzelnen Banken immer kleiner werden, sind am Ende die Einlagen im Bankensystem um ein Mehrfaches der ursprünglichen Zentralbankgeldschöpfung gestiegen. Am Zahlenbeispiel wird deutlich, dass die Geldschöpfung abhängig ist von der Höhe der Reservesätze (R). So schränken steigende Reservesätze die Geldschöpfung ein, ebenso Bargeldauszahlungen.

Am Beispiel erkennt man auch, dass der Geldschöpfungsmultiplikator der Kehrwert des Reservesatzes ist.

Zur Bedeutung der Geldwertstabilität

„Geld kann seine Funktion als Zahlungsmittel und als Wertaufbewahrungsmittel auf die Dauer nur erfüllen, wenn es von den Menschen akzeptiert wird. Und akzeptiert wird es nur, wenn niemand befürchten muss, dass der Geldwert durch Preissteigerungen ausgehöhlt wird. Dem scheint die Erfahrung zu widersprechen. In der Bundesrepublik hat es **Geldwertstabilität** im strengen Sinne nicht gegeben. Das Preisniveau ist vielmehr angestiegen, und entsprechend hat sich der Geldwert verringert.

Trotzdem haben die Menschen nicht das Vertrauen in die D-Mark verloren. In anderen Ländern ist die Inflationsrate sogar noch höher als in Deutschland gewesen, und dennoch ist die Geldordnung dort nicht zusammengebrochen. Wird das Ziel Geldwertstabilität überschätzt?

Martin Guhl, Baaske-Cartoons

Sicherlich: Wenn es bei moderaten Preissteigerungen bleibt, werden sich die Menschen nicht gleich von dem ihnen vertrauten Geld abwenden. Viele gewöhnen sich an den Preisauftrieb und passen sich an. Bei Lohnverhandlungen wird die Preissteigerungsrate wie selbstverständlich mit einkalkuliert, insoweit beeinträchtigt der Preisauftrieb die Kaufkraft der Löhne nicht. In den Zinssätzen schlägt sich die Preissteigerungsrate ebenfalls nieder. Besitzer von Geldvermögen erleiden insoweit bei Preissteigerungen keine Realwertverluste ihres Vermögens.

Vor diesem Hintergrund mögen moderate Preissteigerungen wie ein ‚Schönheitsfehler' erscheinen, den man ruhig hinnehmen könne. Aber eine solchermaßen aufgeweichte Auffassung des geldpolitischen Ziels Geldwertstabilität wäre höchst riskant. Die große Gefahr liegt in einer möglichen, spontanen Beschleunigung des Preisauftriebs. An sie kann sich niemand anpassen, weil sie nicht vorausgesehen wird. Wenn die Preisentwicklung plötzlich aus dem Ruder läuft, kommt es zu Kaufkrafteinbußen bei den Löhnen, zu Realwertverlusten beim Geldvermögen, zum Abwertungsdruck auf die heimische Währung. Jetzt muss mit dem schlimmsten gerechnet werden, und die Flucht aus dem Geld (in die Sachwerte) kündigt den Zusammenbruch der Geldordnung an. Die Inflation in den Jahren 1922/23 liefert hierfür eindruckvolles Material. (...) Bis zu einer Preissteigerungsrate von x Prozent mögen die Menschen noch gelassen bleiben, doch beim Überschreiten dieser Rate ändern sie ihr Verhalten. Es ist wie bei einem Luftballon. Man kann ihn zunächst mit immer mehr Luft füllen, ohne dass er platzt. Und plötzlich übersteigt der Luftdruck einen Grenzwert, der den Ballon zum platzen bringt. Übertragen auf das monetäre System bedeutet dies: Der Umschwung von moderaten Preissteigerungsraten, an die sich die Menschen gewöhnt haben und die sie faktisch hinnehmen, zu einem beschleunigten Inflationsauftrieb, der nicht mehr hingenommen wird und in einem Zusammenbruch des Geldsystems münden kann, findet plötzlich und ohne Vorankündigung statt. Wenn der Luftballon platzt, ist es für Korrekturen zu spät. Preisniveausteigerungen müssen so gering wie möglich gehalten werden, damit sie gar nicht erst in die Nähe der Grenze kommen, von der ab sie nicht mehr von der Bevölkerung toleriert werden und von der ab die inflationäre Lawine losbricht."

Pohl 1993, S. 85 f.

Kompetent in Wirtschaft & Recht

erweitern – vertiefen – anwenden

M1 Die Entstehung und Vernichtung von Zentralbankgeld

Bilanz einer Zentralbank
(stark vereinfacht)

Aktiva	**in Mrd. GE**		**Passiva**
Gold	20	Banknotenumlauf	90
Devisen	90	Guthaben der Kreditinstitute	80
Kredite an Geschäftsbanken und Staat	30	Sonstige Passiva	20
Wertpapiere	40		
Sonstige Aktiva	10		
	190		190

Zentralbankgeld

entsteht durch
- Ankauf von Gold
- Ankauf von Devisen
- Ankauf von Wertpapieren
- Kreditgewährung

= Monetarisierung von Aktiva

wird vernichtet durch
- Verkauf von Gold
- Verkauf von Devisen
- Verkauf von Wertpapieren
- Kredittilgung

M2 Hyperinflation: Bettler in Simbabwe lehnen Münzen ab, nehmen Kaugummi

So hatte sich die Zentralbank von Simbabwe (*Reserve Bank of Simbabwe*) das wohl nicht vorgestellt: Die neuen Münzen, welche im Dezember in Simbabwe eingeführt worden sind, stoßen bei der Bevölkerung auf großen Widerwillen. So kann es gehen, wenn die Bevölkerung das Vertrauen in die eigene Zentralbank vollkommen verloren hat.

Wenn es um geldpolitische Lockerung zur Verhinderung einer Deflation geht, dann kann der Zentralbank von Simbabwe kaum jemand etwas vormachen. In Simbabwe hatte es 2007 bis 2009 eine Hyperinflation gegeben, wobei Preissteigerungen von 500 Milliarden Prozent Alltag waren.

2009 kam es dann zur Kapitulation der Zentralbank von Simbabwe: Die eigene Währung wurde aufgegeben und stattdessen der US-Dollar als Währung genommen. Seitdem ist der US-Dollar in Simbabwe Zahlungsmittel, alternativ der südafrikanische Rand. Mit dem US-Dollar können Sie im Lande von 2009 an bis heute problemlos bezahlen. Im Laufe der Jahre zeigte sich aber, dass für alltägliche Geschäfte Kleingeld fehlt. Dollarscheine, die sind vorhanden und kamen auch über die Zentralbank in die Wirtschaft. Doch Münzen aus den USA wurden eben nicht importiert.

Riesige Summen auf einer Banknote: In den Jahren 2007 bis 2009 erlebte Simbabwe eine Hyperinflation

Der Präsident der Zentralbank von Simbabwe wollte dies offenbar ändern. Er begab eine Anleihe* im Volumen von 50 Millionen Dollar. Mit dem Erlös sollten im benachbarten Südafrika Münzen für Simbabwe geprägt werden. Das ist inzwischen geschehen, die ersten dieser Münzen wurden letzten Monat in Simbabwe eingeführt.

Diese Münzen werden vor Ort übrigens „bond coins" (Anleihen-Münzen) genannt – da deren Prägung mit einer Anleihe finanziert wurde. Doch das fehlende Vertrauen in die Zentralbank zeigte sich in Simbabwe auch jetzt wieder. Denn die neuen Münzen werden im Land nur widerwillig aufgenommen – wenn überhaupt. Laut einer Reuters-Meldung wollte ein Korrespondent in Harare einem Bettler eine Handvoll der neuen Münzen geben. Dieser brach in Gelächter aus und sagte nur „no thanks"! Die Einwohner Simbabwes benutzen als Kleingeld lieber Rand-Münzen oder gleich Kaugummis und Kugelschreiber.

Offensichtlich befürchtet das Volk in Simbabwe, dass die Einführung der Münzen nur ein erster Schritt ist in Bezug auf die Wiedereinführung einer eigenen Währung. Und allzu frisch ist noch die Erinnerung an die Hyperinflations-Zeit. Ein Anstieg der Preise von deutlich unter 2 Prozent pro Jahr – was von der EZB als „drohende Deflation" gesehen wird – wäre in Simbabwe ein Zeichen einer geldpolitischen Stabilität. Diesbezüglich hat die Zentralbank von Simbabwe bei der eigenen Bevölkerung Vertrauen massiv verloren.

Deutsche Wirtschaftsnachrichten, 29.1.2015

In Zeiten der Hyperinflation gab die Zentralbank Scheine über zehn Billionen Simbabwe-Dollar aus. Jetzt gibt es zwar wieder Münzen, aber das Vertrauen in die Notenbank ist nicht wieder hergestellt.

Aufgaben

1. Erstellen Sie die Zentralbankbilanz, nachdem Sie folgende Transaktionen verbucht haben (M1):

   a) Die Zentralbank verkauft Devisen im Wert von 8 Mrd. GE gegen eigene Banknoten.
   b) Die Zentralbank gewährt Kredite in Höhe von 2 Mrd. GE (bar).
   c) Die Geschäftsbanken legen überschüssige Mittel in Höhe von 3 Mrd. GE bei der Zentralbank bar ein.
   d) Die Zentralbank kauft Gold gegen eigene Banknoten im Wert von 4 Mrd. GE.
   e) Die Zentralbank erwirbt von den Kreditinstituten Wertpapiere im Wert von 6 Mrd. GE und schreibt diesen den Gegenwert gut.

2. Erläutern Sie die Bedeutung des Zentralbankgeldes für die Kreditgewährung der Geschäftsbanken und für die Entwicklung der volkswirtschaftlichen Geldmenge.

3. Beschreiben Sie Möglichkeiten und Grenzen der „multiplen Giralgeldschöpfung" durch die Geschäftsbanken.

4. Erläutern Sie die Folgen eines schwindenden Vertrauens der Bevölkerung in die Geldwertstabilität (M2).

* ***Staatsanleihen*** *sind verzinsliche Wertpapiere, die von einem Staat herausgegeben werden. Der Staat nutzt die Anleihe, um am internationalen Kapitalmarkt Geld aufzunehmen, das er für den Staatsbetrieb und Investitionen benötigt.*

2.2 Das Europäische System der Zentralbanken

E Die Eurozone

Stellen Sie mögliche Gründe zusammen, warum der Euro nicht in allen EU-Staaten als Währung eingeführt wurde.

Das Europäische System der Zentralbanken und seine Aufgaben

Mit der Einführung des Euro wurde die geld- und währungspolitische Kompetenz von den nationalen Notenbanken auf die **Europäische Zentralbank** (EZB) übertragen, die zusammen mit allen nationalen Zentralbanken der EU-Staaten das **Europäische System der Zentralbanken** (ESZB) bildet. Der Begriff **Eurosystem** bezeichnet die EZB und die nationalen Zentralbanken der Mitgliedstaaten, die den Euro eingeführt haben.

Das ESZB wird von den Beschlussorganen der Europäischen Zentralbank, das heißt vom EZB-Rat und vom Direktorium, geleitet. Der EZB-Rat bestimmt vor allem die Geldpolitik der Gemeinschaft; er entscheidet über die Höhe der Leitzinsen, die Bereitstellung von Zentralbankgeld und die Festlegung von Geldmengenzielen. Die nationalen Zentralbanken handeln gemäß den Leitlinien und Weisungen der EZB und führen deren Beschlüsse aus.

Der EZB-Rat setzt sich aus dem Direktorium der EZB und den Präsidenten der nationalen Zentralbanken der Staaten zusammen, die am Euro-Währungsgebiet teilnehmen. Das Direktorium umfasst sechs Mitglieder, mit dem Präsidenten und dem Vizepräsidenten der EZB an der Spitze. Als drittes Beschlussorgan der EZB besteht daneben der Erweiterte Rat, in dem der Präsident und der Vizepräsident der EZB und die Präsidenten aller EU-Zentralbanken vertreten sind. Er ist somit das Bindeglied zwischen den EU-Ländern innerhalb und außerhalb der Euro-Währungsunion und hat vorwiegend beratende Aufgaben.

Das **vorrangige Ziel des ESZB** besteht darin, im Euroraum für stabile Preise zu sorgen. Soweit es ohne Beeinträchtigung dieses Zieles möglich ist, unterstützt das ESZB die allgemeine Wirtschaftspolitik in der Gemeinschaft. Die grundlegenden Aufgaben des ESZB sind:

- die Geldpolitik des Euro-Währungsgebietes festzulegen und auszuführen,
- Devisengeschäfte zur Steuerung des Euro-Wechselkurses durchzuführen,
- die Währungsreserven der Mitgliedsstaaten zu verwalten,
- Banknoten im Euro-Währungsgebiet auszugeben,
- den Zahlungsverkehr zu organisieren.

Die Unabhängigkeit des ESZB

Entscheidend für die stabilitätsorientierte Ausrichtung der europäischen Geldpolitik ist die **politische Unabhängigkeit des Eurosystems**. Sie ist in den Artikeln 130 und 282 des Vertrages über die Arbeitsweise der Europäischen Union (AEUV) verankert. Danach dürfen weder die EZB noch eine nationale Zentralbank Weisungen von politischen Instanzen einholen oder entgegennehmen. Die Unabhängigkeit manifestiert sich im institutionellen, operativen und personellen Bereich. Die institutionelle Unabhängigkeit wird dadurch erreicht, dass die im EZB-Rat vertretenen nationalen Zentralbanken selbst unabhängig sind. Die operative Unabhängigkeit wird dadurch deutlich, dass die EZB freie Hand bei der Festlegung der Strategie, der Auswahl und dem Einsatz der geldpolitischen Instrumente hat. Lange Amtszeiten für die Mitglieder des EZB-Rates (8 Jahre), ohne die Möglichkeit einer Wiederwahl, garantieren die personelle Unabhängigkeit.

M1 Soll die EZB in die Wirtschaft eingreifen?

Die Währungshüter haben bereits einiges versucht, um die Konjunktur zu beleben. Aber sie stottert immer noch. Muss die EZB noch mehr tun oder sollte sie sich aus der Wirtschaftspolitik besser raushalten? Die wichtigsten Argumente dafür und dagegen. (...)

PRO

- Die Maßnahmen der EZB – Zinssenkungen, Staatsanleihenkäufe, negativer Satz auf Bankeinlagen bei der Zentralbank sowie Interventionen verbaler Art – waren erfolgreich. Die Eurozone steht deutlich besser da als während der Finanzkrise. Trotzdem ist die Wirtschaft im Euroraum noch nicht stabil. Die Industrieproduktion schrumpft und die Konjunkturindikatoren zeigen nach unten. Damit vor allem die Krisenstaaten endgültig wieder auf die Beine kommen, müssen Firmen in diesen Ländern mehr investieren - dafür brauchen sie aber mehr Geld von den Banken. Doch davon erhalten sie immer weniger, weil diese ihre Risiken minimieren müssen. Sie leihen sich lieber selbst das fast kostenlose Geld bei der EZB und investieren es in „risikolose" Staatsanleihen. Staatsanleihen müssen sie nicht mit Eigenkapital hinterlegen; Unternehmenskredite schon. Hier kann die europäische Notenbank eingreifen.
- Die EZB hat die Möglichkeit, einer Deflation entgegenzusteuern. Die Inflation ist so niedrig wie lange nicht. Im Juli [2014] lag sie in der Eurozone bei 0,4 Prozent, für August erwarten die Volkswirte nur noch 0,3 Prozent. Und das soll noch auf Jahre so bleiben. Niedrige Teuerungsraten sind zwar gut für den Verbraucher, aber schlecht für die Wirtschaft. Es besteht die Gefahr einer Spirale aus sinkenden Preisen und sinkender Nachfrage. Bei einer Deflation geben Verbraucher und Firmen kaum mehr Geld aus, weil sie auf noch niedrigere Preise spekulieren und ihr Geld im Wert steigt. Das Angebot an Gütern und Dienstleistungen übersteigt irgendwann die Nachfrage, was die Preise noch weiter drückt. Firmen schieben Investitionen auf, weil keiner mehr ihre Produkte und Dienstleistungen kauft. Die Folge: Lohnsenkung, Kurzarbeit, Personalabbau und höhere Arbeitslosigkeit, was Konsum und Investitionen noch mehr bremst. Die südlichen Euro-Länder sind besonders gefährdet. Deflation hat noch einen Nachteil: In den Krisenstaaten in Südeuropa wächst dadurch der Schuldenberg.
- Es muss an mehreren Stellschrauben gedreht werden. Die Sparmaßnahmen der Staaten allein helfen nicht gegen eine Wirtschaftskrise.
- Die Zentralbank ist die ganze Zeit aktiv. Bereits im Juni [2014] hat sie zwei zusammen 400 Milliarden Euro schwere Geldspritzen für Banken [...] angekündigt. Die Erste soll im September [2014] fließen. Die EZB sollte alles in Betracht ziehen, um die maue Kreditnachfrage und die für den Geschmack der EZB zu niedrige Inflation anzukurbeln. [...] [Dafür] kommen zum Beispiel auch weitere Anleihenkäufe in Frage. Die USA haben damit gute Erfahrungen gemacht. In Amerika wächst die Wirtschaft im kommenden Jahr voraussichtlich um 3,0 Prozent. Die Arbeitslosenquote ist auf rund sechs Prozent gefallen. Anleihekäufe könnten auch für Europa funktionieren.

CONTRA

- Die EZB betreibt Wirtschaftspolitik, was nicht zu ihren Kern-Aufgaben gehört. Ihr Hauptzweck ist für Preisstabilität zu sorgen, also die Inflation zu kontrollieren, sowie die Finanzmärkte und -institute zu beaufsichtigen.
- Die Zentralbank kauft lediglich Zeit und bekämpft die Ursachen der Krise nicht. Gleichzeitig würde der Eingriff den Reformdruck von den Staaten nehmen. Die vorerst letzte diesbezügliche Warnung kam von Finanzminister Wolfgang Schäuble. Er sagte Bloomberg, die EZB habe die Grenzen ihrer Hilfe für die Eurozone erreicht. Sie müsse andere Wege finden, um Wachstum zu erzeugen. Welche, sagte er nicht.
- Es gibt große Zweifel, dass das Geld der Banken in der Realwirtschaft ankommt. Dafür sprechen

auch die niedrigen Inflationsraten in den Eurostaaten. Erfahrungsgemäß fördern die Interventionen der Notenbanken eher Blasenbildungen an den Finanzmärkten. Eine Blase könnte sich im Immobilienmarkt bilden. Hier sind die Preise bereits deutlich gestiegen. Auch der Aktienmarkt scheint völlig losgelöst von allem Irdischen: 9500 Punkte im Dax bedeutet ein Kursplus von 65 Prozent in den letzten drei Jahren.

- Die europäischen Währungshüter und auch viele andere Ökonomen sehen bisher keine Deflationsgefahr. Für sie sind die Preise im Grunde stabil. IWF-Chefin Christine Lagarde spricht von „Lowflation“ (niedrige Inflation), andere von „Disinflation“ (Verringerung des Preisanstiegsniveaus).

(...) Eines hat die Diskussion über weitere expansive Maßnahmen der EZB aber auf jeden Fall schon gebracht: Der Euro hat gegenüber dem US-Dollar in den zurückliegenden zwei Monaten rund sechs Prozent an Wert verloren. So mancher Finanzexperte meint, das sei eigentlich das beste Konjunkturprogramm für die Eurozone.

Diana Dittmer, n-tv.de, 3.9.2014

Aufgaben

1. Erläutern Sie den Zielkonflikt, in dem sich die EZB befindet, wenn sie einerseits für stabile Preise sorgen muss, andererseits die Wirtschaftspolitik in der EU unterstützen soll.
2. Erklären Sie, wie die Unabhängigkeit der EZB gewährleistet ist.
3. Beurteilen Sie die Aussage von Bundeskanzlerin Merkel in einer Rede zum 10-jährigen Bestehen der EZB: „Preisstabilität zu sichern, ist ein zutiefst soziales Anliegen“.
4. Die Südstaaten der Eurozone tun sich schwer, auf den Wachstumspfad zu finden. Nehmen Sie Stellung zur Frage, ob die EZB sich von der Wirtschaftspolitik fern halten oder ob sie sogar noch aktiver eingreifen soll (M1).
5. Vorschlag für ein Referat: Politische Kontrolle der EZB – beschäftigungspolitische Notwendigkeit oder geldpolitische Gefahr?

2.3 Das geldpolitische Instrumentarium der Europäischen Zentralbank

E Entwicklung des Leitzinses der EZB

Reaktion auf Inflation

EZB erhöht Leitzins

Die EZB hat aller Kritik zum Trotz den Leitzins auf 4,25 Prozent angehoben. Die 320 Millionen Bürger der Euro-Zone werden die Folgen der Entscheidung zu spüren bekommen: Kredite der Banken werden teurer, die Unternehmen werden mehr bezahlen müssen, wenn sie Investitionen finanzieren müssen …

Zeit online, 20.08.2008

EZB-Entscheidung:

Leitzins im Euroraum bleibt auf Rekordtief

Die EZB setzt ihren Kurs des billigen Geldes fort. Der Leitzins bleibt bei 0,05 Prozent.

Spiegel-Online, 5.3.2015

Erklären Sie mögliche Wirkungen des Leitzinses der EZB auf das Konsum- und Investitionsverhalten von Haushalten und Unternehmen.

Ansatzpunkte der Geldpolitik

Geldpolitik nennt man alle Maßnahmen, mit denen eine Zentralbank versucht, die ihr gestellten Aufgaben zu erfüllen. So ist die EZB verpflichtet, den Geldumlauf (Geldmenge) und die Geldversorgung der Wirtschaft mit dem Ziel zu regeln, ein stabiles Preisniveau zu sichern. Hierzu muss die Versorgung der Wirtschaft mit Geld knapp gehalten werden. Auf der anderen Seite ist Geld so reichlich zur Verfügung zu stellen, dass nicht aus Mangel an Geld Produktion und Beschäftigung leiden. Neben der **Geldmenge** als zentraler Steuerungsgröße sind aber auch die **Zinsen** ein wichtiger Ansatzpunkt der Währungsbehörde. Im geldpolitischen Werkzeugkasten der EZB befinden sich daher liquiditäts- und zinspolitische Instrumente. Die Zentralbank kann aber ihre geldpolitischen Ziele nur indirekt erreichen und bedient sich dabei der Geschäftsbanken. Was heißt das?

Will ein Unternehmen investieren oder ein privater Haushalt ein Auto anschaffen, wird meist ein Kredit bei einer Bank aufgenommen. Um Kredite gewähren zu können, müssen sich die Banken aber selbst mit Geld versorgen, d. h., sie müssen sich „refinanzieren“ – und das können sie bei der Zentralbank. Und wie bei jeder Kreditgewährung werden auch hier Zinsen fällig. Genau da setzt die EZB mit ihrem Instrumentarium an. Erhöht sie die Zinsen, zu denen sie Zentralbankgeld an die Banken abgibt, verteuert sie deren Kreditaufnahme. Die Banken geben aber ihre höheren Geldbeschaffungskosten an die privaten Kreditnehmer – Unternehmen und private Haushalte – weiter, indem sie höhere Zinsen für Bankkredite verlangen. Manche kreditfinanzierte Investition wird für Unternehmer jetzt unrentabel, weil die höheren Kreditkosten sich im Vergleich zum erwarteten Gewinn nicht rechnen. Auch mancher Bauherr oder Autokäufer wird angesichts höherer Zinsen seine kreditfinanzierten Bau- oder Kaufpläne erst einmal nicht realisieren. Gleichzeitig sorgen steigende Zinsen dafür, dass die Sparneigung zunimmt. Die Maßnahme der EZB wirkt also doppelt:

Sie dämpft die kreditfinanzierte Nachfrage und trägt durch Sparanreize dazu bei, dass dem Wirtschaftskreislauf Geld entzogen wird und auch auf diesem Wege die Nachfrage nach Waren und Dienstleitungen zurückgeht, damit sich der Preisanstieg verlangsamt.

Mit ihrem Instrumentarium kann die EZB also den Kreditspielraum der Geschäftsbanken erweitern, verengen oder über veränderte Konditionen das Zinsniveau regeln, was wiederum den Nichtbankensektor, also die private Wirtschaft beeinflusst.

Das Instrumentarium der EZB – Hauptrefinanzierungsgeschäfte im Mittelpunkt

Im Mittelpunkt des geldpolitischen Instrumentariums der EZB stehen die wöchentlich angebotenen **Hauptrefinanzierungsgeschäfte** mit einer Laufzeit von einer Woche.

Dabei handelt es sich um **Refinanzierungskredite**, mit denen die Zentralbank den Geschäftsbanken während der Laufzeit Zentralbankgeld zur Verfügung stellt. Die EZB verrechnet hierfür einen Zinssatz, den Hauptrefinanzierungssatz, der als **europäischer Leitzins** gilt. Zur Kreditsicherung überlassen die Banken der EZB während der Laufzeit einen entsprechenden Bestand an besonders sicheren Wertpapieren, der nach Beendigung des Refinanzierungskredits von den Geschäftsbanken wieder zurückgenommen werden muss.

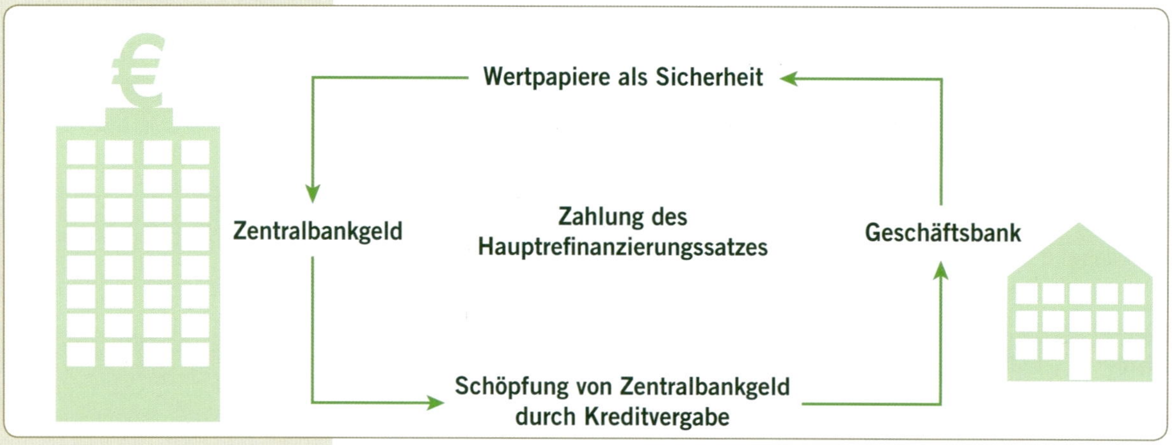

Neben den Hauptrefinanzierungsgeschäften (Haupttender), mit dem der größte Teil an Zentralbankgeld zur Verfügung gestellt wird, wird zusätzlich einmal im Monat ein Refinanzierungsgeschäft mit einer Laufzeit von drei Monaten, der so genannte **Basistender**, angeboten.

Durch das nahtlose Aneinanderreihen von Refinanzierungsgeschäften, d. h. bei Fälligkeit eines Refinanzierungsgeschäfts wird in ähnlicher Betragshöhe ein neues ausgeschrieben, bleibt ein Sockelbetrag an Zentralbankgeld ständig in Umlauf. Verfolgt die EZB die Zielsetzung, die Kreditvergabemöglichkeiten der Geschäftsbanken zu erhöhen, wird sie das auslaufende Refinanzierungsgeschäft durch ein neues mit einem größeren Volumen ersetzen.

Je nachdem, ob die Differenz vom alten zum neuen Refinanzierungsgeschäft also positiv oder negativ ausfällt, kann die Zentralbank die Liquidität der Geschäftsbanken erhöhen oder vermindern. Durch derartig exakte Beeinflussung der Liquidität und durch eventuell leicht veränderte Zinskonditionen kann die EZB ihre geldpolitischen Ziele sehr genau steuern.

Die Hauptrefinanzierungsgeschäfte und der Basistender werden den Banken im Wege der Ausschreibung angeboten. Dabei gibt es zwei Verfahren:

- Beim so genannten **Mengentender** legt das Eurosystem den Zins fest, und die Kreditinstitute nennen in ihren Geboten lediglich die Beträge, über die sie befristet Wertpapiere an das Eurosystem abzugeben wünschen. Die EZB teilt dann denjenigen Betrag zu, der ihren liquiditätspolitischen Vorstellungen entspricht. Da das Zuteilungsvolumen in der Regel unter der Gebotsmenge liegt, werden die Einzelgebote unter Anwendung einer einheitlichen Zuteilungsquote repartiert.
- Beim **Zinstender** müssen die Kreditinstitute nicht nur Gebote über die gewünschte Menge abgeben, sondern auch den Zins nennen, zu dem sie bereit sind, Refinanzierungsgeschäfte abzuschließen. Wenn sie zu niedrige Zinsen bieten, laufen sie Gefahr, bei der Zuteilung leer auszugehen. Umgekehrt haben sie bei hohen Zinsgeboten die Chance einer vollen Zuteilung. Gebote zu dem gerade noch zum Zuge kommenden Satz werden auch hier gegebenenfalls neu repartiert.

repartieren = beschränken, kürzen

Immer wieder kann es vorkommen, dass die Geschäftsbanken zwischen den Zuteilungsterminen der Refinanzierungsgeschäfte einen zusätzlichen Bedarf an Zentralbankgeld haben. Ohne weitere Kreditmöglichkeiten könnten die kurzfristigen Zinsen dann unerwünschte Ausschläge nach oben aufweisen, was der Zielsetzung der EZB entgegenlaufen könnte. Um dies zu vermeiden, hält die EZB ein weiteres Instrument bereit, die so genannte **Spitzenrefinanzierungsfazilität**. Sie ermöglicht den Geschäftsbanken, über Nacht – das heißt für einen Tag – von sich aus und im Prinzip unbegrenzt Geld zu einem meist einen Prozentpunkt über dem Satz der Hauptrefinanzierungsgeschäfte liegenden Zins aufzunehmen.

Umgekehrt können die Kreditinstitute überschüssige Liquidität zu einem darunter liegenden Zins bei der EZB anlegen. Dieses Instrument wird als **Einlagefazilität** bezeichnet.

Die Zinsen für die Spitzenrefinanzierung und die Einlagen bilden somit einen Zinskorridor. Ausschläge nach oben sind durch den höheren Zins für die Spitzenrefinanzierung begrenzt, mit der die Banken im Rahmen

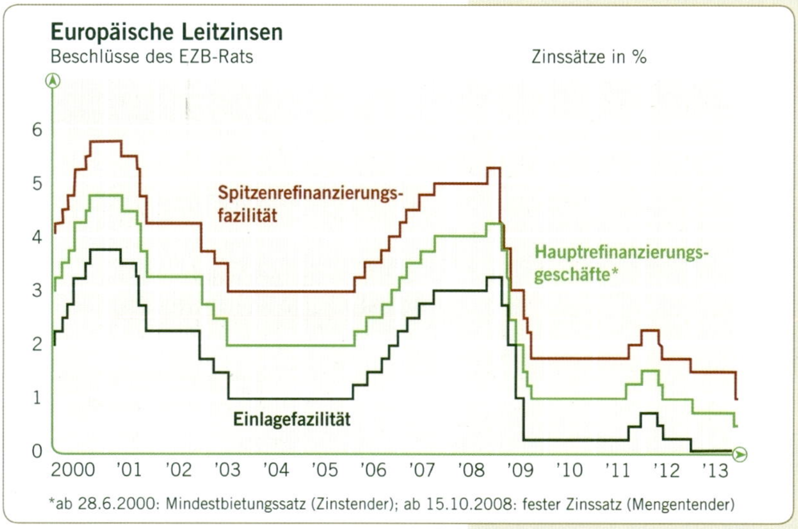

Nach: Bergmoser + Höller Verlag AG, 715578

ihrer Sicherheiten fast jeden Kreditbedarf abdecken können. Unter den Zinssatz für die Einlagefazilität kann der Geldmarktsatz nicht fallen, weil das Eurosystem zu diesem Zinssatz für alle überschüssige Liquidität aufnimmt. Keine Bank wird dann am Geldmarkt mehr zahlen bzw. weniger nehmen als sie im Direktverkehr mit der Zentralbank zahlen muss bzw. bekommt.

Die **Mindestreserve** rundet das geldpolitische Instrumentarium der EZB ab. Danach verlangt das Eurosystem, dass die Geschäftsbanken ein Guthaben bei der Zentralbank in Höhe von 1 % ihrer Kundeneinlagen unterhalten müssen. Durch Variation dieses Prozentsatzes könnte die EZB die Kreditschöpfung der Geschäftsbanken entsprechend ihrer Zielsetzung beeinflussen. Mit der Mindestreserve soll erreicht werden, dass die Giralgeldschöpfung der Banken stärker an die Zentralbank gebunden ist. In der geldpolitischen Praxis spielt die Mindestreservepolitik eine untergeordnete Rolle.

Vor allem aber wirken die Mindestreserveguthaben bei Liquiditätsschwankungen am Geldmarkt wie ein Puffer, weil Banken diese Guthaben auch für ihren laufenden Zahlungsverkehr nutzen können und die Mindestreserven nur im Monatsdurchschnitt, nicht aber täglich erfüllen müssen. Da die Mindestreserven zum Satz der Hauptrefinanzierungsgeschäfte verzinst werden, halten sich die mit ihnen verbundenen finanziellen Belastungen der Banken in engen Grenzen.

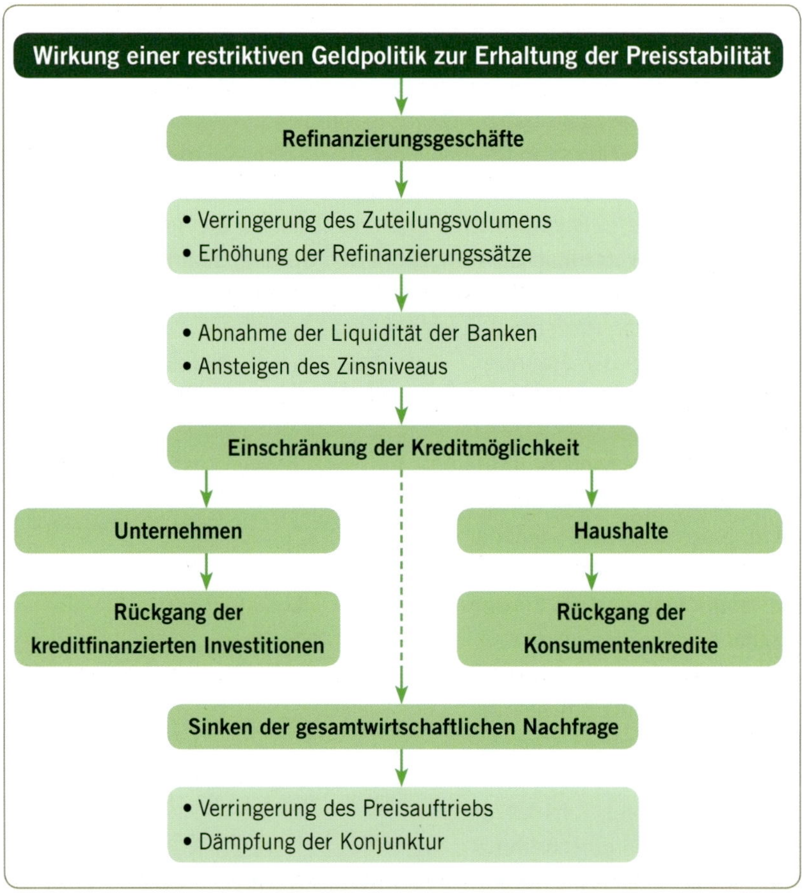

M1 Europäische Zentralbank in der Liquiditätsfalle: Zu den geldpolitischen Entscheidungen am 5. Juni 2014

Die geldpolitischen Beschlüsse der Europäischen Zentralbank bewegen sich zwischen Mut, aber auch Verzweiflung. Die erneute Senkung des Leitzinses von 0,25 % auf 0,15 % war erwartet und von den Finanzmärkten bereits eingepreist worden. Eine im Vorfeld der Sitzung des EZB-Rates breit diskutierte Maßnahme darf als historisch bezeichnet werden. Künftig müssen die Banken für ihre sehr kurzfristigen Einlagen bei der Euro-Notenbank einen Einlagenzins von 0,1 % bezahlen. Geld, das über Nacht auf dem Konto bei der Notenbank landet, ist bei der Auszahlung am nächsten Morgen weniger wert. Künftig wird das Geldhorten durch die Geschäftsbanken bei der Zentralbank bestraft. Diese Maßnahme ist ein historisches Novum. Erstmals in der Geschichte der Geldpolitik schreibt die Bank der Banken einen Minuszinssatz vor. Zu den jüngsten geldpolitischen Beschlüssen gehört auch noch der erneute Einsatz der monetären Kanone „Dicke Bertha“. Wie schon Ende 2011 und Anfang 2012 werden mit der „Dicken Bertha 2.0“ den Banken längerfristige Kredite zu niedrigen Zinsen angeboten. Neu ist die Idee, die langfristige Geldspritze nur den Banken anzubieten, die den Liquiditätszufluss für die Kreditvergabe an Unternehmen außerhalb des Finanzsektors nutzen. Mario Draghi fügte in der Pressekonferenz hinzu, dass die Zentralbank selbst mit ihren unorthodoxen Instrumenten noch nicht am Ende ist. Vorbereitet werden weitere Maßnahmen.

Die Reaktionen auf diese nahezu kostenlose Geldversorgung durch die EZB können nicht unterschiedlicher sein. Auf den Aktienmärkten kam es kurzfristig zu einem starken Kurssprung. Der DAX für die 30 wichtigsten börsennotierten Unternehmen in Deutschland knackte nach der Verkündigung der Beschlüsse die 10.000-Marke. Über diese kurzfristige Reaktion hinaus zeigt sich, dass durch die anhaltende Geldschwemme der Notenbank in den letzten drei Jahren der Kursindex der Unternehmen im DAX sich verdoppelt hat. Vernachlässigbare Zinssätze für Sparbücher und niedrige Renditen auf den Anleihemärkten haben die Bereitschaft ins Aktienkursrisiko zu gehen, erhöht. (...)

Zu den Gewinnern zählt auch der Schuldenstaat. Die Zinslasten sinken. Der Streit im Haushaltsausschuss des Deutschen Bundestags zur begrenzten Neuverschuldung im Bundesbudget 2015 ist mit dem Hinweis auf die sinkende Zinslast entschärft worden. Was heute als Vorteil verbucht wird, kann im Zuge künftiger anziehender Zinsen zum riesigen Risiko der Haushaltspolitik umschlagen.

Diesen risikomutigen, kurzfristigen Gewinnern stehen die Sparerinnen und Sparer als vordergründige Verlierer gegenüber. Sie müssen weiterhin mit realen Vermögensverlusten rechnen. Die derzeitige Rendite bei Sparguthaben – wird die Inflation und Steuer berücksichtigt – fällt negativ aus. Das reale Sparvermögen schrumpft mit negativen Realzinsen bereits längere Zeit. Wie die geplante Anpassung durch die Bundesregierung zeigt, lässt die Niedrigzinspolitik auch den Wert von Lebensversicherungen für die Alterssicherung schrumpfen. Dabei ist über einen längeren Zeitraum mit einem Ausstieg aus dieser Beinah-Nullzinspolitik und damit den realen Vermögensverlusten nicht zu rechnen.

Dringende Aufklärungsarbeit über die Motive der EZB ist erforderlich. Aber auch die Erfolgschancen dieser unkonventionellen Geldpolitik sind bei der Bewertung zu berücksichtigen. Der Ausgangspunkt der schwer verständlichen geldpolitischen Maßnahmen ist einfach: Das wirtschaftliche Wachstum im Euroraum ist sehr schwach, ja, von Stagnation ist die Rede. Die Sorge ist groß, dass sich aus der gesamtwirtschaftlichen Nachfrageschwäche auf breiter Front eine Deflation, die in einen wirtschaftlichen Abwärtstrend mündet, entsteht. (...) Eine Deflation wäre, wie Japan lehrt, eine Katastrophe. Trotz eines massiven Geldüberschusses im Bankensystem wird nicht investiert und werden Konsumgüter nicht gekauft, weil weiter sinkende Preise erwartet werden. Die Unternehmensgewinne schrumpfen. Am Ende gehen Arbeitsplätze verloren und das Volkseinkommen sinkt. Dieses Deflationsgespenst wollen die Euro-Währungshüter durchbrechen. Im Zentrum steht, geldpolitische Anreize zum Investieren in Produktionsanlagen und Arbeitsplätze zu setzen. Das kann die Notenbank nicht direkt, sondern nur über das Bankensystem. Hier entdecken die Währungshüter einen unbestreitbaren Engpass. Die Banken verhalten sich bei der Kreditvergabe für Unternehmen, die investieren wollen, restriktiv. Gesamtwirtschaftlich ist die Kreditvergabe rückläufig. Deshalb will die Notenbank die Kreditvergabe durch Banken mit Niedrigzinsen versüßen. Sicherlich gibt es für die zurückhaltende Kreditpolitik der Banken viele Gründe. Die Banken stehen vor allem vor der Aufgabe, beim Stresstest ausreichendes Eigenkapital im Verhältnis zu den vergebenen Krediten auszuweisen. Banken haben zum Teil viel zu stark die Bedingungen für eine Kreditvergabe verschärft. Aber auch die Unternehmenswirtschaft außerhalb des Finanzsystems verhält sich beim Investieren wegen starker Unsicherheiten und pessimistischer Erwartungen bei der Gewinnrealisierung restriktiv. Schließlich nimmt selbst auch bei mittleren Unternehmen im Trend der Anteil kreditfinanzierter Investitionen ab. Unter diesen Bedingungen können geldpolitische Maßnahmen zur Stärkung kreditfinanzierter Investitionen kaum wirken. (...)

Wenn diese Geldpolitik durch (...) steigende Investitionsbereitschaft und wirtschaftlicher Expansion Erfolg hat, dann erfahren die realen Verluste beim Sparvermögen eine deutliche Relativierung. Würde die Deflation mit der Gefahr zum sich verstärkenden wirtschaftlichen Abschwung nicht verhindert, dann wäre mit Einkommens- und Arbeitsplatzverlusten zu rechnen. Sparer wären davon direkt oder indirekt negativ betroffen. Im schlimmsten Fall können sie mangels Einkommen nicht mehr sparen. Die Bankenvertreter, die derzeit die Geldpolitik nur in ihrer negativen Wirkung auf das reale Geldvermögen der Sparer reduzieren, sind unverantwortlich. Sie blenden die Folgen einer durch restriktive Geldpolitik verstärkte gesamtwirtschaftliche Rezession aus. (...)

Daher gilt: Diese unorthodoxe Geldpolitik ist nur dann zu rechtfertigen, wenn sie erfolgreich die Bedingungen des wirtschaftlichen Wachstums und der Jobschaffung verbessert. Und hier zeigt sich ein tiefgreifendes Dilemma: Einerseits versucht die Bank der Banken auch mit neuen Instrumenten ihrer gesamtwirtschaftlichen Aufgabe mutig nachzukommen. Spielraum gibt ihr dazu die niedrige Inflationsrate. Andererseits kann die Notenbank allein den Durchbruch nicht schaffen. Denn die Euro-Wirtschaft bewegt sich in der klassischen Liquiditätsfalle. Billiges Geld im Überfluss findet nicht den Weg in die effektive Nachfrage nach privaten und öffentlichen Investitionen. Die Geldpolitik kann die Pferde an die Tränke führen, ob sie jedoch saufen, ist unbestimmt.

Nach: Prof. Dr. R. Hickel, Universität Bremen, 6.6.2014

M2 EZB senkt Leitzins auf 0,5 Prozent

Karikatur: Paolo Calleri, 3.5.2013

Aufgaben

1. Stellen Sie dar, wie die EZB versucht, ihre Zinspolitik auf die Wirtschaft zu übertragen.
2. Prof. Hickel (M1) beschäftigt sich mit Zusammenhängen zwischen den geldpolitischen Maßnahmen der EZB und der Realwirtschaft. Stellen Sie einige seiner einseitig dargestellten Überlegungen in Form von Wirkungsketten dar.
3. Prof. Hickel spricht von einer Liquiditätsfalle (M 1, Z. 136). Erläutern Sie, was gemeint ist.
4. Interpretieren Sie die Karikatur (M2).

2.4 Strategie und Grenzen der Geldpolitik

E Machen Sie keine Zicken…

Kariktur: Sakurai

Interpretieren Sie die Karikatur vor dem Hintergrund der Diskussion um die Kreditversorgung der Wirtschaft in den Krisenjahren 2008/2009.

Zur Bedeutung der Geldmenge

Ein **Grundproblem der Geldpolitik** besteht darin, dass sie das Preisniveau nicht direkt steuern kann. Zum einen schlagen sich geldpolitische Maßnahmen nicht sofort in der Inflationsrate nieder. Zum anderen wird deren Höhe kurzfristig auch von anderen Einflussfaktoren bestimmt, wie der Lohnpolitik, der Finanzpolitik und der Außenwirtschaft. Dies bedeutet, dass zwischen einer geldpolitischen Maßnahme und der Reaktion des Preisniveaus lange und variable Wirkungsverzögerungen bestehen, die auch die Notenbank nicht genau kennt. Geldpolitik heißt also Handeln unter Unsicherheit. Außerdem muss sie vorausschauend sein. Sie kann sich nicht an der aktuellen Inflationsrate orientieren, da diese das geldpolitische Handeln der Vergangenheit widerspiegelt, sondern an Orientierungsgrößen bzw. Indikatoren, die Hinweise auf die künftige Inflation geben bzw. Inflationsgefahren frühzeitig anzeigen.

Ein solcher Indikator ist die **Geldmenge**. Auf lange Sicht wird die Preisentwicklung letztlich von der Entwicklung der Geldmenge bestimmt. Ein Preisauftrieb kann zwar viele Ursachen haben. Ohne eine übermäßige Geldvermehrung kann ein inflationärer Prozess auf die Dauer aber nicht ablaufen, da steigende Preise finanziert werden müssen. Die Kontrolle der Geldmenge ist deshalb eine notwendige, wenn auch keine hinreichende Bedingung für Preisniveaustabilität. Die Bekanntgabe eines Geldmengenziels durch die Zentralbank kann allen am Wirtschaftsprozess beteiligten als wichtige Orientierungsgröße dienen. Die Geldpolitik wird mit einem solchen Zwischenziel transparenter.

Die Quantitätsgleichung: Grundkonzeption der Geldmengensteuerung

Die Grundkonzeption der Geldmengensteuerung ergibt sich aus der **Quantitätsgleichung**, auch Fishersche Verkehrsgleichung genannt. Sie ist der Kerninhalt der Quantitätstheorie und drückt das Verhältnis von Geldmenge und Gütermenge aus:

$$G \times U = P \times H$$

G: Geldmenge
U: Umlaufgeschwindigkeit des Geldes
P: Preisniveau
H: Handelsvolumen

Die Quantitätsgleichung drückt eine Beziehung zwischen der Entwicklung der Geldmenge und der Veränderung des Preisniveaus aus: Bleibt die Umlaufgeschwindigkeit des Geldes – wie in vielen Fällen – konstant, dann ist das nominale Volkseinkommen, als Produkt aus Preisniveau und Handelsvolumen, funktional abhängig von der Geldmenge: $P = G{:}H$. Das Preisniveau bleibt also dann unverändert, wenn die Geldmenge nicht schneller zunimmt als das reale Handelsvolumen. Zur Inflation kommt es, wenn die Geldmenge schneller zunimmt als das Handelsvolumen. Um also einen allgemeinen Preisauftrieb zu vermeiden, soll die Geldmenge möglichst schwankungsfrei und an den realen Produktionsmöglichkeiten orientiert ausgeweitet werden. Dieser Zusammenhang ist die theoretische Basis des geldpolitischen Konzepts des Monetarismus und Grundlage für die Geldmengensteuerung durch die EZB.

Umlaufgeschwindigkeit
Mit der Umlaufgeschwindigkeit ist die Häufigkeit gemeint, mit der das Geld in einer Periode umgeschlagen wird. Wird ein 100-Euro-Schein einmal pro Wirtschaftsperiode eingesetzt, hat er eine Kaufkraft von 100 €, wechselt er fünfmal, ist seine Kaufkraft 500 €. Eine Veränderung der Umlaufgeschwindigkeit wirkt wie eine Geldmengenänderung. Unter dem Handelsvolumen sind sämtliche in einer Wirtschaftsperiode getätigten Güter-, Dienstleistungs- und sonstigen Umsätze zu verstehen.

Die geldpolitische Strategie der EZB

Über die **Zielsetzung der Geldpolitik** wird unter Wissenschaftlern und Politikern kontrovers diskutiert. Umstritten ist vor allem, ob die EZB ausschließlich dem Ziel der Geldwertstabilität verpflichtet sein soll oder ob sie auch das Erreichen weiterer wirtschaftspolitischer Ziele, insbesondere einen hohen Beschäftigungsstand, aktiv unterstützen soll. Die Diskussion wird immer dann besonderes heftig geführt, wenn stabile Preise einhergehen mit drückender Unterbeschäftigung.

Das zentrale geldpolitische Ziel der EZB ist allerdings klar vorgegeben und wird von ihr im Hinblick auf den durch eine Geldentwertung verursachten volkswirtschaftlichen Schaden konsequent verfolgt. Nach Art. 127 AEUV ist sie verpflichtet, ihr Handeln vorrangig am Erreichen der Geldwertstabilität auszurichten. Maßgröße dabei ist der Harmonisierte Verbraucherpreisindex, der einen Anstieg der Verbraucherpreise für alle beteiligten Eurostaaten in prinzipiell gleicher Weise erfasst und der jährlich um weniger als 2 Prozent ansteigen soll. Die Quantifizierung ist allerdings nicht ausdrücklich als direktes „Inflationsziel" zu verstehen, das bei Abweichungen automatisch zu geldpolitischen Reaktionen der EZB führen muss, auch deshalb, weil die Politik der EZB nur mit gewissen Zeitverzögerungen und auch nur indirekt über Zwischenzielgrößen greift. Und die Zwischenzielgröße, die in sehr engem Zusammenhang mit der Inflationsrate steht und auch relativ genau

Warum gerade 2 %?
Noyer: Wir haben uns ganz bewusst für die 2 % entschieden, weil bis zu diesem Wert der Inflationsrate die Bevölkerung den Eindruck stabiler Preise hat. Dementsprechend richten – ökonomisch gesehen – die Wirtschaftssubjekte ihre Handlungen an der Preisstabilität aus. Steigen die Preise um deutlich mehr als 2 %, wähnen sich die Menschen in einem inflationären Umfeld. Das findet dann seinen Niederschlag in höheren Lohnabschlüssen oder im Investitionsverhalten. Aller Erfahrung nach beginnt die Bevölkerung mit Teuerungsraten von mehr als 2 %, Inflation in ihre Verhaltensweisen einzuplanen.

Interview mit dem ehemaligen Vizepräsidenten der EZB Christian Noyer, Frankfurter Allgemeine Zeitung, 2.1.1999

durch die EZB gesteuert werden kann, ist die Geldmenge. Grundlage der geldmengenorientierten Strategie ist die quantitätstheoretische Auffassung, dass ein zu hohes Geldmengenwachstum letztlich immer zu steigendem Preisniveau führen wird.

Zur bestmöglichen Durchführung der Geldpolitik muss die EZB die wirtschaftlichen und monetären Entwicklungen gründlich analysieren. Um sicherzustellen, dass keine relevanten Informationen übersehen werden, hat sie das sogenannte **„Zwei-Säulen-Konzept"** entwickelt, das zum einen auf der wirtschaftlichen und zum anderen auf der monetären Analyse beruht. Die wirtschaftliche Analyse ist auf die Beurteilung der kurz- bis mittelfristigen Bestimmungsfaktoren der Preisentwicklung – mit Schwerpunkt auf realer Wirtschaftstätigkeit und Finanzierungsbedingungen in der Wirtschaft – ausgerichtet. Sie trägt der Tatsache Rechnung, dass die Preisentwicklung über diese Zeithorizonte hinweg weitgehend vom Zusammenspiel von Angebot und Nachfrage an den Güter-, Dienstleistungs- und Faktormärkten beeinflusst wird. Eine solche Beurteilung stützt sich auf eine breite Palette von Indikatoren, wie die Entwicklung der Löhne, Wechselkurse, Arbeitskosten oder Rohstoffpreise. Die monetäre Analyse ist auf einen längeren Horizont ausgerichtet und stützt sich dabei auf den langfristigen Zusammenhang zwischen Geldmenge und Preisen. Für die Festlegung des Wachstums der Geldmenge M3 werden dabei folgende ökonomische Größen herangezogen: Die Wachstumsrate des realen Bruttoinlandsprodukts, die Veränderung der Umlaufgeschwindigkeit des Geldes und ein Preisanstieg von unter 2 Prozent.

Grenzen der Geldpolitik

„Die Zentralbank versucht mit ihrer Politik vor allem die Kreditpolitik des Bankensystems zu beeinflussen, die sich wiederum auf das Nachfrageverhalten der privaten Kreditnehmer auswirken soll. Ob sie Erfolg hat, hängt einmal davon ab, ob das Bankensystem ihre Impulse aufnimmt. Verfügen die Kreditinstitute z. B. über reichlich Zentralbankgeld, ist nicht sicher, dass sie die Signale der Notenbank auf Zinserhöhung und Kreditverknappung an ihre Kunden voll weitergeben. Der Notenbankimpuls könnte bereits durch den zwischengeschalteten Akteur Kreditinstitute gedämpft und verzögert werden. Aber auch wenn die Zentralbank ihre Dämpfungspolitik gegebenenfalls durch stärkeren Einsatz ihrer Instrumente beim Bankensystem durchsetzt, sind die Wirkungen bei den privaten Kreditnehmern unsicher. Ein Faktor ist die Zinsreagibilität. Will ein Unternehmen z. B. eine Investition mit einem Kredit finanzieren und die Kreditkosten steigen, so wird es kaum auf die Investition verzichten oder sie aufschieben, wenn es damit rechnen kann, die zusätzlichen Kosten bei einer inflationären Entwicklung in die Preise zu überwälzen. Aber insgesamt gilt, dass die Zentralbank über eine konsequente restriktive Geldpolitik durchaus die Kreditnachfrage trifft, allerdings mit erheblicher und schwer prognostizierbarer Verzögerung und in asymmetrischer Verteilung, nämlich primär die Investitionen.

Asymmetrisch sind auch die Wirkungsmöglichkeiten der Geldpolitik bezüglich der Dämpfung und Ankurbelung. Im Falle einer Rezession kann die

Notenbank zwar durch großzügiges Geldangebot und niedrige Zinsen von der Kreditseite her günstige Rahmenbedingungen für vermehrte Investitionen schaffen, sie kann aber kein Unternehmen zwingen, seine möglicherweise aus übertrieben pessimistischer Einschätzung der zukünftigen Wirtschaftsentwicklung resultierende Zurückhaltung aufzugeben. Um ein bekanntes Bild zu gebrauchen: Man kann die Pferde zur Tränke führen, saufen müssen sie aber alleine.“ *Andersen 1985, S. 394f.*

Kompetent in Wirtschaft & Recht
erweitern – vertiefen – anwenden

M1 Deflationsgefahren in der Euro-Zone?

(...) Auf den niedrigen Preisauftrieb im Euroraum hat die EZB mit einer neuerlichen Senkung ihres Leitzinses reagiert: Anfang Juni nahm sie ihn von 0,25 Prozent auf das Rekordtief von 0,15 Prozent zurück. Doch damit nicht genug: Den Zins für Bankeinlagen, der seit dem Höhepunkt der Staatsschuldenkrise im Juli 2012 bei 0,0 Prozent gelegen hatte, senkte die Notenbank auf minus 0,10 Prozent. Mit diesen Maßnahmen – aber auch mit den neuen Milliardenspritzen für Banken – verfolgen die Währungshüter das Ziel, die Kreditvergabe vor allem in den südlichen Euroländern anzukurbeln. Niedrige Zinsen verbilligen tendenziell Kredite und Investitionen und kurbeln so die Wirtschaft an, was in der Regel auch den Preisauftrieb stärkt. Mit der Entscheidung der EZB sollen also offenkundig Stagnations- und Deflationssorgen vertrieben werden. (...)

Doch droht in der Euro-Zone tatsächlich eine sich selbst verstärkende Abwärtsspirale der Preise? Blickt man nach Griechenland, könnte sich dieser Eindruck aufdrängen. Das Mittelmeerland steckt wegen seiner anhaltend schweren Wirtschaftskrise weiter in der Deflation fest. Im Mai fielen die Verbraucherpreise im Vergleich zum Vorjahresmonat um durchschnittlich 2 Prozent; es war bereits der 15. Monat in Folge mit fallenden Verbraucherpreisen. Maßstab ist dabei der von der EU verwendete Harmonisierte Verbraucherpreisindex. Doch nicht nur in Griechenland sind die Preise in den letzten Monaten gesunken, auch in Zypern, Spanien und Portugal war das Preisniveau teilweise leicht rückläufig.

Im Euroraum als Ganzes steigen die Preise zwar, aber die Inflationsrate liegt gerade mal bei 0,5 Prozent, womit die Zielmarke der Europäischen Zentralbank von knapp unter 2 Prozent weit verfehlt wird. Insgesamt ist die Inflation im Euroraum so niedrig wie seit 2009 nicht mehr. Noch gravierender ist, dass sie im Trend rückläufig ist. Vor diesem Hintergrund scheint die Frage, ob eine Deflation eine reale Gefahr oder nur ein Gespenst ist, durchaus berechtigt.

Und doch: Verschiedene Gründe sprechen dafür, dass die Gefahr einer Deflation in der Eurozone nur sehr gering ist. Sich selbst verstärkende Effekte sind

Die Inflationsrate im Euroraum gegenüber dem Vorjahr
in Prozent

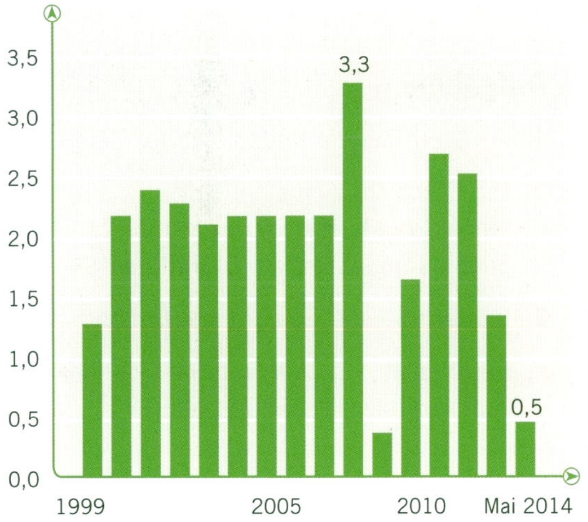

Nach: Statistisches Bundesamt

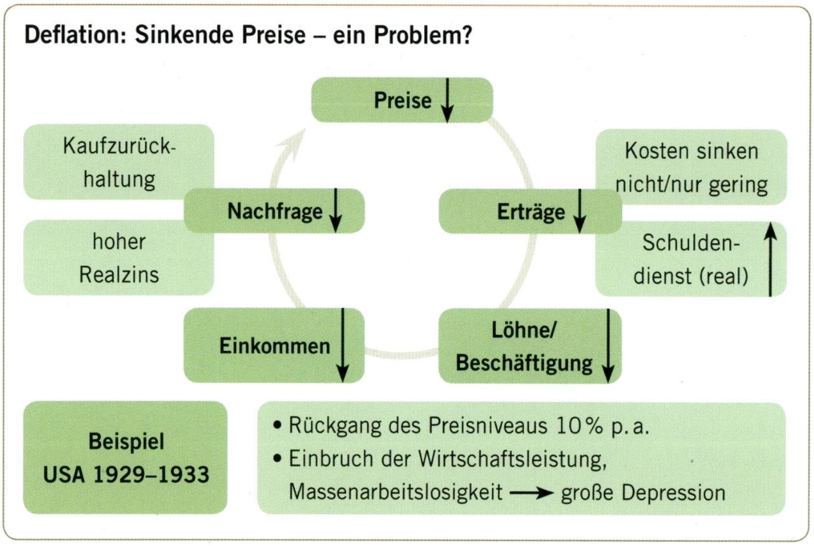

Nach: Bundesverband Deutscher Banken

Deflation:

Prozess stetiger Preissenkungen in der Volkswirtschaft, d. h., Waren und Dienstleitungen werden fortwährend billiger. Deflation liegt vor, wenn der gesamtwirtschaftlichen Gütermenge eine zu geringe Geldmenge gegenübersteht, die Gesamtnachfrage also geringer ist als das volkswirtschaftliche Gesamtangebot. Die Deflation entsteht z. B. als Folge einer übermäßigen Verringerung der Geldmenge durch einschränkende, geldpolitische Maßnahmen der Zentralbank, durch hohe Einfuhrüberschüsse, die mit dem Abfluss von Geldmitteln in das Ausland verbunden sind.

Aus: Duden Wirtschaft von A bis Z: 2013.

in den wenigen Ländern mit sinkenden Preisen nicht zu beobachten. Das liegt einerseits daran, dass der Preisrückgang – mit Ausnahme Griechenlands – erst vor kurzem eingesetzt hat, andererseits hat es damit zu tun, dass er nicht zuletzt ein Ergebnis der umfassenden und notwendigen Strukturreformen in diesen Ländern ist. Denn um wieder an Wettbewerbsfähigkeit zu gewinnen, mussten u. a. die Löhne gesenkt werden. Dadurch sollen die Unternehmen in Ländern wie Portugal günstiger produzieren und mehr verkaufen können, um so der Wirtschaft wieder einen Schub zu verleihen. Ob dieser Plan aufgeht, ist noch ungewiss. Doch erste Erfolge sind erkennbar. Eine Deflationsspirale mit auf breiter Front sinkenden Preisen zeichnet sich hingegen nirgendwo ab. (...)

Auch mit Blick auf die Euro-Zone sind sich daher viele Experten einig: Die Geldpolitik ist auf Dauer kein geeignetes Instrument, um die Wettbewerbsfähigkeit einzelner Euro-Länder zu stärken. Gerade weil eine akute Deflationsgefahr gegenwärtig nicht beobachtet werden kann, scheinen die Risiken und Nebenwirkungen der jüngsten Zinsentscheide zu überwiegen.

Aus: Schulbank Ausgabe 06/2014 S. 4–5

Aufgaben

1. Erläutern Sie die Bedeutung der Geldmenge für die geldpolitische Strategie der EZB.
2. Die EZB sieht sich einer Kritik an ihrem „Zwei-Säulen-Konzept" ausgesetzt. Viele Kritiker fordern, die EZB solle ihren stabilitätsorientierten Kurs zugunsten einer stärkeren Wachstumsorientierung aufgeben. Diskutieren Sie diese Forderung.
3. Erörtern Sie die Gefahr einer Deflation für die Euro-Zone (M1).
4. Beschreiben und erklären Sie Möglichkeiten und Grenzen der EZB, eine Deflation zu bekämpfen oder ihr vorzubeugen (M1).

2.5 Währungspolitik in der Europäischen Union

E Der Kurs des Euro in der Karikatur

Karikatur: Mussil

Karikatur: Murschetz

Setzen Sie die beiden Karikaturen zueinander in Beziehung.

Der Wechselkurs – Austauschverhältnis zweier Währungen

In unserer multinationalen Welt haben die meisten Länder eine eigene nationale Währung. Bei allen Zahlungen über die Landesgrenzen hinweg müssen daher in der Regel einheimische Zahlungsmittel in ausländische umgetauscht werden.

Ein deutscher Exporteur will von seinem Geschäftspartner vorzugsweise Euro erhalten. Ein Importeur außerhalb der Eurozone muss sich also Euro für seine Landeswährung kaufen. Erhält der deutsche Exporteur eine fremde Währung, dann wird er seinerseits diese in Euro umwechseln. Solche Tauschgeschäfte erfolgen zum jeweils gültigen Wechselkurs. Unter **Wechselkurs** versteht man das Austauschverhältnis zweier Währungen (z. B. 1 Euro = 1,31 US-Dollar – so genannte Mengennotierung oder 1 US-Dollar = 0,76 Euro – sogenannte Preisnotierung). Zahlungsanweisungen in fremder Währung werden auch als „Devise" bezeichnet. Deshalb wird auch häufig vom Devisenkurs gesprochen.

Warum schwanken Wechselkurse?

„Wechselkurse verändern sich an freien Devisenmärkten durch Veränderung von Angebot und Nachfrage nach Währungen. Wer Höhe und Veränderungen von Wechselkursen erklären will, muss daher wissen, wovon Angebot und Nachfrage nach Währungen abhängen. Es lassen sich drei dominierende Einflüsse ausmachen:

- Einer der ältesten Ansätze zur Erklärung von Wechselkursen setzt bei den **Preisen** der international gehandelten Güter an. Wenn ein im Außenhandel verwendetes Gut, beispielsweise ein von Unternehmen nachgefragtes Chemieprodukt, zum aktuellen Wechselkurs in Deutschland billiger ist als in der Schweiz, dann werden schweizerische Verwender dieses Gut aus Deutschland einführen und zu diesem Zweck am Devisenmarkt Euro nachfragen. Als Folge dieser Nachfrage wird der Wechselkurs des Euro gegenüber dem Franken steigen. Damit wird das in Deutschland hergestellte Gut für die Verwender in der Schweiz teurer. Sie werden das Produkt so lange in Deutschland nachfragen, bis der Wechselkurs des Euro jene Höhe erreicht, die den Preis des deutschen Gutes an den des schweizerischen Produkts angleicht. Da bei diesem Wechselkurs die Kaufkraft beider Währungen – wenigstens in Bezug auf international gehandelten Güter – gleich ist, nennt man diesen Erklärungsansatz die **Kaufkraftparitätentheorie**. Die Praxis zeigt allerdings, dass sich die meisten Wechselkurse nur sehr selten kurz- oder mittelfristig entsprechend der Kaufkraftparitätentheorie verändern. Dies erklärt sich unter anderem aus der Tatsache, dass heute nur noch rund 5 % aller Umsätze an den Währungsmärkten auf Gütergeschäfte zurückzuführen sind. (...)

- In den vergangenen Jahren haben die **internationalen Kapitalbewegungen**, begünstigt durch die Öffnung nationaler Kapitalmärkte für ausländische Anleger, ein früher ungekanntes Ausmaß angenommen. Folglich gibt es Ansätze, Veränderungen von Wechselkursen als Ergebnis grenzüberschreitender Kapitalbewegungen zu erklären. Dabei geht man davon aus, dass international ausgerichtete Anleger, beispielsweise Versicherungen und Investmentfonds, dort Geld anlegen, wo sie sich den höchsten Ertrag versprechen. Erwarten die britischen Anleger beispielsweise für deutsche Anleihen höhere Renditen als für vergleichbare britische Papiere, werden sie ihr Geld in Deutschland anlegen. Dadurch steigt der Wechselkurs des Euro gegenüber dem Pfund, gleichzeitig sinkt wegen des höheren Kapitalangebotes das deutsche Zinsniveau. Die Aufwertung des Euro wird sich so lange fortsetzen, bis sich die erwarteten Renditen deutscher und britischer Papiere aus der Sicht der Anleger angeglichen haben. (...)
- Kurzfristige Veränderungen der Wechselkurse ergeben sich oft als Ergebnis von **Spekulationen** der Marktteilnehmer auf Kursänderungen. Jeden Vormittag wird in großen Banken die Strategie für den Handelstag festgelegt, also beispielsweise, ob in Erwartung eines steigenden Dollarkurses große Beträge an Dollar gekauft werden sollen. Ihre Einschätzung der jeweiligen kurzfristigen Kurstendenz leiten die Händler unter anderem aus den vorliegenden Informationen und ihrem Gefühl für den Markt ab. Sie studieren die jeweilige politische und ökonomische Situation und sprechen mit anderen Marktteilnehmern, um ein Gefühl für die Stimmung am Markt zu erhalten. (...) Gewöhnlich beeinflussen diese Spekulationen den Wechselkurs nur kurzfristig, während mittel- und langfristig die Kurstendenz eher von ökonomischen Grunddaten wie dem Preisniveau oder dem Zinssatz abhängt."

Jeske/Barbier 1993, S. 224 ff.

Wirkungen von Wechselkursschwankungen und deren Bedeutung für den Außenhandel

„Bei einer Änderung des Wechselkurses erfahren auch die Preisrelationen zwischen Inland und Ausland eine Verschiebung. Dabei ist zwischen Aufwertung und Abwertung zu unterscheiden. Sinkt z. B. der Wechselkurs von 1 $ = 0,85 € auf 1 $ = 0,80 €, so hat der Euro eine Aufwertung, der Dollar eine Abwertung erfahren. Der Euro ist mehr wert geworden, wie man sich an der umgekehrten Notierung verdeutlichen kann: 1 € = 1,17 $ steigt auf 1 € = 1,25 $. Wenn umgekehrt der Preis des Dollars – ausgedrückt in Euro – steigt, z. B. von 1 $ = 0,85 € auf 1 $ = 0,90 €, so wird der Dollar aufgewertet, der Euro abgewertet.

Bei einer Aufwertung des Euro werden ausländische Güter in Euro gerechnet billiger, deutsche Güter in Auslandswährung gerechnet teurer. Ein Auto etwa, das in den USA 10.000 $ kostet, hatte vor der Aufwertung einen Euro-Preis von 8.500 €, nach der Aufwertung einen Preis von 8.000 €. Umgekehrt war der Dollar-Preis eines Autos, das in Deutschland 10.000 Euro kostet, vor der Aufwertung 11.700 Dollar, nach der Aufwertung 12.500 Dollar. Da ein Gut, dessen Preis sinkt, vermehrt nachgefragt wird, erfährt die mengenmäßige Nachfrage der Bundesrepublik Deutschland nach US-Gütern eine Zunahme. Die Importmenge der Bundesrepublik steigt also. Umgekehrt wird die mengenmäßige Nachfrage der USA nach den deutschen Gütern abnehmen, weil ihr Dollar-Preis gestiegen ist. Die Exportmenge der Bundesrepublik wird bei einer Aufwertung also abnehmen (...).

Eine Abwertung des Euro zum Beispiel gegenüber dem Dollar hat folgende Wirkungen auf die Ex- und Importe:

- die Preise der US-Güter, in Euro ausgedrückt, steigen,
- die Preise der deutschen Güter, in Dollar ausgedrückt, sinken.

Die Importmenge Deutschlands sinkt also, während die deutsche Exportmenge steigt, weil die deutschen Güter für die USA billiger geworden sind (...).

Diesen Grundeinsichten müssen jedoch einige Ergänzungen angefügt werden:

1. Beim Vergleich der Preisrelationen von Inland zu Ausland müssen Transportkosten und etwaige Zölle berücksichtigt werden.
2. Keineswegs werden generell die durch eine Wechselkursänderung bewirkten Preisänderungen voll auf den Angebotspreis durchschlagen (...). Es ist häufig zu beobachten, dass Exporteure bei einer Aufwertung ihren Auslandspreis nicht um den Prozentsatz der Wechselkursänderung erhöhen, weil sie konkurrenzfähig bleiben wollen. Gerade bei der auch im internationalen Handel häufigsten Marktform des Oligopols sind Zielsetzungen und Verhaltensweisen zu beobachten, die eine der Wechselkursänderung entsprechende Preisänderung oft ausschließen:
   - die Erhaltung eines bestimmten Marktanteils;
   - die Erzielung eines zur aufgebauten Vertriebs- und Serviceorganisation vernünftigen Absatzverhältnisses;

- die Vermeidung von Preiskämpfen;
- die Erzielung eines bestimmten Gesamtgewinns, unabhängig von der Zusammensetzung dieses Gewinns aus Auslands- und Inlandsgeschäft. Umgekehrt geben Importeure die Preisänderung für die importierten Güter oft auch nicht an den Verbraucher weiter, sondern behalten den Aufwertungsgewinn für sich.
- Schließlich ist darauf hinzuweisen, dass nicht nur Preisdifferenzen den internationalen Handel beeinflussen, sondern dass auch unterschiedliche Qualität, Serviceleistungen, Lieferfristen und Zahlungsbedingungen etc. von ganz wesentlichem Einfluss sind.

Baßeler 2010, S. 600 f.

Wirkungen von Wechselkursänderungen im Überblick

	Euro-Abwertung (aus deutscher Sicht)	Dollar-Aufwertung (aus amerikanischer Sicht)
Mengenwechselkurs	1 € = 1,10 $ 1 € = 1,05 $ sinkt	1 $ = 0,91 € 1 $ = 0,95 € steigt
Preiswechselkurs (Kehrwert des Mengenwechselkurses)	1 $ = 0,91 € 1 $ = 0,95 € steigt	1 € = 1,10 $ 1 € = 1,05 $ sinkt
Importpreis	steigt, Importnachfrage sinkt	sinkt, Importnachfrage steigt
Exportpreis	sinkt, Exportnachfrage steigt	steigt, Exportnachfrage sinkt
Leistungsbilanz (Normalreaktion)	verbessert sich	verschlechtert sich
Beschäftigung	kann sich verbessern	kann sich verschlechtern
Inflationstendenz	steigt (importierte Inflation)	nimmt ab

Jörn Altmann, Wirtschaftspolitik, 8. Auflage, Stuttgart 2007, S. 443

Wechselkurssysteme im Überblick

Grundlegend unterschieden wird zwischen einem System freier (flexibler) Wechselkurse und einem System fester (fixer) Wechselkurse. Flexible Wechselkurse bestimmen sich am Devisenmarkt. Fixe Wechselkurse dagegen sind zwischenstaatlich vereinbart.

Freie (flexible) Wechselkurse	Feste (fixe) Wechselkurse
In einem System freier schwankender Wechselkurse bilden sich die Wechselkurse grundsätzlich ohne staatliche Eingriffe (Interventionen) nach Angebot und Nachfrage an den Devisenbörsen.	In einem System fester Wechselkurse werden von den beteiligten Staaten genau fixierte Kurse bestimmt. Abweichungen vom Leitkurs sind nur innerhalb enger Bandbreiten zugelassen. Bei stärkeren Schwankungen müssen die jeweiligen Zentralbanken intervenieren.
Nach diesem Prinzip erfolgt die Kursbildung zum Beispiel zwischen Dollar, Euro und Yen, es ist das Wechselkurssystem zwischen den EU-Staaten und Drittländern.	Kommt es zu einer dauerhaften Abweichung vom Leitkurs, muss ein neuer Leitkurs fixiert werden (realignment). Beispiel dafür ist das Wechselkurssystem – EWS II – zwischen den Teilnehmern an der Währungsunion („Ins") und den erst später teilnehmenden Staaten der EU („Outs").

Flexible Wechselkurse am Beispiel Euro/Dollar

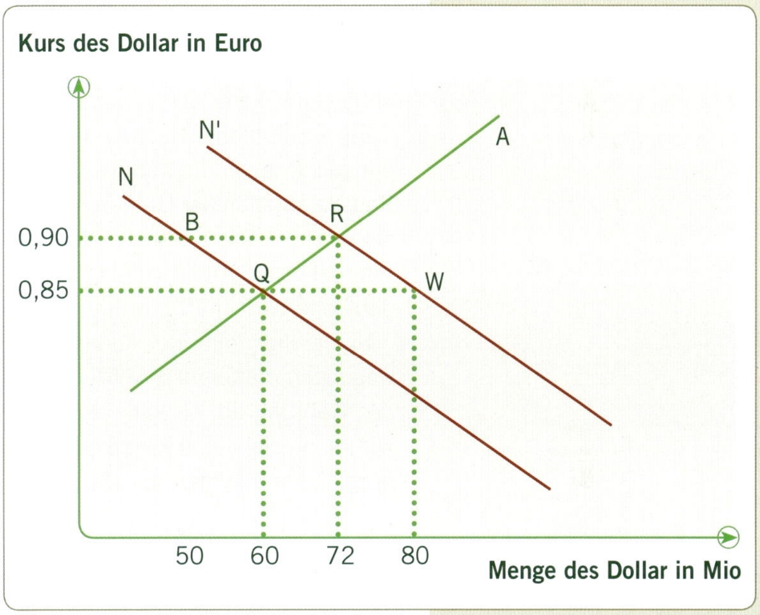

„Bei **flexiblen Wechselkursen** bewirkt eine Veränderung von Angebot und Nachfrage nach ausländischer Währung einen neuen Wechselkurs. Zum Beispiel wird eine anhaltende Erhöhung der Nachfrage nach Dollar bei unverändertem Angebotsverhalten zu einem Anstieg des Wechselkurses führen, da manche Nachfrager, die aufgrund des zu knappen Angebots nicht zum Zuge kämen, bereit sein werden, einen höheren Preis zu zahlen: Ein Nachfrageüberhang löst eine Art Versteigerungseffekt aus. (...) In der grafischen Darstellung bedeutet eine Erhöhung der Nachfrage nach Dollar eine Rechtsverschiebung der Nachfragekurve von N zu N', das heißt, dass bei einem Wechselkurs von 0,85 Euro statt 60 Mio. Dollar (Punkt Q) nun 80 Millionen nachgefragt werden (Punkt W).

Da zu 0,85 Euro nur 60 Mio. Dollar angeboten werden (Punkt Q) (und sich dieses Anbieterverhalten auch nicht ändert: die Kurve A verlagert sich nicht), bewirkt der Nachfrageüberhang einen Anstieg des Wechselkurses auf 0,90 Euro (Punkt R). Zu diesem Kurs stimmt wiederum die angebotene mit der nachgefragten Dollarmenge (72 Mio.) überein, und dieser Kurs wird so lange gelten (Gleichgewichtskurs), bis eine erneute Änderung im Anbieter- oder Nachfrageverhalten eintritt, wodurch sich die Angebots- oder Nachfragekurve verschiebt. (...) Flexible Wechselkurse entsprechen somit weitestgehend dem Prinzip marktwirtschaftlicher Preisbildung von dem die ökonomische Theorie so oft grundsätzlich ausgeht. Aus dem englischen Sprachgebrauch

ist der Ausdruck ‚Floating' übernommen worden, da der flexible Wechselkurs im Zeitablauf ‚auf den Wellen der Marktkräfte schwimmt' (floatet)".
Altmann 2000, S. 427

Licht und Schatten freier Wechselkurse

Im System der **freien Wechselkurse** wirken Wechselkursveränderungen tendenziell Ungleichgewichten in der Zahlungsbilanz entgegen. Wird etwa der Euro gegenüber dem Dollar abgewertet, erleichtert dies die Exporte aus dem Euroraum in die USA. Ceteris paribus führt dies zu einem Leistungsbilanzdefizit der USA, während es zu Leistungsbilanzüberschüssen im Euroraum kommt. Die amerikanischen Importe lösen allerdings eine Zunahme der Nachfrage nach Euro aus, dessen Wechselkurs dadurch steigt. Dadurch verteuern sich Exporte in die USA wieder und werden tendenziell zurückgehen. Der Leistungsbilanzüberschuss im Euroraum geht zurück.

Ein weiterer Vorteil freier Wechselkurse besteht darin, dass die eigenständige Geldpolitik eines Landes möglich ist, denn durch den Wegfall der Interventionspflicht können die Zentralbanken die volle Kontrolle über die Geldmengenentwicklung im Inland erhalten und wirksam Inflationsgefahren entgegenwirken.

Ein wesentlicher Nachteil flexibler Wechselkurse wird in den Kursschwankungen gesehen. Es treten dadurch außerordentliche Unsicherheiten bei der Preiskalkulation der Unternehmen auf, die hohe Kurssicherungskosten nach sich ziehen. Das Kursrisiko kann dazu führen, dass der Welthandel und die internationale Arbeitsteilung zurückgehen. Betroffen davon ist gerade die deutsche Wirtschaft mit ihrer starken Exportorientierung.

Schließlich kann der Außenwert des Geldes durch spekulative Kapitalbewegungen manipuliert werden. Zeichnet sich eine Schwächungstendenz einer Währung ab, so kann es zur spekulativen Flucht aus dieser Währung kommen, die das Ausmaß der Kursschwankungen vergrößert, so dass die ausgleichende Wirkung auf die Zahlungsbilanz nicht zum Tragen kommt.

Feste Wechselkurse mit Bandbreiten: das Beispiel WKM II

Seit der Einführung des Euro am 1. Januar 1999 befindet sich die europäische Währungspolitik in einer völlig neuen Lage. Gegenüber Dollar oder Yen herrscht ein System frei schwankender Wechselkurse, die Währungen der EU-Staaten, die den Euro (noch) nicht als gesetzliches Zahlungsmittel eingeführt haben, sind dagegen gegenüber dem Euro in ein System relativ fester Wechselkurse mit festgelegten Schwankungsbreiten, dem **Wechselkursmechanismus II** (WKM II), eingebunden.

Der WKM II ist mit der Einführung des Euro in Kraft getreten. Er soll es den Nicht-Euro-Staaten der EU ermöglichen, ihre Währungen an den Euro zu binden und damit einen späteren Beitritt zum Euro-Raum vorbereiten. Seit Litauen am 1.1.2015 dem Euro-Raum beigetreten ist, gilt der WKM II aktuell nur noch für Dänemark. Die Ausrichtung auf den Euro als Ankerwährung sollte bewirken, dass die am WKM II teilnehmenden Staaten eine stabilitäts- und wachstumsorientierte Wirtschaftspolitik verfolgen.

Das WKM II ist auf Leitkurse (Paritätskurse) gestützt, die für die Währungen der Nicht-Euroteilnehmer („Outs") gegenüber dem Euro festgelegt werden. Für diese Währungen wird eine Standardbandbreite von +/– 15 % um den jeweiligen Leitkurs bestimmt. Wird einer der beiden Interventionspunkte – also die Ränder der Bandbreite – erreicht, sind die EZB und die beteiligten nationalen Zentralbanken verpflichtet zu intervenieren, um insbesondere allen beteiligten Staaten einen Schutz vor spekulativen Wechselkursverzerrungen zu bieten. Zeichnen sich langfristige Abweichungen ab, können die Leitkurse neu fixiert werden. Einen Sonderstatus im WKM II hat Dänemark, dessen Bevölkerung sich im September 2000 mehrheitlich gegen die Einführung des Euro aussprach. Für die Dänische Krone gilt eine engere Schwankungsbreite von +/– 2,25 %.

Interventionen am Devisenmarkt am Beispiel relativ fester Wechselkurse

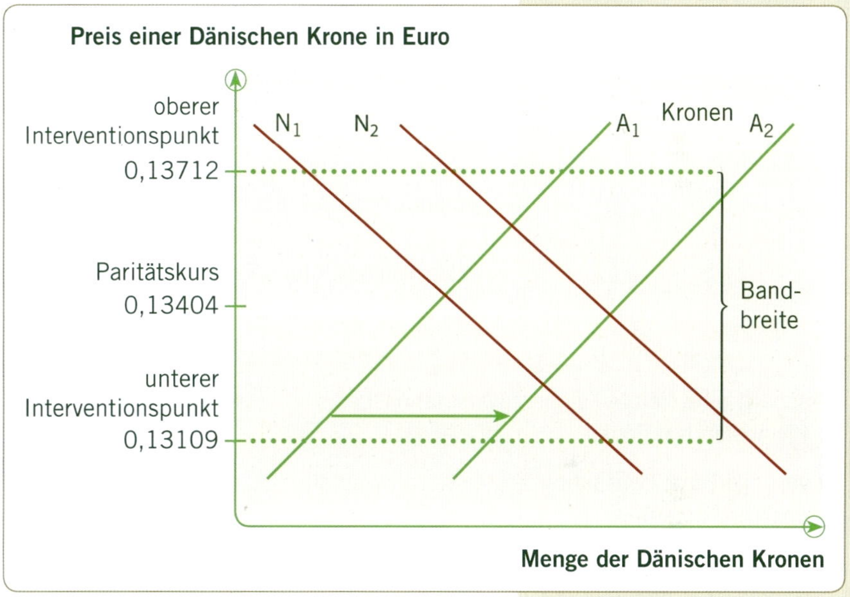

Der Paritätskurs der Dänischen Krone liegt gegenwärtig bei 0,13404 Euro für eine Dänische Krone. Beeinflusst wird der Wechselkurs der Dänischen Krone vor allem auch durch die Handelsströme zwischen Dänemark und der Eurozone. Steigen die Exporte der Euro-Staaten nach Dänemark, steigt auch das Angebot an Dänischen Kronen in der Eurozone, sofern die Geschäfte in Kronen abgewickelt werden. Die Angebotskurve verschiebt sich nach rechts (von A_1 nach A_2) und der Wert der Dänischen Krone fällt.

Weitet sich das Angebot an dänischer Währung zu sehr aus, besteht die Gefahr, dass der Kurs die vorgegebene Bandbreite verlässt. Die EZB und die dänische Notenbank müssen intervenieren. Durch den Kauf der dänischen Währung an den Devisenbörsen wird künstlich Nachfrage geschaffen. Dadurch verschiebt sich die Nachfragekurve von N_1 nach N_2 und der Wechselkurs steigt wieder.

Sollten die Zentralbanken zu lang anhaltenden Interventionen gezwungen sein, wird der Leitkurs gesenkt und die Dänische Krone im Verhältnis zum Euro abgewertet.

Was passiert aber, wenn es zur Ausweitung dänischer Exporte in die Eurozone kommt? Es kommt zu einer erhöhten Nachfrage nach Dänischen Kronen, sofern die Importwaren mit Kronen bezahlt werden müssen. Im Marktmodell

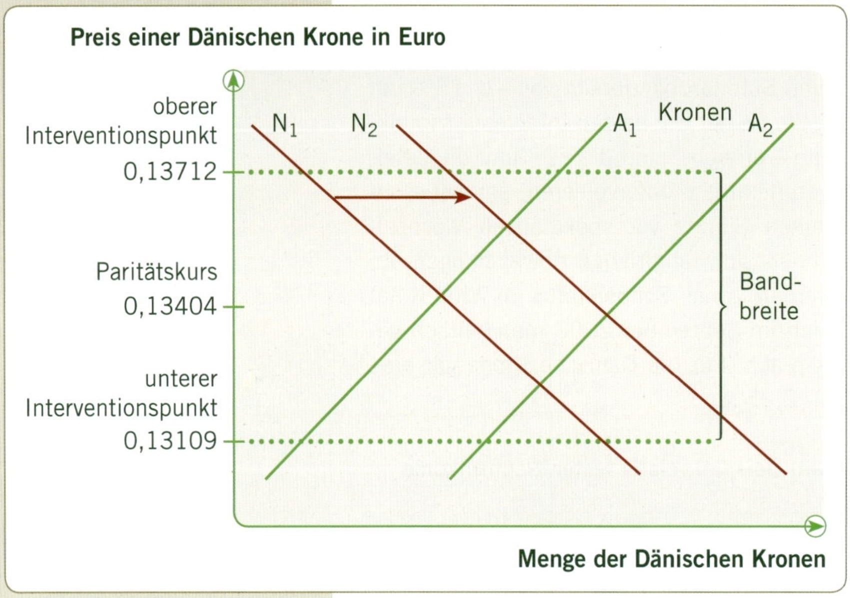

bedeutet dies eine Verschiebung der Nachfragekurve nach rechts (von N_1 nach N_2).

Nähert sich der Wechselkurs dem oberen Interventionspunkt, sind die Zentralbanken der Eurozone verpflichtet, dänische Kronen am Devisenmarkt anzubieten. Die Angebotskurve verschiebt sich nach rechts (von A_1 nach A_2) und der Wechselkurs der Krone bewegt sich wieder in Richtung Paritätskurs.

Sind die Zentralbanken zu dauerhaften Interventionen gezwungen, wird der Leitkurs angehoben und es kommt zur Aufwertung der dänischen Krone gegenüber dem Euro.

Feste Wechselkurse: Pro und Kontra

Pro	Kontra
• schafft eine (relativ) sichere Kalkulationsbasis für Auslandsaktionen • verringert die Transaktionskosten durch Wegfall der Kurssicherung • fördert die politische Integration und die internationale Arbeitsteilung der Teilnehmerländer • zwingt die Partnerländer des Festkurssystems zu einer Koordination ihrer Wirtschaftspolitik • verhindert Abwertungen zum Zweck der Exportförderung (Abwertungswettlauf in der Weltwirtschaftskrise) • Währungsspekulationen werden verhindert	• verhindert an binnenwirtschaftlichen Zielen ausgerichtete autonome Geld- und Konjunkturpolitik • führt bei divergierender Wirtschaftsentwicklung der Teilnehmerländer zu Zahlungsbilanzungleichgewichten • begünstigt bei zu niedrigem Festkurs Inflationsimport und/oder Export von Arbeitslosigkeit • erzwingt bei andauernden Divergenzen abrupte und gravierende Kursveränderungen (Realignments) • führt bei den am Festkurssystems beteiligten Ländern zur Abhängigkeit von der Politik des Leitwährungslandes

M1 Der Euro – Weichling oder Konjunkturkiller?

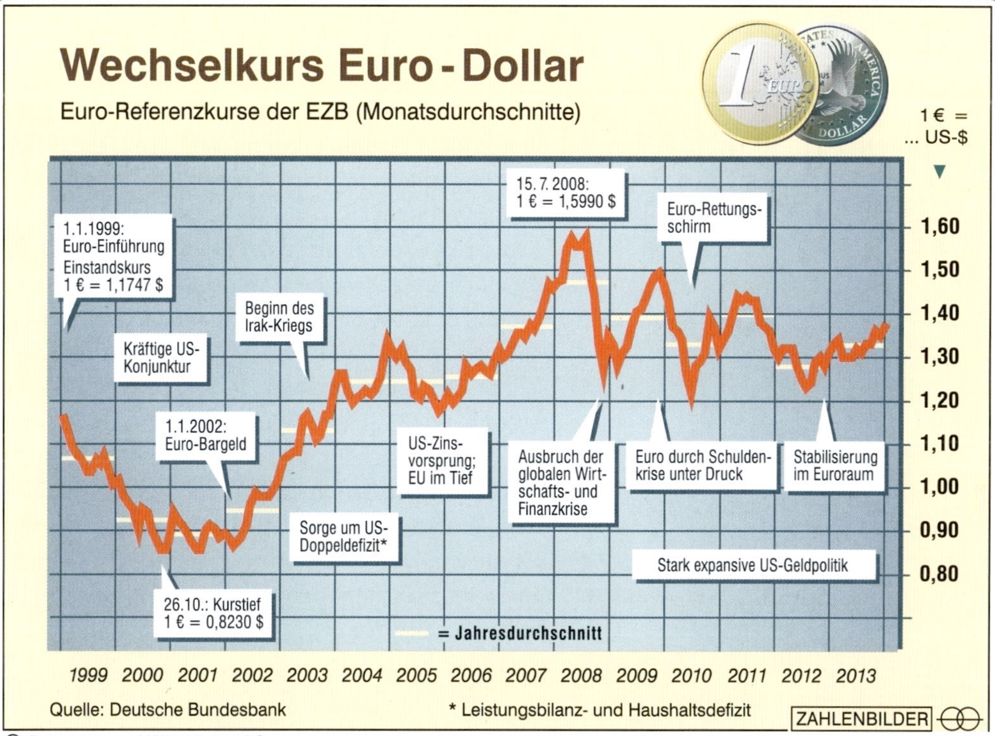

715 518

M2 Mario Draghis Billionen-Experiment

An diesem Montag beginnt das größte geldpolitische Experiment in der Geschichte des Euro: Die Europäische Zentralbank kauft im großen Stil Anleihen europäischer Staaten auf. Monatlich will die Notenbank dafür 60 Milliarden Euro ausgeben, das soll sich bis Ende September 2016 auf den kaum vorstellbaren Betrag von 1,14 Billionen Euro summieren. Das offizielle Ziel: Die Inflationsrate im Euroraum, die zuletzt negativ geworden war und sich damit weit vom Zielwert der Europäischen Zentralbank von „unter, aber nahe zwei Prozent“ entfernt hatte, soll künstlich nach oben getrieben werden. Zugleich drückt die Notenbank damit aber auch den Kurs des Euro künstlich nach unten. Es geht um eine Abwertung des Euro gegenüber anderen Währungen – mit der Absicht, die Exportwirtschaft in der Eurozone zu beflügeln. Schon jetzt scheint das zu funktionieren: Vergangene Woche erreichte der Kurs des Euro mit 1,0839 Dollar den tiefsten Stand seit gut elf Jahren. Ein Teil der Währungsexperten, beispielsweise die Devisenfachleute der Royal Bank of Scotland, rechnen schon in nächster Zeit mit der Parität, also einem Preis von einem Dollar für einen Euro.

Die EZB nennt das, was sie tut, zwar nicht Wechselkurspolitik. Sie hat schließlich kein offizielles Wechselkursziel. Sie nimmt das aber gleichsam als angenehmen Nebeneffekt in Kauf. Schließlich hat EZB-Präsident Mario Draghi schon lange versucht, den Euro mit Worten herunterzureden.

Die Überlegung dahinter: Wenn der Kurs des Euro niedrig ist, werden Exporte aus der Eurozone,

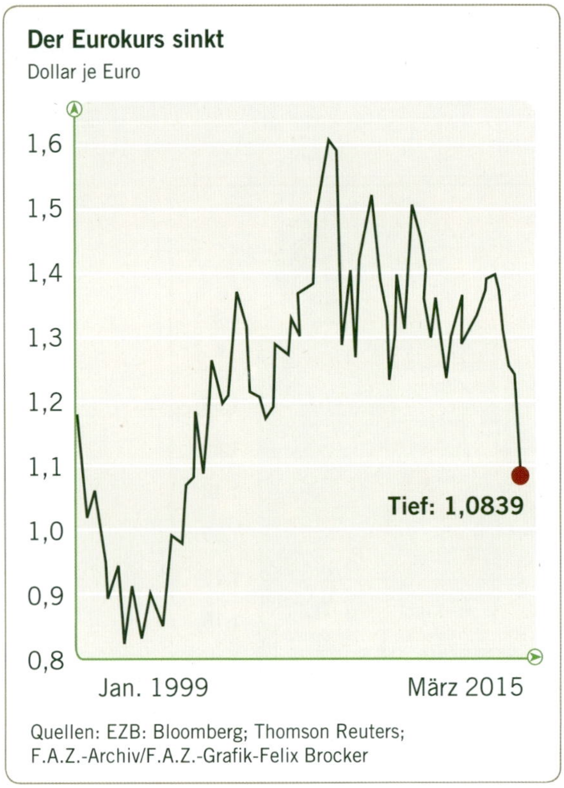

von deutschen Autos bis zu griechischem Zement, in Länder außerhalb des Euroraums billiger. Das soll die Konjunktur vor allem in den Krisenländern beflügeln. Zugleich werden Importe in die Eurozone von Öl bis zu technischen Geräten teurer. Das könnte die Inflationsrate in die gewünschte Richtung von zwei Prozent bewegen. (...)

Spannend bleibt, ob Amerika es sich auf Dauer gefallen lassen wird, dass Europa sich im Welthandel durch die künstliche Abwertung des Euro einen Vorteil verschafft. Den kleineren Ländern in Europa mit einer eigenen Währung wie der Schweiz mit dem Franken oder Dänemark mit der Krone bleibt vermutlich nicht viel anderes übrig, als sich mehr oder minder an dem großen Nachbarn Eurozone zu orientieren. Das sorgt im Augenblick dort schon für genug Probleme.

Amerika aber könnte dazu übergehen, den Dollar künstlich zu schwächen, wenn ihm dessen Stärke und die damit verbundenen Nachteile im Export zu viel werden. Diskussionen in diese Richtung gab es schon. Die amerikanische Notenbank Fed könnte etwa die erste Zinserhöhung, die sie so lange angekündigt hat, noch ein bisschen aufschieben oder in kleineren Schritten vorgehen als geplant. Die Folgen könnten in der ganzen Welt zu spüren sein. Es könnte ein weltweiter Abwertungswettlauf einsetzen wie zwischen den beiden Weltkriegen. Ein Krieg der Währungen – bei dem am Ende keiner gewinnen kann.

Christian Siedenbiedel, Frankfurter Allgemeine Sonntagszeitung, 9.3.2015

M3 Interventionen auch bei flexiblen Wechselkursen

Die Europäische Zentralbank (EZB) hat (...) abermals in den Handel an den internationalen Devisenmärkten eingegriffen, um den Kurs des Euro gegenüber dem Dollar zu stützen. Das hat die Notenbank in Frankfurt bestätigt. Es war die dritte Intervention (...). Die Stützungskäufe überraschten die Devisenhändler kurz vor acht Uhr am Morgen. Der Euro, der bis dahin zu Kursen von etwa 0,8640 Dollar gehandelt worden war, sprang für kurze Zeit auf mehr als 0,8720 Dollar. Später bröckelte der Kurs wieder ein wenig ab, der Euro wurde nachmittags wieder zu rund 0,8613 Dollar gehandelt. (...) Über die Höhe der eingesetzten Beträge machte die EZB keine Angaben.

Frankfurter Allgemeine Zeitung, 7.11.2000

Aufgaben

1. a) Erklären Sie die Kaufkraftparitätentheorie.

   b) Erläutern Sie, warum die Kaufkraftparitätentheorie nur eingeschränkt zur Erklärung von Wechselkursschwankungen geeignet ist.

2. Erklären Sie, wie Zinssenkungen der EZB und Interventionen am Devisenmarkt zu einem steigenden Dollarkurs führen können. Berücksichtigen Sie mögliche Auswirkungen dieser Maßnahme auf die Preisstabilität in Europa.

3. Zeigen Sie mit Hilfe des Marktmodells, wie die EZB die Senkung eines spekulativ überhöhten Dollarkurses erreichen könnte.

4. Erklären Sie auch anhand einer grafischen Darstellung, welche Auswirkungen es auf die Abwertung des Euro gegenüber dem Dollar hat, wenn sich kapitalkräftige Staaten vom Dollar abwenden und mit Euro eindecken.

5. a) Beschreiben Sie die Entwicklung, die der Wert des Euro seit seiner Einführung gegenüber dem Dollar genommen hat (M1).

   b) Erläutern Sie die Veränderung der Euro-Dollar-Relation im angegebenen Zeitraum 1999–2013 vor dem Hintergrund ökonomisch-politischer Entwicklungen (M1).

6. Stellen Sie die Vor- und Nachteile eines „schwachen" Euro für die deutsche Volkswirtschaft zusammen (M2).

7. Stellen Sie die beabsichtigte Wirkung der in M3 dargestellten Interventionen der EZB am Devisenmarkt dar und beurteilen Sie die Erfolgsaussichten von Stützungskäufen (M3).

Z Zusammenfassung Geld und Währung

Mit der Einführung des Euro wurde die geld- und währungspolitische Kompetenz von den nationalen Notenbanken auf die Europäische Zentralbank übertragen, die zusammen mit allen nationalen Zentralbanken der EU-Staaten das **Europäische System der Zentralbanken (ESZB)** bildet. Die Hauptaufgabe der EZB besteht darin, im Euroraum für stabile Preise zu sorgen. Nach dem Vorbild der deutschen Bundesbank ist die EZB von politischen Weisungen unabhängig. Sie kann über den Einsatz ihrer Instrumente selbst entscheiden und darf von den Regierungen nicht zu Maßnahmen verpflichtet werden, die ihrem Auftrag zuwiderlaufen.

Die EZB richtet ihre **geldpolitischen Instrumente** – insbesondere die Hauptrefinanzierungsgeschäfte – vorrangig darauf, die Zinskonditionen und die Knappheitsverhältnisse am Geldmarkt so zu steuern, dass die Volkswirtschaften einerseits ausreichend mit Geld ausgestattet sind, andererseits die Preisniveaustabilität nicht gefährdet wird. Die **Wirkungsweise geldpolitischer Maßnahmen** zur Inflationsbekämpfung stellt sich vereinfacht so dar: Erhöht die EZB die **Leitzinsen**, so trifft dies zunächst nur die Geschäftsbanken, die aber ihre höheren Geldbeschaffungskosten an die privaten Kreditnehmer – Haushalte und Unternehmen – weitergeben. Deren kreditfinanzierte Nachfrage soll dadurch sinken, der Preisanstieg verlangsamt sich.

Inflation hängt letztlich immer auch mit einer Zunahme des **Geldvolumens** zusammen. Die geldpolitische Strategie der EZB orientiert sich deshalb neben der Analyse der wirtschaftlichen Lage auch an der Entwicklung der Geldmenge. Sie wird in ihrer weitesten Abgrenzung als M3 bezeichnet und umfasst neben dem Bargeldumlauf auch Einlagen mit unterschiedlichen Laufzeiten bei den Geschäftsbanken.

Der **Wirksamkeit geldpolitischer Maßnahmen** sind aber **Grenzen** gesetzt. So können selbst niedrige Zinsen die Investitions- und Konsumbereitschaft nicht fördern, wenn eine pessimistische Grundstimmung herrscht. Im umgekehrten Fall werden Unternehmen auch bei steigenden Kreditkosten investieren, wenn sich eine ausreichend hohe Rendite erzielen lässt.

Der **Außenwert des Euros** – speziell im Verhältnis zum Dollar – unterliegt seit seiner Einführung starken Schwankungen. Die Auswirkungen eines schwachen bzw. starken Euro nach außen sind ambivalent: So fördert ein schwacher Euro die Exporte aus Euroland während sich die Importe verteuern. Bei einem starken Euro stellt sich die Situation genau umgekehrt dar.

Traditioneller Erklärungsansatz für Wechselkursschwankungen ist die **Kaufkraftparitätentheorie**: Realisiert ein Land z. B. auf Grund günstiger Produktionskosten Exportüberschüsse, führt dies zu einer steigenden Nachfrage nach der Währung dieses Landes, um die dort gekauften Güter bezahlen zu können. Als Folge dieser Nachfrage wird der Wechselkurs dieser Währung steigen und die Produkte verteuern – solange bis kein Preisvorteil mehr durch den hohen Wechselkurs besteht. Zur Erklärung heutiger Kursschwankungen ist die Kaufkraftparitätentheorie immer weniger geeignet, da die durch die Handelsströme ausgelösten Devisenbewegungen nur einen sehr kleinen Teil an den gesamten Währungsbewegungen ausmachen. Wechselkursschwankungen sind heute zu einem Großteil auf die immensen Kapitalbewegungen der globalen Investmentfondsgesellschaften und Versicherungen zurückzuführen.

Die gemeinsame europäische Währung wird in zwei **Wechselkurssysteme** eingebunden. Frei schwankende (flexible) Wechselkurse kennzeichnen die Außenbeziehungen des Euro zu Drittländern wie den USA oder Japan. Hier bestimmen Angebot und Nachfrage auf den Devisenmärkten den Außenwert der Währung. Innerhalb der EU wurde zwischen den Euroteilnehmern und den Nichtteilnehmern („Outs") ein System weitgehend fester Wechselkurse, der Wechselkursmechanismus II (WKM II) eingerichtet. Die Regeln des WKM II verpflichten die Zentralbanken bei Über- oder Unterschreitung der Bandbreite zu Interventionen (Stützungskäufen bzw. -verkäufen) an den Devisenmärkten zugunsten der unter Druck geratenen Währung eines Landes der EU, das nicht an der Währungsunion teilnimmt.

3 Außenwirtschaft

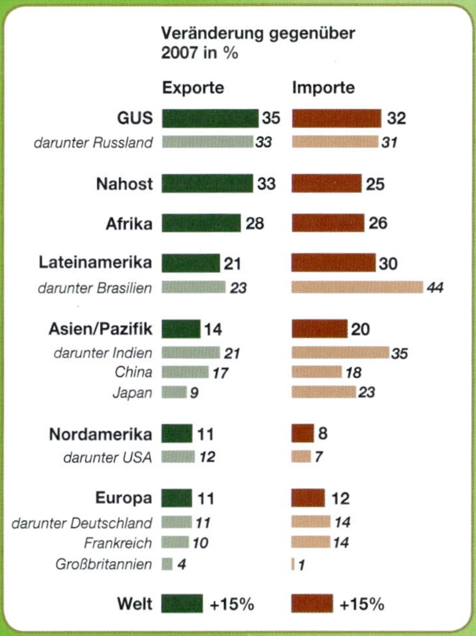

1. Stellen Sie die Handelsbeziehungen zwischen den Regionen der „Triade" (Nordamerika, Europa, Asien/Pazifik) für das Jahr 2012 in einer Matrix dar.
2. Recherchieren Sie, welche Warengruppen sich hauptsächlich hinter den größten abgebildeten Warenströmen verbergen.

3.1 Die Bedeutung der außenwirtschaftlichen Beziehungen für die deutsche Volkswirtschaft

E Beste weltweite Vernetzung: Deutschland ist der Sieger der Globalisierung

Eine US-amerikanische Unternehmensberatungsgesellschaft hat die Globalisierung vermessen. Und den größten Profiteur ermittelt. Jetzt raten Sie mal, was dabei herausgekommen ist.

Die Bewohner der Erde arbeiten, tauschen und kommunizieren viel häufiger über Grenzen hinweg als früher. Und dieser wachsende Austausch macht die Volkswirtschaften reicher. Was die verbliebenen Freunde der Marktwirtschaft ohnehin immer vermutet hatten, wird jetzt durch eine Untersuchung der Beratungsgesellschaft (...) unterfüttert.

Weltweite Ströme von Waren, Kapital, Menschen, Dienstleistungen und – das ist neu – Daten sind Basis unseres Wohlstands", schreibt die Beratungsgesellschaft zu ihrer (...) Untersuchung (...). Das Institut schätzt, dass der weltweite Austausch zusätzliches Weltwirtschaftswachstum generiert – 15 bis 25 Prozent des Gesamtwachstums. Die Berater identifizieren zwei machtvolle Kräfte, die den internationalen Austausch prägen: Da ist zum einen der wachsende Wohlstand in Schwellenländern und die Ausbreitung des Internets und digitaler Technologien. (...)

Die gute Nachricht ist: Deutschland schneidet in dem neu konstruierten Connectedness Index am besten von allen Ländern ab, noch vor China und Amerika. Das Land ist zwar weder der Primus, der die meisten Waren oder Dienste exportiert, noch wandern die meisten Menschen ein. Hier wird auch nicht am meisten über Grenzen hinweg kommuniziert. Aber in jeder dieser einzelnen Rubriken ist Deutschland ziemlich weit vorn im internationalen Vergleich. Und in der Summe ist man deshalb die globale Nummer eins. (...)

Nach: Winand von Petersdorff, FAZ, 19.04.2014

Fassen Sie die Kernaussagen des Artikels zusammen.

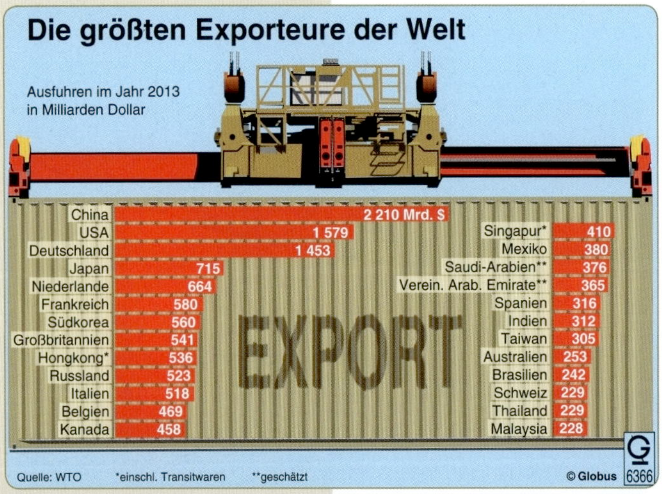

Deutschland als Exportweltmeister abgelöst

Deutschland hat sich in der zweiten Hälfte des letzten Jahrhunderts zu einem der führenden Länder im internationalen Handel entwickelt. In der zweiten Hälfte der ersten Dekade dieses Jahrhunderts trug Deutschland den Titel des „Exportweltmeisters“, d.h. dass Deutschland in diesem Zeitraum absolut gesehen am meisten Waren exportierte. Die deutsche Wirtschaft ist in also in hohem Maße exportorientiert und damit auch auf den Export angewiesen. Die deutschen Unternehmen erzielen etwa ein Drittel ihrer Umsätze durch den Handel mit ausländischen Geschäftspartnern.

Zum Ende des ersten Jahrzehnts des 21. Jahrhunderts wurde Deutschland von China als Exportweltmeister abgelöst und zwischenzeitlich auch von den USA überholt. Weitere große Handelsnationen sind Japan, die Niederlande und Frankreich.

Als rohstoffarmes Land ist Deutschland jedoch auch auf Importe angewiesen, insbesondere bei Rohstoffen und im Energiebereich (Erdöl, Erdgas). Es gehört deshalb zusammen mit den USA, China, Japan und Frankreich auch zu den größten Importeuren der Welt, wobei die USA mit Abstand die meisten Güter importieren.

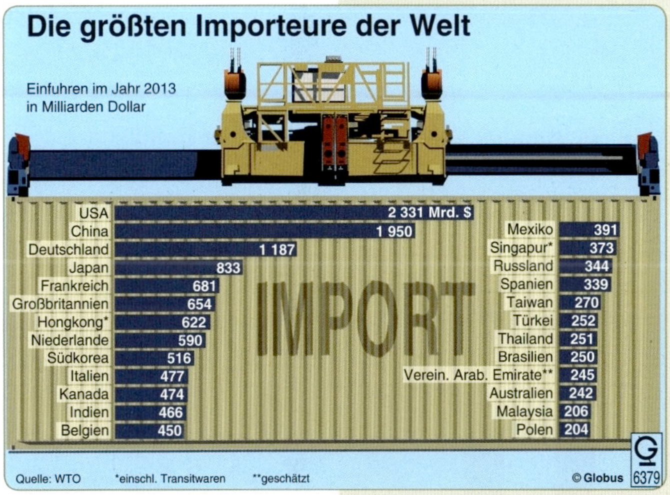

Traditionell übersteigen die deutschen Ausfuhren die Einfuhren deutlich. Der Überschuss der Exporte über die Importe erzielte im Jahr 2013 mit einem Plus von rund 200 Mrd. Euro ein neues Rekordergebnis. Damit hatte Deutschland den größten Exportüberschuss der Welt.

Der Beitrag des Außenhandels zum Bruttoinlandsprodukt

Das Bruttoinlandsprodukt (BIP) stellt die zentrale Messgröße für die Leistungsfähigkeit einer Volkswirtschaft dar. Mittels der Verteilungsrechnung lässt sich das BIP aus der Summe der privaten und staatlichen Konsumausgaben, der Bruttoinvestitionen und des Außenbeitrags ermitteln ($BIP = C_H + C_{ST} + I^{br} + (X - M)$). Es ist klar, dass ein hoher Exportüberschuss wesentlich zum Wirtschaftswachstum und damit zum Wohlstand beitragen kann. In Deutschland summierte sich das BIP im Jahr 2013 auf ca. 2.738 Mrd. Euro. Davon entfielen 174 Mrd. Euro auf den Außenbeitrag, wobei Güter im Wert von 1.386 Mrd. Euro exportiert und im Wert von 1.212 Mrd. Euro importiert wurden. Damit beläuft sich die sogenannte **Exportquote**, also das Verhältnis der Exporte zum BIP auf über 50 Prozent.

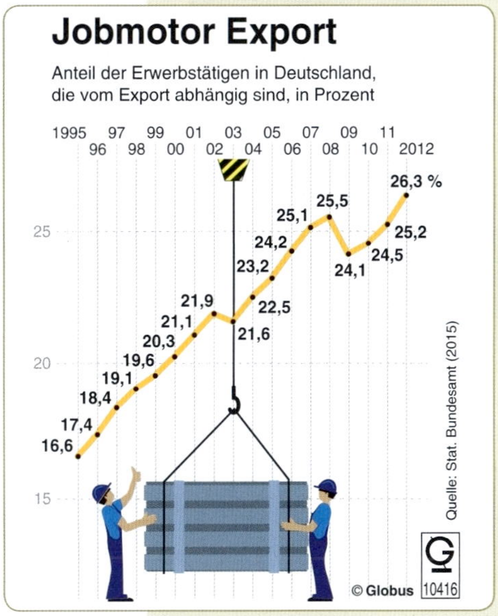

Export schafft und sichert Arbeitsplätze

Der Arbeitsmarkt in Deutschland ist deshalb stark vom Export abhängig. Im Jahr 2012 arbeiteten fast 10 Mill. Erwerbstätige direkt oder indirekt für den Export, das war ca. ein Viertel aller Erwerbstätigen. 1995 war es nur etwa jeder Siebte.

M1 Wettbewerbsfähigkeit verschiedener Branchen

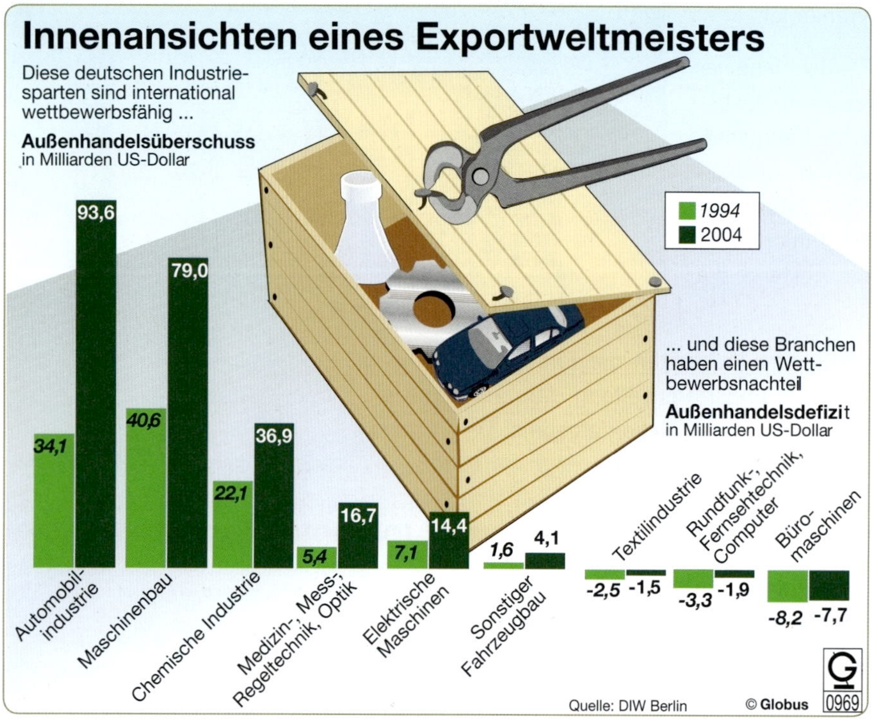

M2 Deutschland nicht „Basar-Ökonomie“ Nr. 1

„Made in Germany“ bleibt „Made in Germany“ – das ist das Kernergebnis einer Studie der Schweizer Prognos AG. Rund zwei Drittel aller Vorleistungen von hierzulande gefertigen Produkten stammen aus dem Inland. (...) Die Schweizer Wirtschaftsforscher widersprechen damit einer viel diskutierten These von Ifo-Präsident Hans-Werner Sinn. Sinn warnt seit Jahren davor, die deutsche Wirtschaft entwickle sich aufgrund zu hoher Löhne und Sozialstandards sowie eines zu unflexiblen Arbeitsmarktes zunehmend zu einer Handelsplattform für im Ausland gefertigte Güter.

Der Münchener Ökonom hat dafür den Begriff „Basar-Ökonomie“ geprägt. Sinn: „Eine Basar-Ökonomie verdient ihre Wertschöpfung im Export, und sie schleust relativ zu dieser Wertschöpfung sehr viele Waren durchs Land, was die Exportstatistik zusätzlich aufbläht.“

Auch Prognos kommt zu dem Schluss, dass der Anteil der importierten Vorprodukte in der deutschen Industrie den vergangenen Jahren gestiegen ist – von 24 Prozent im Jahr 1995 auf 33 Prozent im Jahr 2003. Im Vergleich mit anderen europäischen Ländern ist diese Entwicklung aber nicht ungewöhnlich, zeigen die Forscher. So importierte die Industrie in Schweden 2003 mehr als 40 Prozent ihrer Vorleistungen aus dem Ausland, nach 34 Prozent im Jahr 1995. In den Niederlanden ist der Anteil ausländischer Vorprodukte im Verarbeitenden Gewerbe im gleichen Zeitraum von 45 auf fast 50 Prozent angestiegen, in Österreich gar von 38 auf 54 Prozent. (...)

„Die grenzüberschreitenden Handelsverflechtungen sind spürbar intensiver geworden“, lautet das Fazit der Experten von Prognos. Sie führen diese Entwicklung unter anderem auf den Europäischen

Binnenmarkt, die Einführung des Euro und die Osterweiterung der EU zurück. Denn: „Der Handel innerhalb Europas ist im Durchschnitt der vergangenen 15 Jahre deutlich stärker gewachsen als der Güteraustausch mit Drittländern." Zugleich lösen sich laut Prognos in der Industrie die alten, entlang der Ländergrenzen organisierten Produktionsstrukturen auf: „Über die verschiedenen Wertschöpfungsstufen hinweg kommt es immer weniger zu nationalen als zu europäischen Produktionsprozessen." Die Wissenschaftler halten diese Entwicklung nicht für besorgniserregend: Die intensiveren Handelsverflechtungen führen ihrer Einschätzung nach zu Wohlfahrtsgewinnen.

Olaf Storbeck, Handelsblatt, 18.5.2007

M3 Dienstleistungs-Weltmeister USA

Beim Thema Welthandel denken die meisten Menschen wohl zuerst an die vielfältigen Waren, die einzelne Länder miteinander austauschen. Dass auch mit unsichtbaren Produkten ein schwunghafter internationaler Handel stattfindet, zeigt ein Blick in die Statistiken der Welthandelsorganisation (WTO). Das weltweite Handelsvolumen, also Exporte plus Importe, bei Dienstleistungen betrug im Jahr 2012 rund 8,5 Billionen Dollar (zum Vergleich: Handelsvolumen mit Waren 36 Billionen Dollar). Unter den gehandelten Leistungen befinden sich so unterschiedliche Angebote wie Informations- und Kommunikationsdienstleistungen, Bau- und Finanzdienstleistungen sowie Services in den Bereichen Transport und Touristik. Deutschland nimmt bei der Ausfuhr von Dienstleistungen den dritten und bei der Einfuhr den zweiten Rang ein. Weltweit wird der Dienstleistungshandel von den USA dominiert.

Aufgaben

1. Nennen Sie die Einflussfaktoren auf die Entwicklung der Exporte in Deutschland. Stellen Sie Ihr Ergebnis übersichtlich dar (E, M1–M3).
2. Diskutieren Sie vor dem Hintergrund der Materialien M1 und M2 die Hypothese von Hans-Werner Sinn, die deutsche Volkswirtschaft sei eine „Basarökonomie".
3. Ermitteln Sie die aktuellen Export- und Importzahlen für Waren und Dienstleistungen für die Bundesrepublik Deutschland im internationalen Vergleich.

3.2 Die Zahlungsbilanz

E Schlagzeilen

Defizit in US-Leistungsbilanz so gering wie zuletzt 1999

In den USA ist das Defizit der Leistungsbilanz wegen steigender Exporte und Einkommen im Ausland auf den niedrigsten Stand seit mehr als 14 Jahren gefallen.

www.finance.yahoo.com, 19.3.2014

Neuer Schwung im Außenhandel setzt sich fort

„Der deutsche Außenhandel gewinnt abermals an Dynamik. Die Exporte steigen so schnell wie schon seit neun Monaten nicht mehr. Aufgrund der anziehenden deutschen Binnenkonjunktur können die Importe sogar noch stärker zulegen." Dies erklärt Anton F. Börner, Präsident des Bundesverbandes Großhandel, Außenhandel, Dienstleistungen (BGA), heute in Berlin zur Entwicklung des deutschen Außenhandels.

Anton F. Börner/cts., www.presseportal.de, 9.4.2013

„Weltweit finanzieren unsere Ersparnisse Konsum"

Der deutsche Export sorgt im europäischen Binnenmarkt regelmäßig für Ärger. Vornehmlich Südeuropäer kritisieren, dass der deutschen Exportstärke eine Importschwäche gegenübersteht. Darunter hätten andere Volkswirtschaften zu leiden.

Ganz im Gegenteil, sagt der Leipziger Finanzwissenschaftler Gunther Schnabl. Er lenkt den Blick auf die gigantischen Kapitalabflüsse aus Deutschland ins Ausland, die das Exportvolumen aufgebläht hätten. Mindestens eine Billion Euro haben die Deutschen in den vergangenen zehn Jahren Schnabl zufolge im Ausland investiert und damit den Leistungsbilanzüberschuss vergrößert.

Vor allem Privatanleger hätten ihr Geld in fragwürdige Investitionen gesteckt, auf der Suche nach Alternativen zu niedrigen Zinsen und vermeintlich riskanten Aktien. So seien auch über Lebensversicherungen Milliarden Euro beispielsweise in spanische Immobilien geflossen. Besser wäre es, das Geld in Deutschland anzulegen, sagt er. Notfalls eben in deutschen Staatsanleihen.

Martin Greive, Die Welt, 2.1.2014

Nennen Sie mögliche Ursachen für die in den Meldungen beschriebenen Entwicklungen.

Erfassen der wirtschaftlichen Transaktionen mit dem Ausland

Die **Zahlungsbilanz** gibt Auskunft über die wirtschaftlichen Verbindungen einer Volkswirtschaft mit dem Ausland und stellt somit eine wichtige Basis für wirtschaftspolitische Entscheidungen der Regierungen und der Zentralbanken dar. Ferner dient sie als Konjunkturindikator.

In der Zahlungsbilanz werden systematisch alle ökonomischen Transaktionen zwischen Inländern und der übrigen Welt in einem bestimmten Zeitraum (z. B. Monat, Quartal oder Kalenderjahr) aufgezeichnet. Als Inländer gilt, wer seinen festen Wohnsitz im Inland hat. Die Zahlungsbilanz enthält Strömungsgrößen und nicht – wie vielleicht der betriebswirtschaftliche Bilanzbegriff vermuten lässt – Bestandsgrößen.

Die in der Zahlungsbilanz erfassten Transaktionen beziehen sich auf Sachgüter und Dienstleistungen (Leistungstransaktionen) und/oder auf Änderungen von Vermögenstiteln, d. h. auf Forderungen- und Verbindlichkeitsänderungen (Kapitaltransaktionen). Es kann sich um reine Leistungstransaktionen als Naturaltausch (= Kompensationsgeschäfte), wie z. B. den Export von Röhren gegen den Import von Erdgas, um gemischte Leistungs- und

Kapitaltransaktionen, wie z.B. den Import von Waren auf Kredit, oder um reine Kapitaltransaktionen, wie z.B. den Kauf von ausländischen Wertpapieren gegen Fremdwährung als Buch- oder Bargeld, handeln.

Prinzip der doppelten Buchführung

Die Zahlungsbilanz für die Bundesrepublik Deutschland wird von der Deutschen Bundesbank, die Zahlungsbilanz der Europäischen Währungsunion (EWU) von der Europäischen Zentralbank (EZB) erstellt. Je nach Art werden die wirtschaftlichen Transaktionen in verschiedenen Teilbilanzen der Zahlungsbilanz nach dem Prinzip der doppelten Buchführung verbucht. Die Teilbilanzen werden buchungstechnisch in Form von T-Konten geführt. Jede Transaktion führt zu mindestens zwei Buchungsvorgängen auf der rechten und linken Seite der betreffenden Konten. Damit ist die Zahlungsbilanz rechnerisch immer ausgeglichen. Nur Teilbilanzen können unausgeglichen sein, d.h. sie weisen einen Saldo auf, wenn die Werte der linken (Soll) und der rechten Seite (Haben) voneinander abweichen.

Aktiva — I. Leistungsbilanz	Passiva
A — Handelsbilanz	P
Warenexporte Ausfuhr von Maschinen, Fahrzeugen, chemischen Waren, elektronischen Erzeugnissen etc.	**Warenimporte** Einfuhr von Erdöl, Textilien, Südfrüchten etc.
A — Dienstleistungsbilanz	P
geleistete Dienste Einnahmen aus dem Reiseverkehr der Ausländer im Inland, Transportleistungen etc.	**empfangene Dienste** Ausgaben inländischer Touristen und Geschäftsreisender im Ausland etc.
A — Erwerbs- und Vermögenseinkommen	P
Einkommenszahlungen vom Ausland Einkommen von Inländern aus dem Ausland	**Einkommenszahlungen an das Ausland** Einkommen von Ausländern aus dem Inland
A — Laufende Übertragungen	P
Übertragungen vom Ausland z.B. Zahlungen der EU	**Übertragungen an das Ausland** z.B. Zahlungen an die EU

Die Teilbilanzen der Zahlungsbilanz

Die **Leistungsbilanz** setzt sich aus vier Teilbilanzen zusammen: der Handelsbilanz, der Dienstleistungsbilanz, der Bilanz der Erwerbs- und Vermögenseinkommen und der Bilanz der laufenden Übertragungen.

Die **Handelsbilanz** erfasst den Export und den Import von Waren. In der **Dienstleistungsbilanz** werden die sogenannten „unsichtbaren Ex- und Importe" verbucht. Hierunter fallen z.B. der Auslandsurlaub, Transport- oder Versicherungsleistungen und grenzüberschreitende Zahlungen von Patent- oder Lizenzgebühren. In der **Bilanz der Erwerbs- und Vermögenseinkommen** erscheinen z.B. Zins- und Dividendenzahlungen, Pachtzahlungen und Vortragshonorare, die zwischen dem In- und dem Ausland fließen. Die **Übertragungsbilanz** listet alle geleisteten und empfangenen, privaten und öffentlichen Übertragungen ohne Gegenleistung auf. Dazu gehören Überweisungen von Gastarbeitern in ihre Heimatländer, Beiträge an internationale Organisationen (z.B. Europäische Union, Vereinte Nationen) oder Entwicklungshilfeleistungen.

Ein Leistungsbilanzüberschuss zeigt, dass das Inland mehr Leistungen an das Ausland erbringt, als es von dort bezieht. Dies bedeutet eine Zunahme der gesamtwirtschaftlichen Ersparnis im Inland. Bei einem Defizit nimmt dagegen die Verschuldung des Inlandes gegenüber dem Ausland zu.

Aktiva	II. Vermögensübertragungen	Passiva
Leistungen des Auslands Private Übertragungen Öffentliche Übertragungen	**Leistungen an das Ausland** Private Übertragungen Erbschaften Öffentliche Übertragungen Investitionszuschüsse	

In der Zahlungsbilanz der Bundesrepublik Deutschland erscheint außerdem der **Saldo der Vermögensübertragungen**. Im Gegensatz zu den laufenden Übertragungen in der Leistungsbilanz werden hier diejenigen unentgeltlichen Leistungen verbucht, die nicht direkt das Einkommen oder den Verbrauch der beteiligten Länder verändern (z. B. Schuldenerlass) und nur einmalig erfolgen.

Aktiva	III. Kapitalbilanz	Passiva
A	Direktinvestitionen	P
Ausländische Anlagen im Inland	**Deutsche Anlagen im Ausland**	
A	Wertpapiere	P
Ausländische Anlagen im Inland	**Deutsche Anlagen im Ausland**	
A	Kreditverkehr	P
Verbindlichkeiten gegenüber dem Ausland vom Ausland erhaltene Handelskredite, ausländische Bankkredite etc.	**Forderungen an das Ausland** dem Ausland gewährte Handelskredite, Bankkredite ans Ausland etc.	

Die **Kapitalbilanz** erfasst alle grenzüberschreitenden Kapitalbewegungen und damit die Veränderungen der Forderungen und Verbindlichkeiten der Inländer gegenüber dem Ausland. Die Kapitalbilanz wird wegen der unterschiedlichen Transaktionen in weitere Teilbilanzen untergliedert: Neben der **Bilanz der Direktinvestitionen** gibt es z. B. Teilbilanzen für **Wertpapieranlagen** und den **Kapitalverkehr**.

Aktiva	IV. Devisenbilanz	Passiva
Abfluss von Gold und Devisen Abnahme der Gold- und Devisenbestände der Bundesbank	**Zufluss von Gold und Devisen** Zunahme der Gold- und Devisenbestände der Bundesbank	

Die **Devisenbilanz** zeigt die Veränderungen der Währungsreserven eines Landes bei der Zentralbank. In der deutschen Zahlungsbilanzstatistik findet sich die Devisenbilanz unter der Bezeichnung „Veränderung der Netto-Auslandsaktiva der Bundesbank“. Dazu zählen u. a. Devisen (Forderungen in fremder Währung, z. B. Bankguthaben, Wertpapiere, Schecks etc.) und Gold. Die Devisenbilanz bildet seit 2006 zusammen mit der Kapitalbilanz die sogenannte erweiterte Kapitalbilanz.

Die Devisenbilanz stellt das Gegenstück zur Leistungs- und der Kapitalbilanz dar. Ein Leistungs- und Kapitalbilanzüberschuss führt zu einem Überschuss an Fremdwährung, es entsteht ein Devisenbilanzüberschuss. Genauso führt ein Leistungs- und Kapitalbilanzdefizit zu einem Defizit an Fremdwährung und damit auch zu einem Defizit in der Devisenbilanz. Veränderungen in der Devisenbilanz führen also letztendlich immer zu einem Ausgleich der gesamten Zahlungsbilanz. Das Erreichen des Ziels „außenwirtschaftliches Gleichgewicht“ lässt sich somit an der Devisenbilanz messen. Es ist dann gegeben, wenn deren Saldo (nahe) bei Null liegt.

Der **Saldo der statistisch nicht aufgliederbaren Transaktionen** fasst alle fiktiven Buchungen zusammen, denen aufgrund ungenauer statistischer Erfassung keine Gegenbuchungen entsprechen. Er stellt also eine Art Ausgleichsposition dar, damit die Soll- und die Haben-Seite der Zahlungsbilanz auch rechnerisch ausgeglichen sind.

Theoretischer Leistungsbilanzausgleich bei freien Wechselkursen

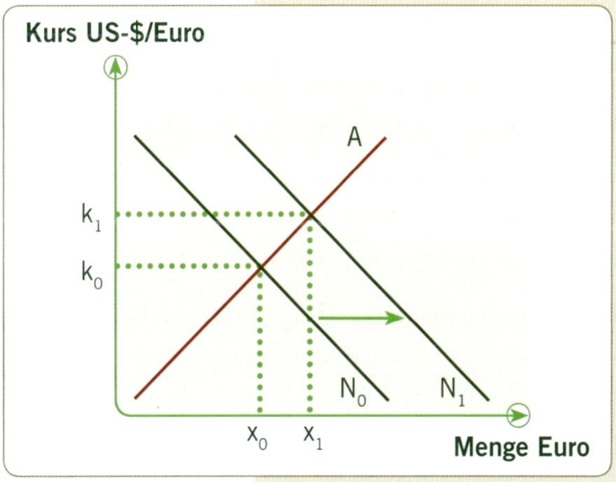

In der wirtschaftswissenschaftlichen Theorie besteht bei flexiblen Wechselkursen durch die gegenseitige Beeinflussung von Außenhandel und Wechselkurs die Tendenz zum Abbau von Export- oder Importüberschüssen, also ein automatischer Ausgleich der Leistungsbilanz. Die Zusammenhänge sollen an einem Beispiel verdeutlicht werden:

Werden deutsche Güter in die Vereinigten Staaten exportiert, werden diese entweder mit US-Dollar bezahlt und die deutschen Exporteure tauschen die erhaltenen US-Dollar in Euro um oder der Umtausch erfolgt bereits beim US-Importeur und dieser bezahlt den deutschen Exporteur mit Euro. In beiden Fällen steigen die Nachfrage nach Euro und das Angebot an US-Dollar an den Devisenmärkten. Bei unverändertem Euro-Angebot steigt damit der Kurs des Euro gegenüber dem US-Dollar. Warenexporte führen also zu steigenden Kursen der eigenen Währung.

Im umgekehrten Fall, wenn also ein deutscher Importeur beispielsweise Güter aus den USA importiert, bezahlt er diese mit US-Dollar, die er vorher gegen Euro eingetauscht hat oder mit Euro, die der US-Exporteur dann gegen US-Dollar eintauscht. In beiden Fällen kommt es also zu einer Ausweitung des Angebots an Euro und der Nachfrage nach US-Dollar. Bei unveränderter Nachfrage nach Euro an den Devisenmärkten sinkt damit der Wechselkurs des Euro gegenüber dem US-Dollar. Warenimporte führen also zu einem sinkenden Kurs der eigenen Währung.

Eine Aufwertung der eigenen Währung, in unserem Fall des Euro gegenüber dem US-Dollar, führt ceteris paribus dazu, dass für US-Amerikaner die in Deutschland hergestellten Güter teurer und damit weniger nachgefragt werden. Damit gehen die Exporte in die USA zurück. Ebenso bedingt ein hoher Eurokurs, dass US-amerikanische Waren und Dienstleistungen in Deutschland billiger werden, was wiederum zu steigenden Importen führt.

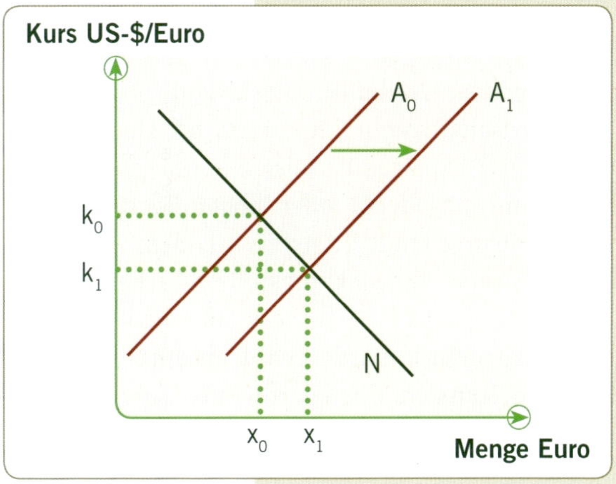

Eine etwa durch Importüberschüsse ausgelöste Abwertung des Euro gegenüber dem US-Dollar würde eine Verteuerung der US-amerikanischen Güter für deutsche Importeure und eine relative Verbilligung der deutschen Güter für US-amerikanische Importeure bewirken. Die Importe würden sinken, die Exporte steigen. Ein Ausgleich der Leistungsbilanz durch den Wechselkursmechanismus wäre die Folge.

Inzwischen haben aber die internationalen Kapitalströme den Waren- und Dienstleistungshandel als maßgebliche Einflussfaktoren auf Angebot und Nachfrage an den Devisenmärkten abgelöst, sodass freie Wechselkurse in der Regel nicht zum Ausgleich der Leistungsbilanz führen.

M1 Die doppelte Buchführung in der Zahlungsbilanz

Die Zahlungsbilanz ist nach dem Prinzip der doppelten Buchführung aufgebaut. Jede Transaktion muss also doppelt verbucht werden. Wir können uns das an einigen Beispielen verdeutlichen:

- **Leistungstransaktion:** Wenn eine deutscher Automobilhersteller ein Fahrzeug in die Vereinigten Staaten exportiert, wird das in der Leistungsbilanz unter der Teilbilanz „Handel" als Export verbucht. Nehmen wir an, die Lieferung an den US-Importeur erfolgt auf Kredit. Damit erhöhen sich in der Kapitalbilanz unter der Position „Kredite" die (kurzfristigen) Kredite deutscher Unternehmen an das Ausland. Es kommt zu einem kurzfristigen Kapitalexport.
- **Reine Finanztransaktion I:** Ein deutsches Unternehmen finanziert den Erwerb eines ausländischen Unternehmens durch eine langfristige Kreditaufnahme bei einer amerikanischen Bank. Davon wird zum einen die Teilbilanz „Direktinvestitionen" berührt. Hier findet ein langfristiger Kapitalexport statt. Die Finanzierung läuft über die Position „Kredite". Hier wird ein langfristiger Kapitalimport ausgewiesen.
- **Reine Finanztransaktion II:** Die Bundesbank verkauft ein Dollar-Sichtguthaben, das sie bei einer amerikanischen Bank hält, an eine deutsche Bank. Die deutsche Bank erhält dafür ein Euro-Sichtguthaben bei der Bundesbank. Bei dieser Transaktion handelt es sich um ein **Devisenhandelsgeschäft**, da es zu einem Austausch zwischen Sichtguthaben kommt, die auf unterschiedliche Währungen lauten. Wenn eine Notenbank an einem solchen Geschäft beteiligt ist, spricht man auch von einer Intervention am Devisenmarkt. Bei dieser Transaktion erhöhen sich die kurzfristigen Forderungen der deutschen Bank an das Ausland, die Devisenreserven der Bundesbank nehmen um den gleichen Betrag ab.

Wir erkennen daran auch den entscheidenden Unterschied zwischen Leistungstransaktionen und reinen Finanztransaktionen. Während bei Leistungstransaktionen immer die Leistungs- und die Kapitalbilanz berührt werden, findet die Verbuchung reiner Finanztransaktionen ausschließlich in der Kapitalbilanz statt. Als gedankliche Unterstützung zum Erstellen der Buchungssätze ist es hilfreich, sich vor Augen zu halten, dass alle Transaktionen, die mit einem Zufluss von Mitteln ins Inland verbunden sind, auf der linken Seite stehen; Transaktionen, die einen Mittelabfluss bedeuten, werden auf der rechten Seite verbucht.

Peter Bofinger, Grundzüge der Volkswirtschaftslehre, Eine Einführung in die Wissenschaft von Märkten, 3. aktualisierte Auflage, 2011, S. 316

M2 Konsequenzen von Leistungsbilanzstörungen

Leistungsbilanzdefizit

Ein negativer Außenbeitrag bedeutet, dass eine Volkswirtschaft mehr importiert, als sie sich aufgrund ihrer Exporterlöse leisten könnte. Dieses Defizit kann abgedeckt oder abgemildert werden, wenn entsprechende Transfers aus dem Ausland – beispielsweise Entwicklungshilfe – erhalten werden. Eine passive Leistungsbilanz bedeutet also z. B., dass mehr importiert wird, als durch Exporterlöse und Transfers finanziert wurde. Folglich muss der verbleibende Importüberschuss kreditfinanziert worden sein. Man spricht hier von einem Netto-Kapitalimport – sprich: Krediten aus dem Ausland oder ausländische Direktinvestitionen. Ein Importüberschuss bedeutet zudem, dass mehr inländische Nachfrage auf das Ausland gerichtet ist als ausländische auf die einheimische Produktion. Dies kann sich ungünstig auf die Beschäftigungssituation des Inlands auswirken. (...)

Leistungsbilanzüberschuss

Was nun einen Leistungsbilanzüberschuss anbelangt, so wird er nach dem gerade Gesagten positiv für die Beschäftigungssituation sein. Daher fördern die meisten Länder, wo immer sie können, ihre Exportindustrien.

Tendenziell gefährlich können die inflationären Impulse eines Leistungsbilanzüberschusses sein. (...) Diese sind für Deutschland als Mitglied des Euro-Raums aber nicht mehr so von unmittelbarer Bedeutung wie früher im nationalen (DM-)Währungsraum. Hinzu kommt, dass den zuströmenden Zahlungen aus Exporten (und Kapitalimporten) durch eine entsprechende Zinspolitik entgegengerichtete Zahlungsabflüsse entgegenstehen (können), welche die Geldmenge tendenziell verringern. Sie sollten aber beachten, dass sich kurzfristig die Import- und Exportwerte schlicht durch Wechselkursänderungen verändern können, ohne dass dies auf mengenmäßige Veränderungen zurückgeht.

Jörn Altmann, Wirtschaftspolitik, 8. Auflage, Stuttgart 2007, S. 193ff.

Aufgaben

1. Erläutern Sie Aufbau und Funktion der Zahlungsbilanz.

2. Zeigen Sie die Zielbeziehungen zwischen dem Ziel „außenwirtschaftliches Gleichgewicht“ und den anderen Zielen des „magischen Vierecks“ auf (M2).

3. Stellen Sie die Auswirkungen des Außenhandels auf den Wechselkurs Euro/US-$ aus US-amerikanischer Sicht grafisch dar.

3.3 Charakteristika der Zahlungsbilanz der Bundesrepublik Deutschland

E Die deutsche Zahlungsbilanz 2013

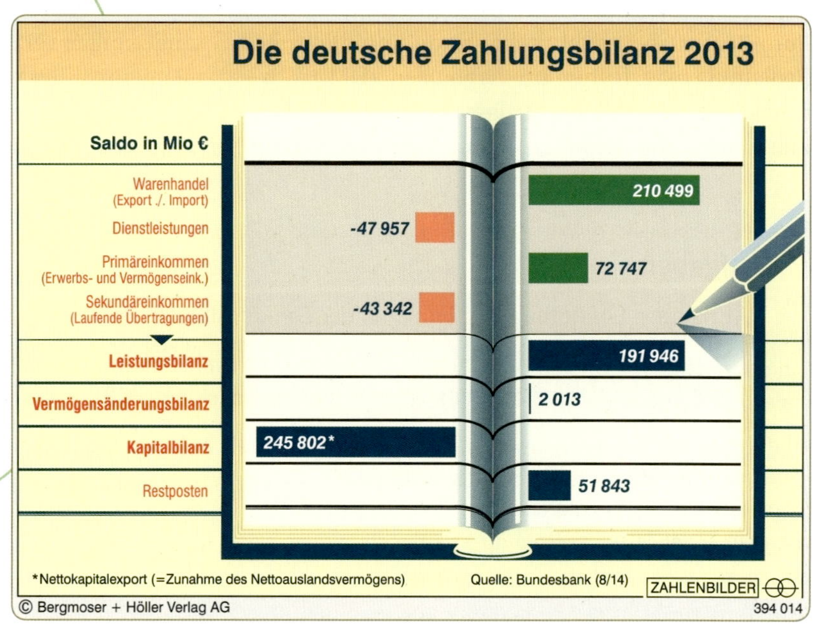

Arbeiten Sie aus der vereinfachten Darstellung der deutschen Zahlungsbilanz auffällige Charakteristika heraus.

Die jüngere Entwicklung der Zahlungsbilanz der Bundesrepublik Deutschland

Nach regelmäßigen Überschüssen in der Leistungsbilanz in den 1980er Jahren geriet deren Saldo im Jahr 1991 erstmals wieder ins Minus. Hierfür sind mehrere Gründe zu nennen. Zum einen verschlechterte sich die weltwirtschaftliche Lage insgesamt, sodass die Nachfrage nach deutschen Gütern im Ausland geringer als in den vorangegangenen Jahren war. Zum anderen verteuerten sich die deutschen Exporte aufgrund des steigenden Außenwertes der DM. Außerdem spielte die Wiedervereinigung eine nicht unerhebliche Rolle: Während die ostdeutschen Betriebe keine oder kaum Produkte anzubieten hatten, die auf internationalen Märkten konkurrenzfähig waren und somit kaum Warenexporte aus den neuen Ländern erfolgten, stieg gleichzeitig der Warenimport. Im Gebiet der ehemaligen DDR herrschte ein großer Nachholbedarf an Konsumgütern, auch aus dem Ausland. Die schon seit den 1970er Jahren fast durchgehend negative Dienstleistungsbilanz wurde nach 1990 noch stärker belastet. Hauptgrund hierfür war die große Reiselust der Deutschen und die daraus resultierende Nachfrage nach Dienstleistungen im Tourismusbereich im Ausland.

Bereits seit den 1960er Jahren tätigten die in Deutschland beschäftigten Gastarbeiter nicht unerhebliche Übertragungen in ihre Heimatländer, um dort ihre Familien zu unterstützen. Auch wurde die Bundesrepublik aufgrund ihrer Wirtschaftskraft zum größten Netto-Zahler der Europäischen Union.

Erst 2002 verzeichnete die deutsche Leistungsbilanz wieder ein leichtes Plus, das in den folgenden Jahren jedoch rasch ausweitete. 2007 erreichte der Leistungsbilanzüberschuss den zwischenzeitlichen Rekordwert von 173 Mrd. Euro, ehe er sich 2009 unter dem Einfluss der globalen Wirtschaftskrise auf 143 Mrd. Euro verringerte. Der Rückgang der Exporte konnte aber in den folgenden Jahren wieder kompensiert werden. 2013 schloss die Leistungsbilanz mit einem Saldo von 192 Mrd. Euro.

Deutschlands Außenhandelspartner

Waren „Made in Germany" sind weltweit gefragt. Betrachtet man die regionale Aufteilung des Außenhandels der Bundesrepublik, so wird die überragende Bedeutung der Europäischen Union für die deutsche Wirtschaft deutlich. Insgesamt gingen 57 Prozent aller Ausfuhren in die 27 EU-Partnerländer. Die wichtigsten Kunden innerhalb der Union waren die Franzosen, die Briten und die Niederländer.
Auch auf der Einfuhrseite zeigt sich, wie eng verzahnt Deutschland mit seinen europäischen Nachbarn ist. Wichtigster Handelspartner außerhalb der Europäischen Union waren die Vereinigten Staaten von Amerika und China.

Deutschlands Exportgüter

Der Export deutscher Waren trägt etwa zu 40 Prozent zum Bruttoinlandsprodukt bei. Wichtige Verkaufsargumente für deutsche Exportgüter sind dabei der sehr hohe technologische Entwicklungsstand und das breite Spektrum an produktbezogenen Dienstleistungen (Planung, Beratung, Finanzierung, Montage, Reparaturen).

Kraftfahrzeuge, Maschinen und chemische Erzeugnisse gehören zu den wichtigsten Exportgütern. Allein die Automobilindustrie ist für ca. ein Sechstel aller Ausfuhren verantwortlich, was die technische Spitzenstellung deutscher Autobauer im internationalen Wettbewerb dokumentiert. Damit entfallen mehr als 40 % aller Ausfuhren auf diese drei Schlüsselbranchen der deutschen Industrie.

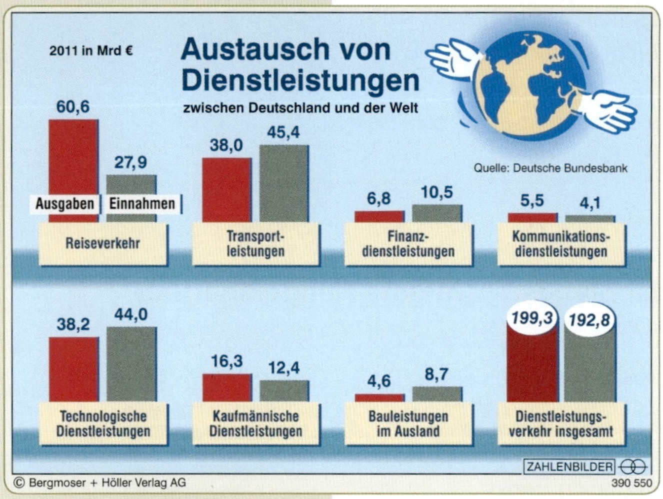

Außenhandel mit Dienstleistungen

Im Gegensatz zur Handelsbilanz ist die deutsche Dienstleistungsbilanz regelmäßig defizitär. Das Defizit begründet sich vor allem durch den Auslandsreiseverkehr, in dem die „Reiseweltmeister" aus Deutschland weit mehr Dienstleistungen im Ausland in Anspruch nehmen als unsere Gäste im Inland. Positiv auf die Bilanz wirken sich dagegen die Transportdienstleistungen (Frachtverkehr, Personenbeförderung) und die technologischen Dienstleistungen aus, zu denen Patente und Lizenzen sowie Forschungs-, Ingenieurs- und EDV-Dienstleistungen zählen.

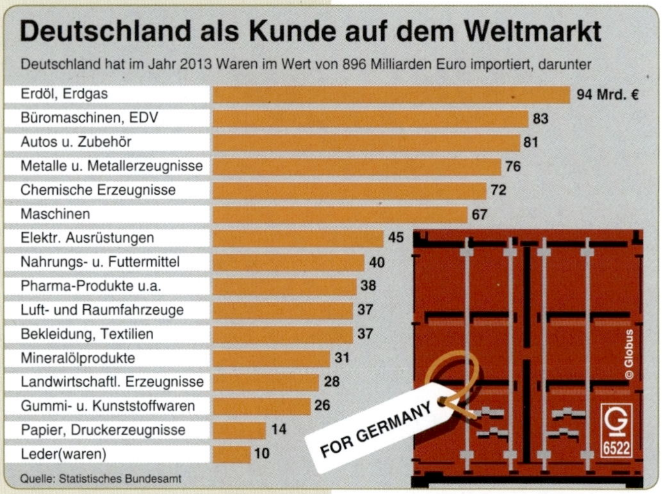

Importgüter auf dem deutschen Inlandsmarkt

Deutschland verfolgt, eingebunden in den europäischen Binnenmarkt, eine liberale Handelspolitik, sodass die Grenzen auch für Importe weitgehend offen sind. Inzwischen stammt ca. die Hälfte des Warenangebots auf den inländischen Märkten aus ausländischer Produktion, während es in den 1980er Jahren nur ca. ein Viertel war. Dies macht sich vor allem bei industriell gefertigten Konsumgütern, etwa bei Textilien oder Geräten der Unterhaltungselektronik bemerkbar. Aber auch auf den deutschen Investitionsgütermärkten spielen ausländische Hersteller eine immer größere Rolle. Die steigenden Importquoten kommen auch dadurch zustande, dass deutsche Hersteller vermehrt Vorleistungen aus dem kostengünstigeren Ausland beziehen. So werden z. B. elektronische Bauteile aus ostasiatischer Fertigung in deutsche Geräte eingebaut oder Textilien nach ihrer Veredelung in Osteuropa nach Deutschland reimportiert.

M1 Die Leistungsbilanz der Bundesrepublik Deutschland

	Saldo der Leistungsbilanz	Saldo der Handelsbilanz	Saldo der Bilanz der „unsichtbaren Leistungen"*
Jahr	**Mio. €**		
1991	–20.545	9.763	–30.308
1992	–18.081	16.479	–34.560
1993	–15.933	29.280	–45.213
1994	–25.126	36.127	–61.253
1995	–21.660	41.419	–63.079
1996	–10.781	47.855	–58.636
1997	– 8.864	55.522	–64.386
1998	–14.672	60.360	–75.032
1999	–29.220	68.017	–97.237
2000	–36.958	64.061	–101.020
2001	–7.907	101.273	–109.179
2002	41.656	142.103	–100.448
2003	31.725	130.021	–98.296
2004	102.057	153.166	–51.109
2005	107.399	157.010	–49.611
2006	138.066	161.447	–23.381
2007	173.132	201.989	–28.856
2008	147.821	184.521	–36.700
2009	143.173	141.167	2.005
2010	146.652	161.146	–14.494
2011	163.970	163.241	728
2012	196.242	197.116	–873
2013	191.946	210.499	–18.552
2014	218.687	229.301	–9.614

** Saldo der Dienstleistungen, der Primär- und der Sekundäreinkommen*

Quelle: Deutsche Bundesbank, Monatsberichte August 2014 (bis 2013) und Juni 2015 (für 2014)

M2 Direktinvestitionen

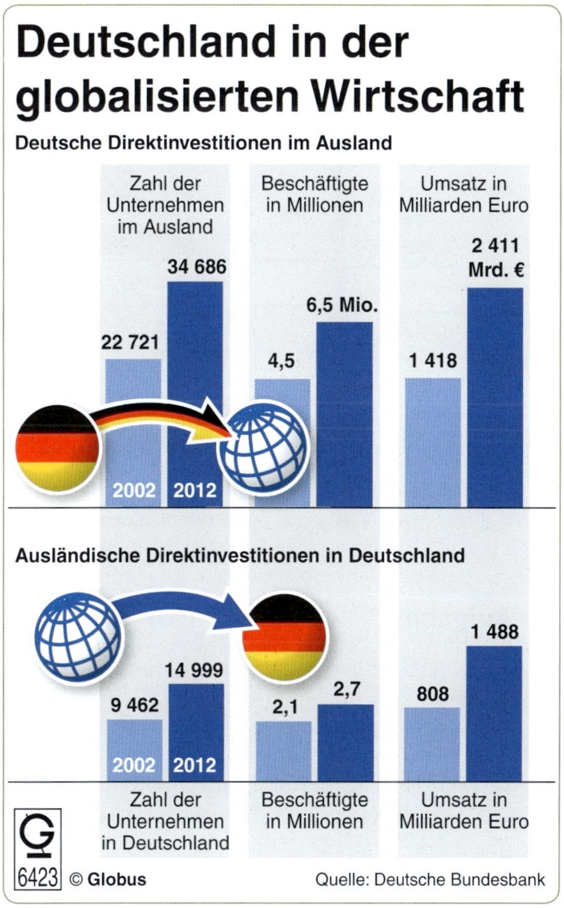

M3 Die Zahlungsbilanz der Vereinigten Staaten von Amerika 2013

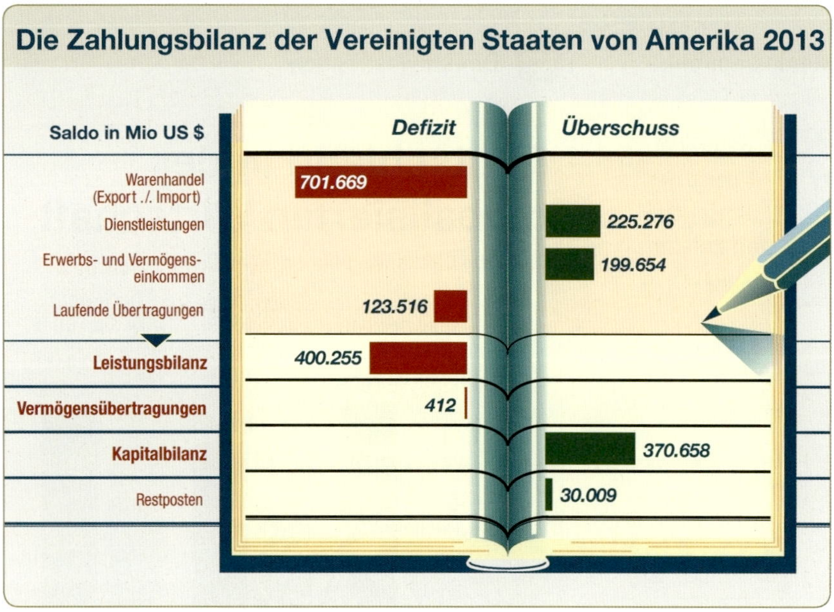

Bureau of Economic Analysis, U.S. International Transactions Tables, eigene Berechnungen

Aufgaben

1. Erstellen Sie mit aktuellen Daten der Deutschen Bundesbank zum Außenhandel eine vereinfachte Leistungsbilanz für das vergangene Jahr (vgl. E). Vergleichen Sie Ihr Ergebnis mit der Leistungsbilanz 2013.
2. Erklären Sie, warum Deutschland auf einen Handelsbilanz- und einen Leistungsbilanzüberschuss (M1, M2) angewiesen ist.
3. Ergänzen Sie die Tabelle M1 mit aktuellen Daten und setzen Sie die Daten mit einem Tabellenkalkulationsprogramm in ein aussagekräftiges Diagramm um.
4. Vergleichen Sie die Struktur der Leistungsbilanz der Bundesrepublik Deutschland (E) mit der der USA (M3).

3.4 Maßnahmen der Außenhandelspolitik

E Brief an das Abgeordnetenhaus

An dieser Stelle kann ich es mir nicht verkneifen, einen französischen Ökonomen und Satiriker zu zitieren. Frédéric Bastiat, Bauer, Friedensrichter, Schriftsteller, Publizist, Pamphletist und Abgeordneter, wandte sich im 19. Jahrhundert an die Mitglieder des Abgeordnetenhauses und zwar mit einer „Petition der Hersteller von Kerzen, Talglichtern, Lampen, Leuchtern, Straßenlaternen, Lichtputzscheren und Löschhütchen sowie der Fabrikanten von Talg, Öl, Harz, Alkohol und allem, was mit Beleuchtung zu tun hat". Er war so aufgebracht über den zunehmenden Protektionismus in Frankreich, dass er folgende bissige Satire schrieb:

Frédéric Bastiat (1801–1850)

Sehr geehrte Herren,
Sie machen sich viele Gedanken über das Schicksal der Hersteller. Sie möchten sie von jeder äußeren Konkurrenz befreien, mit einem Wort, Sie wollen den heimischen Markt allein für heimische Arbeit reservieren …

Wir müssen aber die unerträgliche Konkurrenz einer ausländischen Rivalin hinnehmen, die, wie es den Anschein hat, bei der Produktion von Licht von Bedingungen profitiert, die unsere bei weitem übersteigen, und so unseren heimischen Markt mit Licht zu absurd herabgesetzten Preisen geradezu überschwemmt; sobald sie auftaucht, hat es mit unserem Geschäft ein Ende, alle Verbraucher wenden sich ihr zu, und auf einmal stagniert eine ganze, weitverzweigte Branche der heimischen Industrie.

Diese Rivalin, die niemand anderes ist als die Sonne, führt einen so erbitterten Kampf gegen uns, dass man meinen möchte, unsere englischen Feinde hätten sie uns geschickt … zumal sie jener hochmütigen Insel eine Rücksicht entgegenbringt, auf die sie uns gegenüber vollkommen verzichtet.

Wir fordern höflichst die Einführung eines Gesetzes, das den Verschluss aller Fenster, Dachluken, Lichtöffnungen, Fensterläden, Vorhänge, Oberlichter und Rouleaus gebietet, mit einem Wort aller Öffnungen, Löcher, Spalten und Risse, durch die das Sonnenlicht in unsere Häuser einzudringen pflegt und damit den schönen Industrien zum Nachteil gereicht, mit denen wir, ohne uns schmeicheln zu wollen, dieses Land ausgestattet haben, welches sich heute nicht so undankbar zeigen wird, uns in diesem ungleichen Kampf im Stich zu lassen …

Wenn eine Orange aus Lissabon nur halb so teuer ist wie eine aus Paris, dies dann, weil die Orange aus Lissabon mit natürlicher und somit kostenloser Wärme wachsen konnte, die aus Paris hingegen in künstlicher und damit teurerer Wärme.

Entscheiden Sie, doch seien Sie logisch dabei; denn wäre es nicht, solange Sie ausländische Steinkohle, Stoffe, Eisen und Weizen in dem Maße zurückdrängen, wie ihre Preise gegen Null streben, höchst inkonsequent, das Sonnenlicht, dessen Preis bei Null liegt, den lieben langen Tag hinzunehmen?

André Fourçans, Frédéric Bastiat, Die Welt der Wirtschaft, Frankfurt/Main 1998, S. 117 f., (Übersetzung: Sabine Schwenk)

Erläutern Sie, wie der Satiriker Bastiat seine Forderung nach einem Gesetz zum Ausschluss des Sonnenlichts begründet.

David Ricardo (1772–1823)

Freihandel oder Protektionismus?

Die Grundidee des **Merkantilismus** (16.–18. Jh.) bestand in der staatlichen Förderung des Außenhandels mit dem Ziel einer aktiven Handelsbilanz. Die zentrale Annahme dabei war, dass die durch die Außenhandelsüberschüsse anwachsenden Edelmetallreserven die Machtposition des Landes widerspiegelten. Die Folge war ein starker Handelsprotektionismus. Später gelangte man zu der Einsicht, dass eine Liberalisierung des internationalen Handels zu Wohlstandssteigerungen bei allen Beteiligten führen kann. Die Idee des Freihandels basiert auf der klassischen Wirtschaftslehre. Unter anderem hat der Ökonom David Ricardo versucht, mit seiner **Theorie der komparativen Kostenvorteile** die Vorteile des Freihandels aufzuzeigen.

Die Theorie der komparativen Kostenvorteile besagt, dass sich der Vorteil des Handels zwischen zwei Ländern nicht aus den absoluten Produktionskosten ergibt, sondern von den relativen Kosten der produzierten Güter zueinander resultiert. Grundsätzlich ist demnach der Handel zwischen zwei Ländern immer dann vorteilhaft, wenn bei beiden Handelspartnern unterschiedliche Produktionskostenstrukturen existieren, d. h. wenn ein Land für ein produziertes Gut auf weniger Einheiten eines anderen Gutes verzichten muss als das andere Land (niedrigere Opportunitätskosten). In diesem Fall sollte jedes Land sich auf das Gut spezialisieren, das es relativ günstiger herstellen kann.

Außenhandelspolitik

Das Inland wird vom Ausland durch staatlich überwachte Hoheitsgrenzen getrennt. Außenhandel ist der Handel zwischen unabhängigen Staaten oder Wirtschaftseinheiten. Als **Außenhandelspolitik** bezeichnet man die staatlichen Maßnahmen, die den grenzüberschreitenden Handel beeinflussen sollen. Dies kann mit dem Ziel geschehen, Handelsbarrieren abzubauen und den Freihandel zu begünstigen oder durch protektionistische Maßnahmen die Exporte des eigenen Landes zu fördern und die Importe aus dem Ausland zu erschweren. Seit dem Zweiten Weltkrieg hat der Welthandel durch einen Abbau von Handelschranken (Liberalisierung) eine enorme Ausweitung erlebt, die jedoch in den letzten Jahren von Globalisierungsgegnern stark kritisiert wird. Sie sehen z. B. eine weltweite Verteilung der Güterproduktion unter Effizienzgesichtspunkten als schädlich für bestimmte soziale Gruppen. So führe die Verlagerung von Industriezweigen in Länder mit günstigeren Lohnkosten zu hoher Arbeitslosigkeit in den betroffenen inländischen Branchen. Die damit einhergehenden sozialen Kosten seien höher als die Wohlstandsgewinne, die durch den freien Güteraustausch zu erzielen seien. Andere Bedenken richten sich vor allem auf die mit dem Gütertransport verbundenen Zusatzkosten (z. B. Umweltverschmutzung) und den befürchteten Kapitalabfluss in andere Länder. Ein weiteres Argument für den Außenhandelsprotektionismus besteht in den daraus erzielbaren Staatseinnahmen (z. B. in Form von Zolleinnahmen).

Instrumente der Außenhandelspolitik

Tarifäre Handelshemmnisse bedingen durch staatliche Eingriffe in den Markt eine Preiserhöhung oder -reduzierung der international gehandelten Güter. Dabei ist die Erhebung von **Zöllen** bei der Wareneinfuhr das klassische Instrument. Zölle verteuern die eingeführten Waren und begünstigen damit die Abschottung der eigenen Volkswirtschaft zum Schutz der nationalen Unternehmen vor ausländischer Konkurrenz (**Schutzzoll**). Eine besondere Bedeutung kommt dem Schutz von neuen Industriezweigen (**infant industries**) oder strategisch wichtigen Branchen (z.B. Energie) zu.

Durch so genannte **Erziehungszölle** soll die heimische Industrie im Anfangsstadium vor dem Konkurrenzdruck des Weltmarkts verschont bleiben. Ferner dienen Zölle als reine Einnahmequelle für den Staat (**Finanzzölle**) – etwa zum Ausgleich von Leistungsbilanzdefiziten. **Antidumping- und Retorsionszölle** (Straf- oder Kampfzölle) dienen dem Ausgleich von Nachteilen einheimischer Anbieter, die durch **Dumping** ausländischer Anbieter oder durch **Exportsubventionen** durch eine ausländische Regierung entstehen. Unter Dumping versteht man den Verkauf von Waren im Ausland zu einem Preis, der niedriger ist als die Herstellungskosten bzw. deutlich unter dem Preis liegt, zu dem ein Hersteller sein Produkt auf seinem Heimatmarkt anbietet.

Zollkontrolle beim grenzüberschreitenden Güterverkehr.

Nichttarifäre Handelshemmnisse, auch als „Grauzonenmaßnahmen" bezeichnet, gewannen in der Handelspolitik durch den zunehmenden weltweiten Zollabbau erst seit etwa der 70er Jahre des vergangenen Jahrhunderts an Bedeutung. Sie stellen Versuche dar, durch Vorschriften außerhalb des Außenhandelsrechts ausländischen Anbietern den Marktzugang zu erschweren. Formal müssen nichttarifäre Handelshemmnisse jedoch nicht auf die Beschränkung des Wettbewerbs ausgerichtet sein. Verfechter argumentieren vielmehr, dass diese Hemmnisse dem Schutz des Verbrauchers vor minderwertiger oder schlechter Ware durch Normen und Standards dienen, wie zum Beispiel Sicherheitsstandards bei elektrischen Geräten oder Qualitätsvorgaben bei der Einfuhr von Nahrungsmitteln.

Kontingente (Importquoten) sind mengenmäßige Beschränkungen, die ein Staat für die Einfuhr bestimmter Güter verhängt. Die Beschränkung der Einfuhr durch Kontingentierung führt zu einer künstlichen Verknappung des Gutes im importierenden Land und somit zu Preissteigerungen. Wird die Einfuhr bestimmter Güter gar ganz verboten, spricht man von einem **Embargo**.

Die sogenannten **freiwilligen Exportbeschränkungen** sind Handelskontingente, die vom exportierenden Land ausgehen. Dabei kann die Beschränkung dem Exportland auferlegt (z.B. durch Androhung von Repressalien) oder durch gegenseitige Übereinkunft (sog. Selbstbeschränkungsabkommen) beschlossen worden sein.

Eine weitere Maßnahme stellt zum Beispiel die **Kennzeichnungspflicht** dar. So war die Bezeichnung „Made in Germany" ursprünglich im 19. Jahrhundert von Großbritannien eingeführt worden, um deutsche Güter zu diskriminieren und diese von heimischen deutlich zu unterscheiden. Besondere technische Normen (z. B. DIN) und Zulassungsprozeduren, gesetzliche Erfordernisse, auf die nur inländische Hersteller Patente besitzen, oder besondere Anforderungen an die Qualifikation von Dienstleistungsanbietern sind weitere Handelshemmnisse. Auch die psychologische Beeinflussung der Konsumenten zum Kauf von einheimischen Produkten („buy national") kann ein Handelshemmnis darstellen.

Außenhandel – Grundbegriffe

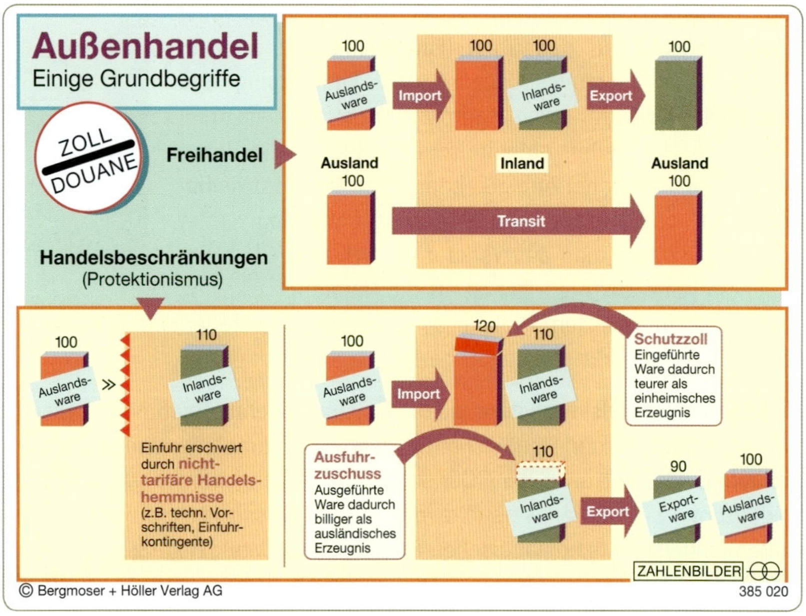

Internationale Regeln für die Handelspolitik

Die Welthandelsorganisation (engl. **World Trade Organization** – **WTO**) legt seit 1995 als internationale Organisation die Regeln im Welthandel fest. Im Jahr 2014 waren 160 Staaten Mitglied der WTO. Sie wickeln mehr als 90 % des internationalen Handels ab. Hervorgegangen ist die WTO aus dem 1948 gegründeten „**General Agreement on Tariffs and Trade**" – GATT.

Hauptziel der WTO ist es, Handelsbeschränkungen abzubauen, um den internationalen Austausch von Waren und Dienstleistungen zu fördern.

Das WTO-Abkommen umfasst folgende Hauptprinzipien:

- Die **Meistbegünstigungsklausel** besagt, dass ein Staat allen anderen Mitgliedstaaten die außenhandelspolitischen Vorteile (z. B. niedrigerer Einfuhrzoll auf bestimmte Waren) einräumen muss, die er bereits einem dritten Staat zugestanden hat.

- Nach dem Prinzip der **Inländerbehandlung** dürfen importierte Güter nicht schlechter behandelt werden (z. B. durch Sondersteuern) als vergleichbare im Inland erzeugte Güter.
- Das **Transparenzprinzip** verpflichtet die WTO-Mitglieder, sich gegenseitig über ihre Handelshemmnisse zu informieren.

Die WTO in Genf ist zuständig, falls sich ein Mitgliedsland durch ein anderes beim Außenhandel benachteiligt fühlt. Falls einer dort erhobenen Klage stattgeben wird und der Verursacher die Behinderung nicht beendet, dürfen als Gegenmaßnahme Antidumping- oder Retorsionszölle (siehe oben) erhoben werden.

Neben den GATT-Vereinbarungen hat die Organisation auch internationale Regelungen zum Handel mit Dienstleistungen (engl. General Agreement on Trade in Services, GATS) und zum Schutz geistigen Eigentums (engl. Trade-Related Aspects of Intellectual Property Rights, TRIPS) getroffen.

Demonstration gegen die Politik der Welthandelsorganisation WTO.

Regionale Wirtschaftsbündnisse

Weltweit gibt es mittlerweile etliche meist regionale wirtschaftliche Zusammenschlüsse, die den zwischenstaatlichen Handel erleichtern sollen und basierend auf den Vorteilen der internationalen Arbeitsteilung das Wirtschaftswachstum in den beteiligten Staaten fördern sollen. Die teilweise enge wirtschaftliche Kooperation der Staaten soll aber auch zur Sicherung des internationalen Friedens beitragen.

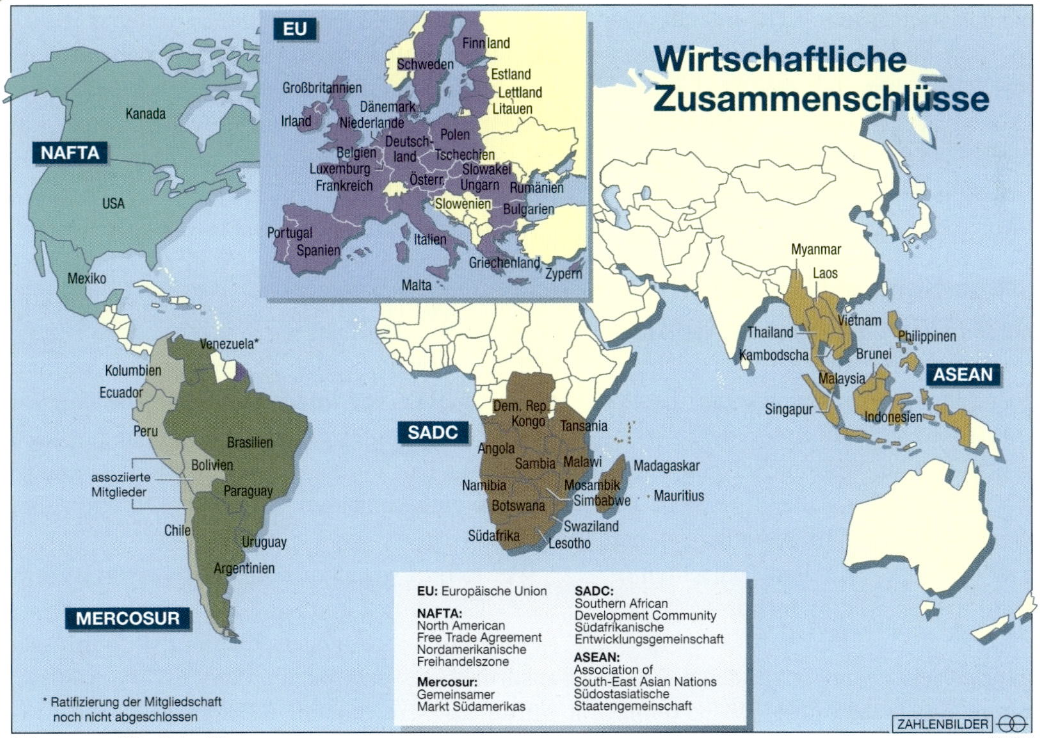

621 956

Die Gemeinsame Handelspolitik der Europäischen Union

Die Mitgliedstaaten der Europäischen Gemeinschaft haben ihre gesetzgeberische Kompetenz in der Handelspolitik an die europäische Ebene abgegeben. Als **Zollunion** verfügt die Europäische Union über einen gemeinsamen Zolltarif gegenüber Drittländern. Ein wichtiges Ziel der EU-Handelspolitik ist es, Absatzmärkte für europäische Ausfuhren zu öffnen. Dies geschieht zum einen in der Welthandelsorganisation (WTO), wo die EU-Staaten von der Europäische Kommission vertreten werden. Zum anderen hat die Europäische Union, vertreten durch den Rat, zahlreiche Freihandelsabkommen mit Drittstaaten abgeschlossen.

Kompetent in Wirtschaft & Recht

erweitern – vertiefen – anwenden

M1 Freihandelsabkommen – Die Angst frisst TTIP auf

Das Chlorhühnchen und die Schiedsgerichte haben TTIP nicht gutgetan. Aus Furcht davor lehnen viele Deutsche das geplante Freihandelsabkommen jetzt in Gänze ab. Was spricht nochmal dagegen - und was dafür?

In Deutschland ist für die Befürworter des geplanten Freihandelsabkommens TTIP irgendetwas schiefgelaufen. (...) Mittlerweile sind nur noch 39 Prozent der Deutschen für das Freihandelsabkommen, das ist der niedrigste Prozentsatz in Europa. Sogar die Hälfte der sonst oft protektionistischen Franzosen befürwortet das geplante Abkommen mit Amerika. (...)

Das fürchten die Deutschen an TTIP

Auf die Nachteile haben Gegner in den vergangenen Monaten reichlich hingewiesen: Sie fürchten, dass sich Industrielle unter Ausschluss der Öffentlichkeit zusammensetzen und unter dem Deckmantel des Freihandels den Verbraucherschutz aushöhlen. Zum Synonym dafür ist aus ihrer Sicht das „Chlorhühnchen" geworden: In Amerika ist der Verkauf von Geflügel, das nach dem Schlachten in Chlor desinfiziert wurde, erlaubt, in Europa ist das verboten.

Ähnliches gilt für Fleisch von Tieren, deren Futter Wachstumshormone zugesetzt wurde. Die EU verbietet die Einfuhr von Schlachtvieh, das so gepäppelt wurde. Die amerikanische Agrarindustrie sieht solche Verbote als ungerechtfertigte Schikane und will sie beseitigen, schließlich sei der Verbraucher mündig genug, an der Ladentheke zu entscheiden, was er will. Manchmal geht es nur um technische Industrienormen wie Stecker, in anderen Fällen aber ist die Lösung keine rein technische Frage. Hinter manchen heute gültigen Standards stehen unterschiedliche Wertvorstellungen und Ängste, die sich nicht einfach wegwischen lassen. Das gilt zum Beispiel für den Umgang mit Chemikalien. Weil sich viele Europäer vor giftigen Chemikalien fürchten, hat die EU vor einigen Jahren die Industrie mit der Reach-Verordnung in die Pflicht genommen. Will ein Chemieunternehmen einen neuen Stoff in den Verkehr bringen, muss es dessen Ungefährlichkeit in Europa erst mit vielen Tests nachweisen.

Die Amerikaner sehen das entspannter. Sie fürchten sich aber vor anderen Dingen. So sind im Land der unbegrenzten Möglichkeiten (...) Überraschungs-Eier verboten, weil dort „nicht essbare Objekte eingeschlossen" sind, was seit 1936 untersagt ist. (...)

Wer sich in welchem Punkt durchsetzt, ist ungewiss. „Chlorhühnchen" und „Hormonfleisch" wird es in Europa nicht geben, hat die EU-Kommission ausdrücklich versprochen. Die EU beteuert, sie würde „unsere hohen EU-Standards nicht zur Verhandlung stellen", doch viele TTIP-Gegner bleiben skeptisch. Grundsätzlich gilt: Wer sich auf ein

Freihandelsabkommen einlässt, muss auch damit rechnen, dass sich bei manchen Standards die andere Seite mit ihren Vorstellungen durchsetzt. Dass aber Standards, die aus Amerika kommen, durchgehend laxer sind, ist falsch: So kamen wichtige Standards in der Automobilindustrie aus Amerika: Airbags, Katalysatoren und obligatorische Crashtests (...).

Das bringt das Freihandelsabkommen den Deutschen

Was aber kann TTIP bringen? Ganz allgemein gesagt: Niedrigere Preise, Arbeitsplätze in tendenziell gutbezahlten Branchen und weniger Verschwendung knapper Ressourcen. Auch der Alltag könnte einfacher werden, wenn sich die Industrie auf Standards einigt, statt für jedes Elektroauto künftig eigene Stecker zu bauen. Zudem sollen Europa und Amerika ganz allgemein wieder wettbewerbsfähiger werden gegenüber der Konkurrenz aus Schwellenländern wie China und Indien, deren Volkswirtschaften in den vergangenen Jahren viel schneller gewachsen sind.

Die Industrie hofft, dass die Zölle fallen. Doch das ist gar nicht das Wichtigste, denn die Zölle sind schon heute verhältnismäßig niedrig

Wichtiger als die Senkung der Zölle ist nach Ansicht von Ökonomen die gegenseitige Anerkennung von technischen Standards. Das (...) steht für Industrie und den Handel (...) ganz oben auf der Agenda, weil das Nebeneinander mehrerer Standards hohe Kosten verursacht und viel Zeit beansprucht.

So müssen Autohersteller bislang Crashtests für die Zulassung oft doppelt durchführen, weil in jedem Land andere Normen gelten. Zudem müssen sie andere Blinker montieren, weil es unterschiedliche Vorgaben über deren Farbe gibt. Und Arzneien oder Chemikalien müssen zweifach den langwierigen Zulassungsprozess durchlaufen, weil die Länder ihre Zertifizierungen nicht gegenseitig anerkennen. Die Industrie moniert schon lange, dass sie viele Teile und Produkte doppelt entwickeln muss. Zu den „nicht-tarifären Handelshemmnisse", die fallen sollen, zählen auch die oben angesprochenen Verbote (...). Laut der EU entsprechen die bürokratischen Handelshürden einem Zoll von 10 bis 20 Prozent.

Die deutsche Industrie hofft zudem darauf, dass in Amerika der „Buy American Act" fällt. Das Gesetz aus dem Jahr 1933 verpflichtet öffentliche Auftraggeber, bei eigenen Einkäufen einheimische Anbieter und Produkte zu bevorzugen. Das gilt etwa für Büromöbel einer Behörde oder für den Fuhrpark der Polizei. Europäische Unternehmen werden hier derzeit diskriminiert.

Wirtschaftswissenschaftler sind insgesamt optimistisch, dass beide Seiten von dem geplanten Freihandelsabkommen profitieren. Denn mit Amerika und Europa tun sich zwei starke Volkswirtschaften zusammen, die nicht so unterschiedlich ticken.

Tillmann Neuscheler, www.faz.net, 6.2.2015

M2 Streit um Schutzzölle – Zwischen der EU und China droht ein Handelskrieg

Der Streit um EU-Schutzzölle gegen Dumping und unfaire Subventionen in China artet aus: Die Volksrepublik hat vor einem ausgewachsenen Handelskrieg gewarnt. Für die Solar- und Keramikbranche wurden bereits Schutzzölle beschlossen, weitere sollen folgen.

China hat die Europäische Union vor einem Handelskrieg gewarnt. „Wir hoffen, dass die EU keine Handlungen unternehmen wird, die beiden Seiten nicht gut tun", sagte der Sprecher des chinesischen Handelsministeriums (...). Die Volksrepublik werde „konsequente" Maßnahmen ergreifen, „um unsere berechtigten Interessen und Rechte zu verteidigen". (...) Wer einen Handelsstreit mit China provoziere, schade letztendlich nur sich selbst. (...)

China ist der inzwischen weltweit größte Hersteller von Solarpanels. Die Produktion wurde in den vergangenen Jahren massiv ausgebaut, so dass das chinesische Angebot allein inzwischen über der weltweiten Nachfrage liegt. Im erbitterten Preiskampf mit den Konkurrenten hatten europäische Firmen (...) bei der EU-Kommission Klage eingereicht. Viele europäische Anbieter haben zuletzt Insolvenz angemeldet.

Reuters/dn/AFP, www.focus.de, 16.5.2013

Aufgaben

1. Beschreiben Sie die in der Übersichtsgrafik zum Außenhandel dargestellten Wirkungsketten mit eigenen Worten.
2. Stellen Sie die in M1 angesprochenen Vor- und Nachteile des Freihandelsabkommens gegenüber.
3. Diskutieren Sie die in M2 dargestellten Strafzölle aus Sicht der europäischen Staaten mit und ohne eigener Solarindustrie.
4. Zur Vertiefung: Stellen Sie die Theorie der komparativen Kostenvorteile in einem Referat dar.

3.5 Grenzen nationaler Wirtschaftspolitik in einer globalisierten Weltwirtschaft

E Global vs. regional?

Karikatur: Burkhard Mohr, Baaske-Cartoons

Fassen Sie die Grundaussage der Karikatur in einem Satz zusammen. Entwickeln Sie Gegenargumente.

Globalisierung – Fluch oder Segen?

„Globalisierung bezeichnet eine Entwicklung, die äußerst kontrovers diskutiert wird: Für ihre Befürworter ist sie in erster Linie der Weg zu einem effizienteren Wirtschaften durch den Abbau von Handels- und Wettbewerbsbeschränkungen. Nach Meinung ihrer Kritiker verringert die wachsende internationale Verflechtung dagegen die staatliche Steuerungsfähigkeit. Sie bemängeln, dass ihre Akteure wie etwa weltweit operierende Wirtschaftsunternehmen keiner wirksamen gesellschaftlichen Kontrolle unterworfen sind, und werten sie als Quelle für politische und wirtschaftliche Instabilität sowie zunehmende soziale Ungleichheit in und zwischen den Staaten. (...)

Globalisierung ist zwar in erster Linie ein ökonomisches Phänomen, ihre Auswirkungen gehen jedoch weit darüber hinaus. Viele Menschen in den Industriestaaten sehen sie als eine Gefährdung ihrer sozialen Sicherheit und ihrer Zukunftschancen an. Der Abbau zwischenstaatlicher Hindernisse erleichtert es besonders großen, kapitalkräftigen Unternehmen, die ihre Produktionskosten verringern wollen, sich in Ländern mit niedrigeren Lohnkosten, minimalen umweltpolitischen Auflagen sowie schwachen sozialen Sicherungssystemen niederzulassen. Für einfache Tätigkeiten wird in manchen Ländern so wenig bezahlt, dass die dort hergestellten Produkte ungeachtet der Transportkosten immer noch billiger sind als solche, die in Deutschland fabriziert werden.

Dies gefährdet vor allem solche Arbeitsplätze, für die schon geringe Qualifikationen ausreichen. Folglich müssen die Menschen ein immer höheres Ausbildungsniveau und innovative Fähigkeiten aufweisen, um mit der Arbeitnehmerschaft anderer Industriestaaten konkurrenzfähig zu bleiben. (...)

Um in diesem Netz der Produktionsstandorte attraktiv zu sein und Investitionen anzulocken, findet zwischen den Staaten ein permanenter Wettbewerb statt. So wird auch in Deutschland darüber gestritten, inwieweit es als exportorientierter Wirtschaftsstandort noch konkurrenzfähig ist und ob seine hohen Sozialstandards, der Umfang seiner Steuern, die umweltpolitischen Vorschriften und seine arbeitsrechtlichen Regelungen, wie zum Beispiel Kündigungsschutzbestimmungen, im globalen Wettbewerb hinderlich geworden sind. (...)

Indem Staaten den global handelnden Unternehmen und internationalen Finanzströmen den Weg ebnen, verringern sie ihre eigenen Einflussmöglichkeiten und schwächen ihre traditionellen wirtschafts- und finanzpolitischen Instrumente wie etwa Steuern und Zinsen. Außenwirtschaftliche Liberalisierung, innerstaatliche Deregulierung und die Mechanismen eines globalen Marktes berühren die staatliche Souveränität. Viele Aufgaben, die vormals jede Regierung für sich lösen musste, können nur noch im Verbund mit anderen wahrgenommen werden. (...)

Angesichts der Komplexität des Globalisierungsprozesses überrascht es nicht, dass die Gefühle der Menschen ihm gegenüber vielfältig und mitunter höchst gegensätzlich sind. In einer Hinsicht herrscht allerdings zwischen den Befürwortern und Kritikern weitgehende Einigkeit: Globalisierung kann weder aufgehalten noch nach Belieben zurückgedreht werden. Worauf es ankommt, ist, was die Staaten und die vielen beteiligten Akteure aus ihr machen."

von Plate 2003, S. 3 ff.

G20-Gipfel in Brisbane

Staaten wollen Hunderte Millionen Jobs schaffen

Kanzlerin Angela Merkel sieht nach dem G20-Treffen viele neue Impulse für mehr Freihandel. Darüber wie Wachstum geschaffen werden soll, gingen die Meinungen auf dem Gipfel allerdings weit auseinander.

Christoph Hein, www.faz.net, 16.11.2014

Probleme nationalen Regierens im Zeitalter der Globalisierung

„An einigen empirischen Beispielen soll gezeigt werden, wie die Globalisierung nationalstaatliches Regieren tendenziell weniger effektiv macht und damit dessen Legitimationsgrundlage bedroht. (...)

Seit den sechziger Jahren haben sich Volumen und Geschwindigkeit des grenzüberschreitenden Kapitaltransfers stark erhöht. Die Logik dieses Prozesses basiert auf einem zentralen Mechanismus: Kapital fließt bevorzugt dahin, wo die Renditechancen am höchsten und die Kapitalverkehrskontrollen am geringsten ausgeprägt sind. Aus diesem Mechanismus lassen sich einige Erwartungen über die Entwicklung in diesem Politikfeld ableiten. Zum einen werden sich nationale Kapitalverkehrskontrollen einander angleichen, und zwar eher auf niedrigem Niveau. Das bedeutet, dass die Nationalstaaten weniger Möglichkeiten haben, auf Kapital zuzugreifen, das in oder über ihr Territorium transferiert wird. Versuchen sie dies, sinkt die Attraktivität des Kapitalstandortes, und das Kapital fließt zu anderen, weniger regulierten Standorten. Zum anderen führt die Konkurrenz der Volkswirtschaften um Kapital dazu, dass dessen Renditechancen überall möglichst hoch sein müssen. Um also etwa Direktinvestitionen anzulocken, sind Staaten zunehmend gezwungen, Vorleistungen zu erbringen, die die Renditechancen erhöhen.

Die hohe Mobilität des Kapitals beeinflusst damit auch die soziale Leistungsfähigkeit selbst der wirtschaftlich erfolgreichsten Nationalstaaten, wie nicht zuletzt die anhaltende deutsche Standortdebatte zeigt: Um als Standort attraktiv zu bleiben, sind gegenüber investitionswilligen Unternehmen, die Arbeitsplätze schaffen, immer mehr Vorleistungen zu erbringen, sei es direkt durch aufwändige Infrastrukturmaßnahmen oder indirekt durch sinkende Steuern auf Unternehmensgewinne. Eine Möglichkeit, die entsprechenden Mittel einzusparen, liegt im sozialpolitischen Bereich und dort vor allem in der Kürzung von Programmen, die der sozialen Grundsicherung dienen. Dies stößt zwar auf Widerstand der Betroffenen. Allerdings zeigt sich immer wieder, dass die Interessen beispielsweise von Sozialhilfeempfängern und Arbeitslosen sehr viel schwerer zu organisieren sind als die Interessen verschiedener einflussreicher Lobbygruppen wie etwa der Pharma- und Gesundheitslobby.

Entscheidend ist nun, dass kein Staat im Alleingang aus diesen Zugzwängen ausscheiden kann, solange andere Staaten weniger strikte Kapitalverkehrskontrollen beibehalten. Die Regierungsfähigkeit der Nationalstaaten ist auch in diesem Politikfeld ernsthaft in Frage gestellt: Das Regierungsziel ‚allgemeine Wohlfahrt' wird durch die Zunahme und Beschleunigung wirtschaftlicher Transaktionen herausgefordert. Damit könnte das Regierungssystem jedoch insgesamt an Legitimität verlieren, denn die Sicherung der Existenzgrundlagen der gesamten Bevölkerung ist wohl das wichtigste allgemein anerkannte Ziel des Regierens."

Brozus/Zürn 2003, S. 59 f.

„Gestaltbar ist der Prozess der Globalisierung, weil er nicht Naturgesetzen gehorcht, sondern weil die Liberalisierung des Handels und des Kapitalverkehrs, Deregulierung und auch die Technikentwicklung Ergebnisse politischer Entscheidungen sind. Auch wenn sie an Autonomie verlieren, behalten Staaten – auf nationaler und internationaler Ebene – politische Handlungsmöglichkeiten und können neue hinzugewinnen, etwa durch internationale Abkommen, regionale Integration und internationale Organisationen.

Gestaltungsbedürftig ist der Prozess der Globalisierung, weil Marktprozesse nach den Erkenntnissen der ökonomischen Ordnungstheorie grundsätzlich einer institutionellen Rahmenordnung bedürfen. Diese Rahmenordnung ist – anders als im nationalen Kontext – auf internationaler Ebene in weiten Bereichen gegenwärtig noch überhaupt nicht vorhanden oder wird den heute zu erfüllenden Anforderungen nicht gerecht."

Kruber 2008, 57f.

Kompetent in Wirtschaft & Recht
erweitern – vertiefen – anwenden

M1 Globalisierung – von allem das Beste?

Karikatur: Wössner

M2 What's right? – Der Franken ist ein Fluch

Die Schweiz zahlt für ihre Währungsautonomie einen hohen Preis. Von der Exportindustrie bis zum Tourismus stehen Einbrüche bevor. (...) Der enge Horizont der Währungsautonomie ist ein sündhaft teures Vergnügen. Wie teuer zeigt sich nach der Freigabe des Franken-Wechselkurses. Mit einem Schlag wird die ganze Industrie des Landes in schwere Wettbewerbsprobleme gestürzt. Der Franken wertet so stark auf, dass die Produkte vom Maschinenbauer über die Uhrenhersteller bis zur Pharmaindustrie auf den Weltmärkten unerträglich teuer werden. Kosten- und Lohnsenkungs-Programme stehen ebenso an wie Entlassungen, es wird Kummer und Kampf geben, die Gewerkschaften der Schweiz schlagen bereits Alarm.

Jeder Käse und jede Schokolade aus der Schweiz hat jetzt einen Luxusaufschlag für die exklusivste Währung der Welt. Jeder Skiurlaub im Engadin und jeder Tee in Davos wird für Auslandsgäste noch mal teurer – und also werden sie in Scharen ausbleiben. Der Aufwertungsdruck ist so groß, dass die kleine Schweiz sogar in eine Deflation gestürzt werden könnte.

Der Franken ist gewiss ein Stolz der Schweiz, zugleich aber auch ihr Fluch. (...)

Die helvetische Währung ist ein Fetisch der Sicherheit und der wird – in der Logik des Geldes – dauerhaft irrational hoch bewertet – am Ende aber zahlt die Bevölkerung der Schweiz in der Logik der Realität dafür den Preis.

„Die Autonomie des Franken ist teuer und unberechenbar"

(...) Die Schweiz ist umringt von Euroländern, sie ist fest eingebunden ins europäische Wirtschaftsgeschehen, und doch mimt sie währungspolitische Autonomie – wie eine reiche alte Dame, die von ihren kostspieligen Marotten einfach nicht lassen kann.

Dabei wäre es so einfach. Träte die Schweiz dem Euro bei, dann könnte sie in einem gewaltigen Währungsraum ihre Standortvorteile über die Zeit ausspielen, ohne sie über Aufwertungen immer wieder zu verlieren. So wie Deutschland das Aufwertungsspiel losgeworden ist.

Die Autonomie des Frankens ist aber nicht nur teuer und unberechenbar, sie ist vor allem eine Autosuggestion, eine echte Scheinselbständigkeit Helvetiens. (...) Denn so muss die Schweiz Europas Beschlüsse doch permanent nachvollziehen und ihnen folgen – ohne aber irgendeinen Einfluss darauf zu haben. Als Euro-Mitglied hingegen könnte sie die Währungs- und Wirtschaftspolitik des Kontinents mitbestimmen.

Wolfram Weimer, Handelsblatt, 16.1.2015

Aufgaben

1. Informieren Sie sich im Internet über das Phänomen „Globalisierung". Mögliche Referatthemen:
   - Ursachen der Globalisierung
   - Folgen der Globalisierung
   - Globalisierung und Gerechtigkeit
   - gesellschaftliche und kulturelle Globalisierung
2. Erläutern Sie die Karikatur und nehmen Sie dazu Stellung (M1).
3. Nennen Sie mögliche Gründe dafür, dass die Schweiz die Bindung an den Euro aufgehoben hat und diskutieren Sie diesen Schritt vor dem Hintergrund der Einbindung der Schweiz in das europäische Wirtschaftsgeschehen (M2).
4. Wolfram Weimer hat eine sehr einseitige Meinung zur Währungsautonomie der Schweiz. Recherchieren Sie gegenteilige Meinungen und stellen Sie diese gegenüber.

Zusammenfassung: Außenwirtschaft

Für die deutsche Volkswirtschaft ist der **Außenhandel** von zentraler Bedeutung. Die deutsche Industrie ist in außerordentlicher Weise exportabhängig. Etwa ein Drittel des Industrieumsatzes wird mit Exportgütern erzielt, etwa ein Viertel aller Arbeitsplätze sind vom Export abhängig, die Exportquote (Anteil der Exporte am BIP) liegt bei über 40 Prozent. In der ersten Dekade des 21. Jahrhunderts entwickelte sich Deutschland zum Exportweltmeister. Gleichzeitig ist Deutschland als rohstoffarmes Industrieland aber auch auf den Import von Gütern angewiesen.

Die **Zahlungsbilanz** zeigt alle wirtschaftlichen Transaktionen (Sachgüter- und Dienstleistungsex- und -importe sowie Kapitaltransaktionen) zwischen Inländern und Ausländern in einem bestimmten Zeitraum. Die Zahlungsbilanz setzt sich aus verschiedenen Teilbilanzen zusammen. Die **Leistungsbilanz** umfasst den Handel mit Sachgütern (Handelsbilanz), den Dienstleistungshandel (Dienstleistungsbilanz), die Bilanz der Erwerbs- und Vermögenseinkommen sowie die Übertragungsbilanz. Der Saldo der **Vermögensübertragungen** zeigt die unentgeltlichen Leistungen, die nicht direkt das Einkommen oder den Verbrauch der beteiligten Länder verändern (z. B. Schuldenerlass) und nur einmalig erfolgen. In der **Kapitalbilanz** werden die Veränderungen der Forderungen und Verbindlichkeiten der Inländer gegenüber dem Ausland erfasst. Die **Devisenbilanz** zeigt die Veränderungen der Währungsreserven eines Landes bei der Zentralbank. Jede Transaktion führt nach dem Prinzip der doppelten Buchführung zu mindestens zwei Buchungsvorgängen. Somit ist die Zahlungsbilanz rechnerisch immer ausgeglichen. Theoretisch besteht bei flexiblen Wechselkursen durch die gegenseitige Beeinflussung von Außenhandel und Wechselkurs die Tendenz zum Abbau von Export- oder Importüberschüssen, also ein automatischer Ausgleich der Leistungsbilanz.

Seit Beginn des 21. Jahrhunderts verzeichnet Deutschland zunehmende **Leistungsbilanzüberschüsse**, die aber von erhöhten Direktinvestitionen deutscher Unternehmen im Ausland sowie zunehmender Kreditvergabe deutscher Banken an ausländische Kunden aufgezehrt wurden. Wichtigste **Außenhandelspartner** Deutschlands, sowohl für den Export als auch für den Import, sind die Mitgliedsländer der Europäischen Union. Wichtigstes außereuropäisches Abnehmerland sind die Vereinigten Staaten von Amerika, wichtigster außereuropäischer Lieferant ist China. Auf die Schlüsselbranchen Kraftfahrzeug- und Maschinenbau, chemische und elektrotechnische Erzeugnisse entfallen weit mehr als die Hälfte aller Exporte. Im Gegensatz zur Handelsbilanz ist die deutsche Dienstleistungsbilanz regelmäßig defizitär, wozu in erster Linie die Auslandsreisetätigkeit der Deutschen beiträgt.

In der klassischen Wirtschaftslehre hat sich die Ansicht durchgesetzt, dass eine **Liberalisierung des internationalen Handels** zu Wohlstandssteigerungen bei allen Beteiligten führen kann. Unter dem Begriff **Außenhandelspolitik** werden alle staatlichen Maßnahmen zusammengefasst, die in den internationalen Handel eingreifen. Klassisches Instrument der **tarifären Handelshemmnisse** sind die Zölle. Sie dienen in erster Linie dem Schutz der nationalen Unternehmen vor ausländischer Konkurrenz. **Nichttarifäre Handelshemmnisse** stellen Versuche dar, durch Vorschriften außerhalb des Außenhandelsrechts ausländischen Anbietern den Marktzugang im Inland zu erschweren. Hierzu gehören u. a. Einfuhrbeschränkungen wie Kontingente und Embargos, die Kennzeichnungspflicht bestimmter Waren, besondere technische Normen und Zulassungsprozeduren oder besondere Anforderungen an die Qualifikation von Dienstleistungsanbietern.

Hauptziel der Welthandelsorganisation (**World Trade Organization** – WTO) ist es, internationale Handelsbeschränkungen abzubauen. Zu ihren Prinzipien zählen die **Meistbegünstigungsklausel**, die besagt, dass ein Staat allen anderen Mitgliedsstaaten die außenhandelspolitischen Vorteile einräumen muss, die er bereits einem dritten Staat zugestanden hat, das **Prinzip der Inländerbehandlung**, nach dem importierte Güter nicht schlechter behandelt werden dürfen als vergleichbare im Inland erzeugte Güter und das **Transparenzprinzip**, das die WTO-Mitglieder verpflichtet, sich gegenseitig über ihre Handelshemmnisse zu informieren.

Mit weltweit mittlerweile fünf internationalen **wirtschaftlichen Zusammenschlüssen** versuchen die beteiligten Staaten den regionalen Handel zu erleichtern. So agieren die Mitgliedstaaten der Europäischen Union auf einem gemeinsamen Binnenmarkt und betreiben eine gemeinsame Handelspolitik gegenüber Drittstaaten.

Die fortschreitende **Globalisierung** und die damit zunehmende Mobilität des Kapitals zwingen die Nationalstaaten in einen globalen **Standortwettbewerb**. Im Kampf um ausländische Direktinvestitionen, Unternehmen und Kapitalanlagen verringern die einzelnen Staaten ihre eigenen politischen Einflussmöglichkeiten und schwächen ihre traditionellen wirtschafts- und finanzpolitischen Instrumente wie etwa Steuern und Zinsen. Die Regierungsfähigkeit der Nationalstaaten wird dadurch ernsthaft in Frage gestellt.

Doch erkennen die nationalen Regierungen zunehmend, dass viele Probleme international verursacht und mit nationalen Mitteln allein nicht mehr zu beherrschen sind. Eine Weltwirtschaftsordnung ist jedoch lediglich in Ansätzen erkennbar. Internationale Organisationen wie die Welthandelsorganisation oder der Internationale Währungsfonds sind jeweils nur für bestimmte Problemfelder zuständig und erhalten häufig nicht genügend Unterstützung durch die Nationalstaaten. Außerhalb internationaler Institutionen fällt es den Staaten schwer, verbindliche Regelungen zu vereinbaren, wie die Bemühungen zur Kontrolle der internationalen Finanzmärkte zeigen.

4 Die Systematik des Rechts der Leistungsstörungen

Sehr geehrter Herr Mertens,

ich möchte mich bei Ihnen bezüglich des Kaufes eines Fitnessgerätes in Ihrem Sportgeschäft beschweren. Zunächst sind während meines Aufenthalts in ihren Verkaufsräumen einige unzureichend gesicherte Hanteln aus dem Regal gefallen und haben meinen Hund an der Pfote verletzt, so dass ein Tierarztbesuch erforderlich wurde.
Als dann gestern das Gerät zugestellt wurde, musste ich feststellen, dass dieses zwar in einer stabilen Verpackung, aber ohne jegliche Polsterung versendet wurde, so dass durch Stoßeinwirkung die Trainingsanzeige beschädigt wurde.
Zudem liegt keine Gebrauchsanweisung bei.
Ich frage Sie daher, was Sie diesbezüglich zu unternehmen gedenken und behalte mir weitere rechtliche Schritte bezüglich möglicher Ansprüche vor.

Mit freundlichen Grüßen

Thomas Gärtner

1. Zeigen Sie auf, welche Pflichten im vorliegenden Fall durch Herrn Mertens verletzt worden sein könnten.
2. Formulieren Sie mögliche Ansprüche, die Herr Gärtner nach Ihrem Rechtsempfinden geltend machen können sollte.

4.1 Die Verpflichtung zur Leistung

E Ware bezahlt, aber nie erhalten

Zwei Badezimmerleuchten, die schon bezahlt sind, aber nicht geliefert werden, ärgern einen Kunden – der Streit mit dem Geschäft dauert seit über acht Monaten. Konkret geht es um zwei Lampen im Wert von 336 Euro. Der Preis wurde sofort bar bezahlt, weil es sich um eine Rabattaktion handelte. Die Leuchten sollten im Januar geliefert werden, kamen aber nicht an. Drei Monate später kamen zwei Leuchten an, jedoch nicht die bestellten. Der Kunde brachte die Lampen zurück, die Geschäftsführerin entschuldigte sich und bestellte die Ware neu. Was folgte, war dasselbe Spiel: Wochenlang tat sich nichts, am Telefon wurden die Kunden vertröstet: Die Leuchten seien unterwegs, würden gerade geliefert. „Ich kann nichts machen, ich fühle mich dem guten Willen des Geschäfts total ausgeliefert", sagt der Kunde.

nach: Christine Bausch, Allgemeine Zeitung, 17.8.2007

Stimmen Sie der Aussage des Kunden zu? Diskutieren Sie in der Klasse. Versetzen Sie sich in die Lage des Kunden und entscheiden Sie, was Sie tun würden.

Rechtliche Konsequenzen aus dem Schuldverhältnis

Schuldverhältnis
Ein Rechtsverhältnis zwischen mindestens zwei Personen, aufgrund dessen die eine Person (Gläubiger) einen Anspruch auf Leistung gegen eine andere (Schuldner) hat. Meistens entstehen Schuldverhältnisse durch Verträge.

„Pacta sunt servanda" – Verträge sind einzuhalten. Dieser Grundsatz des römischen Rechts hat bis heute seine Gültigkeit behalten: Wer sich in einem Schuldverhältnis zu einer Leistung verpflichtet, muss diese Leistung auch erbringen, und zwar so, wie Treu und Glauben mit Rücksicht auf die Verkehrssitte es erfordern (vgl. § 242 BGB).

Immer wieder kommt es jedoch zu Schwierigkeiten bei der Vertragserfüllung, weil ein Vertragspartner die Leistung nicht wie geschuldet erbringt oder Uneinigkeit über die konkreten Pflichten aus dem Vertragsverhältnis besteht.

Der Anspruch auf Leistung

Unterlassen
Beispiel für Unterlassen: Konkurrenzklausel in Arbeitsverträgen

Durch Vereinbarung wird der Arbeitnehmer für eine gewisse Zeit (max. 2 Jahre) nach Beendigung des Arbeitsverhältnisses in seiner Erwerbstätigkeit beschränkt, indem er z. B. nicht mit einem Unternehmen der gleichen Branche („Konkurrenz") ein Arbeitsverhältnis eingehen darf.

Ein Vertrag führt zu einem Schuldverhältnis gemäß § 241 BGB. Der Gläubiger ist somit berechtigt, von dem Schuldner eine Leistung zu verlangen, dabei kann es sich um ein Tun oder Unterlassen handeln.

Die aus dem Schuldverhältnis entstehenden Rechte und Pflichten betreffen in der Regel nur die an dem Schuldverhältnis beteiligten Personen (relatives Recht). Sobald die geschuldete Leistung an dem Gläubiger bewirkt wird, erlischt das Schuldverhältnis (§ 362 I BGB). Sofern keine Vereinbarung darüber getroffen wurde, wer die Leistung bewirken muss, kann prinzipiell auch ein Dritter die Leistung erbringen, ohne dass der Schuldner damit einverstanden sein muss (§ 267 I BGB).

Leistungsbezogene und nicht leistungsbezogene Pflichten

Der Gesetzgeber unterscheidet zwischen leistungsbezogenen und nicht leistungsbezogenen Pflichten.

Leistungsbezogene Pflichten („Leistungspflichten“) stehen in einem direkten Zusammenhang zu der vertraglich vereinbarten Leistung (§ 241 I BGB). Es sind die Pflichten, wegen denen ein Schuldverhältnis eingegangen wurde. Sie sind prägend für die Art des Schuldverhältnisses.

> *M beauftragt Tapezierermeister T mit dem Tapezieren seines Wohnzimmers. Die ordnungsgemäße Ausführung der Tapezierarbeiten ist die Leistungspflicht.*

Nicht leistungsbezogene (Neben-)Pflichten („Verhaltenspflichten“) sind nicht Gegenstand des Schuldverhältnisses, sondern Begleiterscheinungen. Es handelt sich hierbei insbesondere um Schutz-, Aufklärungs- und Rücksichtspflichten (§ 241 II BGB), die dazu dienen, von den Parteien des Schuldverhältnisses Schäden abzuwenden, die im Rahmen der Erfüllung der leistungsbezogenen Pflichten möglicherweise entstehen könnten.

> *T muss bei der Ausführung der Arbeiten darauf achten, keine Einrichtungsgegenstände zu beschädigen. Ebenso muss er M auf mögliche Gesundheitsgefährdungen durch Lösungsmittel hinweisen.*

Übersicht über die Pflichten aus einem Schuldverhältnis

Der allgemeine Teil des Schuldrechts befindet sich in den §§ 241–432 BGB. Der besondere Teil des Schuldrechts ist in den §§ 433–853 BGB enthalten. Hier wird wie bei dem ersten Buch des BGB die Technik des „Vor-die-Klammer-Ziehens" angewendet: Die im allgemeinen Teil des Schuldrechts geregelten Grundsätze gelten auch für die besonderen Schuldverhältnisse wie den Kauf. Aber Achtung: Die Spezialregelungen gehen gegenüber den allgemeinen Regelungen vor! Fällt ein Tatbestand unter zwei Regelungen, so findet die Rechtsfolge der spezielleren Regelung Anwendung (lex specialis derogat legi generali).

Was ist eine Pflichtverletzung?

Für Michelangelo war die Schöpfung ein tadelloses Werk. Jedoch: Der Mensch ist nicht perfekt und macht Fehler.

Eine Pflichtverletzung im Sinne des § 280 I BGB liegt immer dann vor, wenn der Schuldner eine von ihm geschuldete Leistung nicht so erfüllt, wie der Gläubiger aufgrund des Schuldverhältnisses dies erwarten durfte. Erfasst werden sowohl Verletzungen von Haupt- als auch von Nebenleistungspflichten sowie Verhaltenspflichten. Die Gründe, weshalb Schuldner ihre Pflichten nicht ordnungsgemäß erfüllen, sind dabei vielfältig: Manchmal kann der Schuldner nicht leisten, da die Leistung nicht oder nicht mehr möglich ist (**Unmöglichkeit der Leistung**), zum Beispiel weil der schon verkaufte Motorroller bei einem Unfall einen Totalschaden erlitten hat. Manchmal ist dem Schuldner die Leistung zwar möglich, er leistet aber dennoch nicht (**Verzögerung der Leistung**), zum Beispiel weil der Schuldner den Liefertermin des Motorrollers vergessen hat. In beiden Fällen liegt eine **Nichterfüllung** bestehender Leistungspflichten vor. Aber auch wenn der Schuldner rechtzeitig seiner Pflicht nachkommt, dies aber in mangelhafter Weise erfolgt, kann eine Pflichtverletzung vorliegen (**Schlechterfüllung**). Dies wäre zum Beispiel der Fall, wenn bei dem Kauf eines neuen Motorrollers bei Übergabe dessen Bremsen nicht funktionieren.

Die Beteiligten haben bei der Erfüllung der Schuldverhältnisse nicht nur die geschuldeten Hauptleistungen ordnungsgemäß zu erbringen, sie müssen darüber hinaus auch die (leistungsbezogenen und nicht leistungsbezogenen) Nebenpflichten beachten (**Nebenpflichtverletzung**). Eine Verletzung von Schutzpflichten bei der Vertragsanbahnung wird als culpa in contrahendo (c.i.c.) bezeichnet, eine Nebenpflichtverletzung im Rahmen der Vertragserfüllung wäre ein Fall der positiven Forderungsverletzung (pFV).

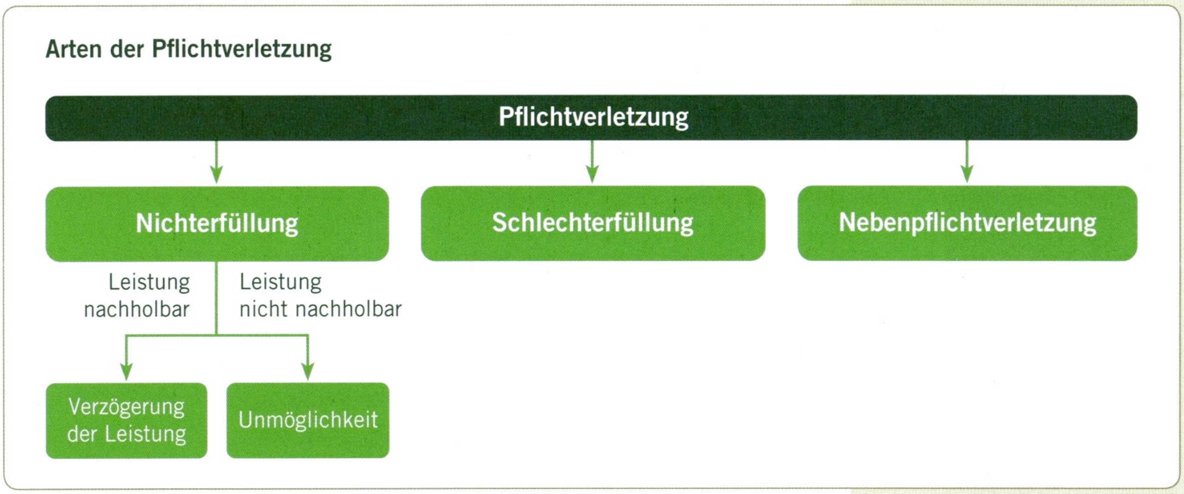

Eine Pflichtverletzung ist gegeben, wenn die tatsächliche Leistung objektiv von der geschuldeten Leistung abweicht. Warum die Abweichung erfolgt, ist zunächst unerheblich – dies wird erst relevant, wenn es um die Rechtsfolgen einer Pflichtverletzung geht.

Objektives Abweichen bedeutet in diesem Zusammenhang, dass nicht nur der Gläubiger subjektiv eine andere Leistung erwartet hat als erbracht worden ist, sondern jeder vernünftige Dritte hätte dies unter den gegebenen Umständen ebenso getan.

Liegt eine Pflichtverletzung vor, so hat der Gläubiger weiterhin Anspruch auf eine ordnungsgemäße Erfüllung des Schuldverhältnisses (außer bei Unmöglichkeit).

Karikatur: Liebermann

M1 Der Aufsitzrasenmäher

Karla erfüllt sich einen Jugendtraum und kauft sich bei Volker in der „Landtechnik GmbH" einen gebrauchten Aufsitzrasenmäher. Im Kaufvertrag wird vereinbart, dass der Mäher in drei Tagen bei Karla angeliefert wird. Karla bezahlt den Kaufpreis von 1.400,– € sofort mit ihrer Kreditkarte.

Nach drei Tagen erscheint Volker bei Karla mit dem frisch gewarteten Mäher. Er erläutert ihr ausführlich die Bedienung sowie die technischen Details des Fahrzeugs und führt ihn im Einsatz vor. Der Mäher funktioniert prächtig. Als Volker allerdings Karla mit einem besonderen Wendemanöver beeindrucken will, zerstört er in Karlas Vorgarten das Rosenbeet. *Autorentext*

M2 Viele Neue sehen alt aus

Kaum jemand kommt auf die Idee, beim Reifenkauf das Produktionsdatum zu prüfen. Dabei würde sich das lohnen. Denn bei Reifen bedeutet neu nicht, dass sie vor kurzem produziert wurden. „Neureifen" liegen bis zu fünf Jahren in den Regalen der Händler, bevor sie verkauft werden. Die Reifenhersteller beteuern, die jahrelange Lagerung von Neureifen sei völlig unbedenklich. Trotzdem schnitten in einem Test viele ältere Reifen schlechter ab als ganz neue. Gummi altert, er wird härter und spröde. Folge: Einen Neureifen, der schon mehrere Jahre auf dem Buckel hat, kann man nicht so lange nutzen wie einen brandneuen. Eine gesetzliche Obergrenze für das Höchstalter von Neureifen gibt es nicht. Dennoch sollte der Verkäufer den Kunden unaufgefordert informieren, wenn die Reifen älter als drei Jahre sind. Denn das Amtsgericht Hamburg urteilte im Juli 2007, dass eine dreijährige Lagerdauer nicht unerhebliche Auswirkung auf die weitere Lebensdauer und den Wiederverkaufswert hat (AZ 5 C 99/06).

nach: ADAC motorwelt, 12/2008, S. 36

Aufgaben

1. Beschreiben Sie im Einzelnen, welche leistungsbezogenen und nicht leistungsbezogenen Pflichten in M1 erfüllt bzw. verletzt wurden.
2. Begründen Sie, warum das Amtsgericht Hamburg davon ausgeht, dass es sich bei dem Verkauf „älterer" Neureifen um eine objektive Pflichtverletzung handelt (M2).
3. A bestellt im Internet bei Händler H auf den Namen des B eine Waschmaschine, wovon B aber nichts weiß. Als B die Waschmaschine geliefert bekommt, weigert er sich, diese abzunehmen und zu bezahlen. Prüfen Sie, ob eine Pflichtverletzung durch B vorliegt.

4.2 Der Rücktritt – Möglichkeit zur Lösung vom Vertrag

E Fahrradkauf mit Hindernissen

Tom möchte etwas für seine körperliche Fitness tun und kauft sich daher für 600,– Euro bei „Citybike" ein Fahrrad und bezahlt es sofort. Im Kaufvertrag wird festgehalten, dass das Fahrrad drei Tage später, am 25.4., abholbereit ist. Als Tom an diesem Tag erscheint, ist das Fahrrad nicht fertig. Tom erklärt dem Händler, dass er das Fahrrad spätestens in 2 Tagen abholen möchte. Als das Rad am 27.4. noch immer nicht fertig ist, erklärt Tom, dass er vom Vertrag zurücktritt und verlangt sein Geld zurück. Der Händler weigert sich, Tom den Kaufpreis zu erstatten. *Autorentext*

Machen Sie Vorschläge, wie Tom seine Forderung begründen könnte und welche Gegenargumente der Fahrradhändler vorbringen könnte.

Der Rücktritt vom Vertrag

Bei einem gegenseitigen Vertrag ist der Gläubiger einer Leistung (Tom) gleichzeitig der Schuldner einer Gegenleistung (Kaufpreis). Kann er nicht mehr auf die Pflichterfüllung des Schuldners vertrauen (rechtzeitige Übereignung des Fahrrades) und hat er die Gegenleistung schon erbracht, will er sie natürlich zurückerhalten. Hat er die Gegenleistung noch nicht erbracht und muss sie bereithalten, möchte er diesen Wartezustand irgendwann beenden.

In diesem Fall ermöglicht § 323 BGB den Rücktritt vom Vertrag wegen nicht oder nicht vertragsmäßig erbrachter Leistung.

Um einen Rücktritt wirksam erklären zu können, müssen nach § 323 I BGB grundsätzlich folgende Tatbestände erfüllt sein:

- Vorliegen eines gegenseitigen Vertrags
- Vorliegen einer Pflichtverletzung
- erfolgloses Verstreichen einer angemessenen Frist

§ 323 I BGB
Rücktritt wegen nicht oder nicht vertragsgemäß erbrachter Leistung

(1) Erbringt bei einem gegenseitigen Vertrag der Schuldner eine fällige Leistung nicht oder nicht vertragsgemäß, so kann der Gläubiger, wenn er dem Schuldner erfolglos eine angemessene Frist zur Leistung oder Nacherfüllung bestimmt hat, vom Vertrag zurücktreten.

Die Fristsetzung – eine zweite Chance

Ein prägendes Prinzip des Schuldrechts ist der **Vorrang des Erfüllungsanspruchs**. Daher muss der Gläubiger dem Schuldner in der Regel eine angemessene Nachfrist setzen, falls er sich wegen einer Pflichtverletzung aus dem Vertrag lösen oder die Leistung zurückweisen möchte. Erst wenn die Nachfrist zur vertragsgemäßen Erfüllung erfolglos verstrichen ist, der Schuldner also nachdrücklich gezeigt hat, dass er trotz „zweiter Chance" an der Erfüllung des Vertrags kein Interesse mehr hat, darf der Gläubiger die Leistung endgültig ablehnen.

Da die Lösung vom Vertrag jedoch für den Schuldner mit erheblichen wirtschaftlichen Nachteilen verbunden sein kann, gelten nach § 323 V BGB zum Schutz des Schuldners für den Rücktritt vom Vertrag Einschränkungen.

Der Rücktritt ist bei
- erfolgter Teilleistung nur zulässig, wenn der Gläubiger an der Teilleistung kein Interesse hat
- Schlechterfüllung nur zulässig, wenn es sich um keine unerhebliche Pflichtverletzung handelt.

Entbehrlichkeit der Fristsetzung

In bestimmten Ausnahmefällen kann nach den §§ 323 II, 324 BGB auf die Fristsetzung verzichtet werden. Die **Fristsetzung** durch den Gläubiger ist dann **entbehrlich**,
- wenn der Schuldner die Leistung ernsthaft und endgültig verweigert (§ 323 II Nr. 1 BGB), da eine Fristsetzung dann keinen Sinn machen würde.
- in Fällen, in denen nach dem Vertragsinhalt die Einhaltung des vereinbarten Termins für den Gläubiger aufgrund einer Mitteilung an den Schuldner vor Vertragsabschluss oder aufgrund anderer Umstände so entscheidend ist, dass dessen Leistungsinteresse an die fristgerechte Leistung gebunden ist (§ 323 II Nr. 2 BGB).
- Wenn bei einer nicht vertragsgemäß erbrachten Leistung besondere Umstände vorliegen, die unter Abwägung der beiderseitigen Interessen den sofortigen Rücktritt rechtfertigen (§ 323 II Nr. 3 BGB).
- wenn der Schuldner eine Rücksichtspflicht (§ 241 II BGB) verletzt hat und dem Gläubiger ein Festhalten am Vertrag nicht mehr zuzumuten ist (§ 324 BGB):

Anforderungen an die Fristsetzung

Eine Aufforderung zur Leistung sollte folgende Inhalte haben, damit für den Schuldner eindeutig erkennbar ist, welche Leistung von ihm bis wann erwartet wird:

- genaue Bezeichnung der geschuldeten Leistung
- vertragliche Grundlage (mit Abschlussdatum), aus der sich der Leistungsanspruch ergibt
- Art der Pflichtverletzung (nicht/nicht vollständig/nicht ordnungsgemäß geliefert)
- Aufforderung zur Leistungserbringung
- Frist, bis zu der die Leistung erwartet wird.

Zeitlich muss die Frist so bemessen sein, dass der Schuldner eine bereits im Wesentlichen abgeschlossene Leistung noch vollenden kann. Sie muss nicht so lange bemessen sein, dass der Schuldner in der Lage wäre, eine noch gar nicht in Angriff genommene Leistung zu beginnen und fertig zu stellen. Die Nachfrist darf somit deutlich kürzer als die ursprüngliche Frist sein, und zwar umso kürzer, je länger die Leistung bereits fällig war.

Ist die gesetzte Frist zu kurz („unangemessen kurz"), verlängert sie sich automatisch auf eine angemessen lange Zeit. Es liegt also auch dann eine wirksame Fristsetzung vor. Die Wahrung einer bestimmten Form benötigt die Fristsetzung nicht.

Rechtsfolgen des Rücktritts

Die Wirkungen des Rücktritts treten erst ein, wenn der Gläubiger eine Rücktrittserklärung abgegeben hat (§ 349 BGB). Die Rücktrittserklärung hat anspruchsvernichtende (Erlöschen der Primärleistungspflichten) und anspruchsbegründende Wirkung (Begründung eines Rückgewährschuldverhältnisses hinsichtlich der bereits erbrachten Leistungen).

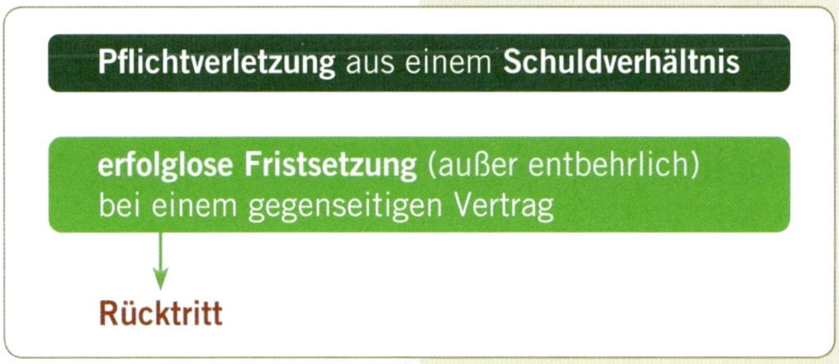

Der Vertrag als solcher bleibt jedoch bestehen und bildet die Grundlage für die nun bestehenden Sekundärpflichten nach den §§ 346 ff. BGB, insbesondere die Rückgewähr der empfangenen Leistungen.

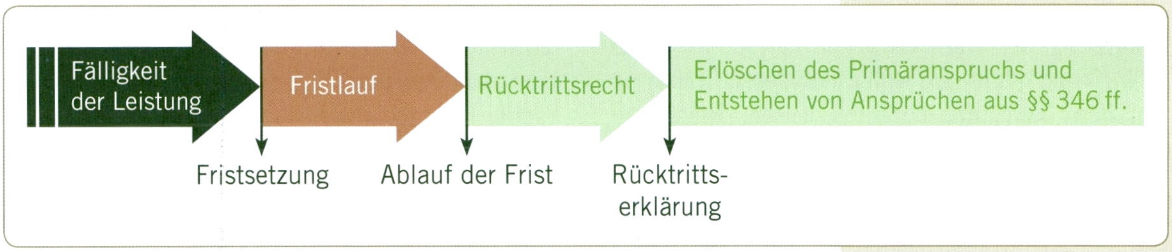

Mit Erlöschen des Primäranspruchs entsteht aus dem Rücktritt der Anspruch auf Rückgewähr aller bisher erbrachten Leistungen und gezogenen Nutzungen (§ 346 I BGB).

Im Einstiegsfall erstattet der Fahrradhändler Tom den Kaufpreis.

Prüfungsschema: Rücktritt vom Vertrag nach § 323 I BGB

Tatbestandsmerkmale	Beispiel und Lösung
1. Vorliegen eines gegenseitigen Vertrages	Wirksamer Kaufvertrag über Fahrrad zwischen Tom und Citybike (§ 433 BGB)
2. Vorliegen einer Pflichtverletzung	Leistung vom Händler (Fahrrad abholbereit) nicht rechtzeitig (25. April) erbracht
3. Erfolglose Fristsetzung oder Entbehrlichkeit der Frist	Tom hat mit 2 Tagen eine angemessene Frist zur Leistung gesetzt (§ 323 I BGB). Diese hat der Händler erfolglos verstreichen lassen
4. Erheblichkeit der Pflichtverletzung (§ 323 V BGB)	Nicht erforderlich, da es sich bei der Pflichtverletzung weder um eine Teilleistung noch um eine Schlechterfüllung handelt
5. Rücktrittserklärung	Tom hat dem Händler erklärt, dass er vom Vertrag zurücktritt (§ 349 BGB)
Rechtsfolge	
Rücktritt vom Vertrag (§ 323 I BGB) und Rückgewähr des Kaufpreises (§ 346 I BGB)	Tom muss das Fahrrad nicht mehr abnehmen und kann den Kaufpreis von 600,– € zurückfordern

M1 Kunden müssen keine genaue Frist setzen

Wer einer Werkstatt oder einem Verkäufer eine letzte Frist setzt, um einen Mangel zu beheben, muss sich dabei nicht auf den Tag festlegen. Mit dieser Entscheidung hat der Bundesgerichtshof in Karlsruhe am 12. August 2009 die Rechte von Verbrauchern bei Reklamationen gestärkt. In dem Rechtsstreit ging es um einen Gebrauchtwagen, bei dem sich nach dem Kauf Ausfallerscheinungen am Motor zeigten. Der Kunde verlangte daraufhin von dem Händler, diesen „umgehend" zu reparieren. Nach einigen Wochen Wartezeit beauftragte er eine andere Werkstatt damit und wollte sich deren Rechnung von dem Verkäufer bezahlen lassen. Niedrigere Instanzen lehnten den Schadensersatzanspruch des Käufers zunächst ab, weil er keine konkrete Frist für die Reparatur gesetzt habe. Die Bundesrichter gaben ihm nun grundsätzlich recht. Die Angabe eines bestimmten Endtermins oder Zeitraums sei für die Bestimmung einer angemessenen Frist nicht erforderlich, urteilten sie.

nach: Frankfurter Allgemeine Zeitung, 13.8.2009

Nach § 281 Abs. 1 Satz 1 BGB kann der Käufer wegen eines behebbaren Mangels der Kaufsache Schadensersatz statt der Leistung regelmäßig nur dann verlangen, wenn er dem Verkäufer zuvor erfolglos eine angemessene Frist zur Leistung oder Nacherfüllung gesetzt hat. Der Bundesgerichtshof hat entschieden, dass es für die erforderliche Fristsetzung ausreicht, wenn der Käufer den Verkäufer auffordert, den Mangel „umgehend" zu beseitigen. Die Angabe eines bestimmten (End-) Termins oder Zeitraums ist für die Bestimmung einer angemessenen Frist nicht erforderlich. Eine Frist ist ein bestimmter oder bestimmbarer Zeitraum. Mit der Aufforderung zur umgehenden Nacherfüllung wird eine zeitliche Grenze gesetzt, die aufgrund der jeweiligen Umstände des Einzelfalls bestimmbar ist. Dem Zweck der Fristsetzung, dem Schuldner vor Augen zu führen, dass er die Leistung nicht zu einem beliebigen Zeitpunkt erbringen kann, sondern dass hierfür eine zeitliche Grenze besteht, wird auf diese Weise hinreichend Genüge getan.

Auszug aus dem Urteil des BGH vom 12. August 2009 – VIII ZR 254/08

M2 Auszug aus einem Rechtskommentar zu § 323 BGB

Die Fristsetzung muss eine bestimmte und eindeutige Aufforderung zur Leistung enthalten. Für eine Zuvielforderung gilt, dass die Fristsetzung wirksam ist, wenn der Schuldner die Erklärung des Gläubigers nach den Umständen des Falls als Aufforderung zur Bewirkung der tatsächlich geschuldeten Leistung verstehen muss und der Gläubiger zur Annahme der gegenüber seinen Vorstellungen geringeren Leistung bereit ist. Eine Zuvielforderung erheblichen Umfangs kann aber nach Treu und Glauben das Rücktrittsrecht ausschließen.

nach: Palandt, Bürgerliches Gesetzbuch, München 2015, aus der Reihe: Beck'sche Kurz-Kommentare Band 7, 75. Auflage, S. 550f. (Bearbeiter: Helmut Heinrichs, Übersetzung: Peter Bassenge)

M3 Take That in Frankfurt

Es war ein Akt der Vorsorge, den das Tourneemanagement traf. Bevor Take That im November 2007 die Bühne der Frankfurter Festhalle betraten, verkündete ein Hallensprecher das Fehlen des Sängers Howard Donald wegen eines Unfalls. Wer in Erwartung des Quartetts seine Karte gekauft hatte, konnte deshalb diese bis zum Beginn des Konzerts an einem Servicestand zurückgeben und bekam den Preis erstattet. Eine Vorsichtsmaßnahme des Veranstalters: Das Konzert glich in Gänze jenen mit Howard Donald auf der Bühne, die restlichen drei Boy-Group-Mitglieder übernahmen dessen Part ohne erkennbaren Niveauverlust für die Show.

Stefan Reis, Main-Echo, 27.1.2009

Aufgaben

1. a) Zeigen Sie, inwiefern die Notwendigkeit einer Fristsetzung vor dem Rücktritt vom Vertrag einen Interessensausgleich zwischen Schuldner und Gläubiger darstellt.
b) Erläutern Sie die Beweggründe des BGH, die Anforderungen an die Fristsetzung gem. § 281 BGB zu lockern (M1).

2. Im Herbst des Folgejahres verkauft die Obst- und Gemüsefabrik OGA dem Inhaber H. Bär des Jugendgästehauses „Hasenblick" zehn Paletten Obstkonserven und verspricht dabei Lieferung zum 10. Januar des Folgejahres. Als Anfang Februar nicht geliefert wird, mahnt Herr Bär die Lieferung der Obstkonserven an.

a) Formulieren Sie für Herrn Bär eine Aufforderung zur Leistungserbringung.
b) Da Herr Bär sich nicht mehr genau an die Zahl der bestellten Paletten erinnert, mahnt er die Lieferung von 15 Paletten Obstkonserven an. Klären Sie mit Hilfe des Rechtskommentars M2, ob eine wirksame Fristsetzung vorliegt.

3. Diskutieren Sie, ob die Zuschauer des Take That Konzerts im beschriebenen Fall vom Vertrag hätten zurücktreten können (M3).

4. Die Supermarktkette K bestellt eine Lieferung Tiefkühlfleisch vom Großhändler G. Bei der Lieferung stellt der Marktleiter M fest, dass die Ware bereits angetaut war und somit für den Verkauf nicht mehr geeignet ist. Er fordert daher G auf, die verdorbene Ware wieder mitzunehmen und am nächsten Tag ordnungsgemäß zu liefern. Als G am nächsten Tag nicht erscheint, weil er sich über die „kleinliche Art des M" geärgert hat, ruft M bei G an und erklärt diesem, dass er vom Vertrag zurücktreten möchte. Prüfen Sie, ob M gemäß § 323 BGB vom Vertrag zurücktreten kann.

4.3 Schadensersatz neben der Leistung

Diskutieren Sie, welche Ansprüche des Autohändlers gegen den Kraftstofflieferanten Sie als gerechtfertigt empfinden würden.

E Das vertauschte Benzin

Ein Automobilhändler bezieht Kraftstoffe für eine Tankanlage auf seinem Betriebsgelände. Aus Nachlässigkeit werden vom Lieferanten dabei versehentlich der für Superbenzin vorgesehene Tank mit Dieselkraftstoff und der für Dieselkraftstoff bestimmte Behälter mit Superbenzin gefüllt. Dadurch entstehen an mehreren Fahrzeugen erhebliche Motorschäden, da diese aus dem für Superbenzin bestimmten Tank mit Diesel betankt wurden, obwohl sie Superkraftstoff benötigen.

Schadensersatz als zentrale Rechtsfolge

Die zentrale Anspruchsnorm für Schadensersatz wegen Pflichtverletzung in einem Schuldverhältnis ist der §280 I BGB. Auf die Art der Pflichtverletzung kommt es zunächst einmal nicht an. Es ist unerheblich, ob der Schuldner eine Haupt- oder Nebenpflicht, eine Leistungs- oder Verhaltenspflicht verletzt hat. Ebenso ist ohne Bedeutung, ob er nicht, nicht rechtzeitig oder „schlecht" geleistet hat.

§280 I BGB
Schadensersatz wegen Pflichtverletzung

[1] Verletzt der Schuldner eine Pflicht aus dem Schuldverhältnis, so kann der Gläubiger Ersatz des hierdurch entstehenden Schadens verlangen.
[2] Dies gilt nicht, wenn der Schuldner die Pflichtverletzung nicht zu vertreten hat.

Um einen **Schadensersatzanspruch** geltend machen zu können, müssen folgende Tatbestände erfüllt sein:

- Vorliegen eines Schuldverhältnisses
- Vorliegen einer Pflichtverletzung
- Vorliegen eines durch die Pflichtverletzung entstandenen Schadens
- Vertretenmüssen der Pflichtverletzung durch den Schuldner

Der Anspruch auf Schadensersatz besteht neben dem weiterhin fortbestehenden Anspruch auf Leistung (**Schadensersatz neben der Leistung**).

Schadensersatz neben der Leistung

Der Gläubiger verlangt zusätzlich zu der Leistung einen Schadensersatz. Es handelt sich dabei um den Schaden, der auch durch eine Erfüllung nicht mehr abgewendet werden kann.

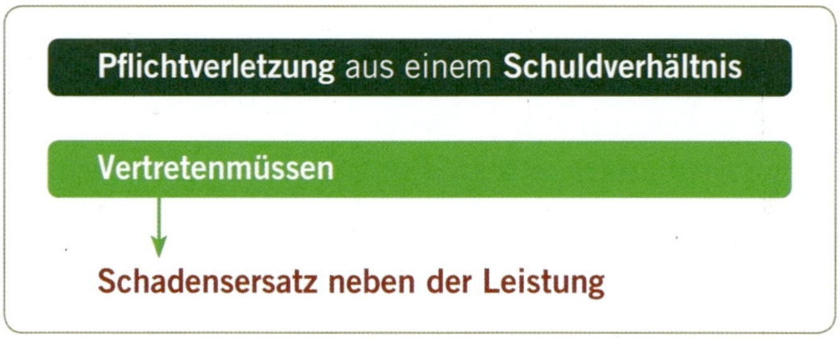

Aus der negativen Formulierung des Satz 2 in §280 I ergibt sich, dass das Vertretenmüssen des Schuldners vermutet wird, diese Vermutung aber vom Schuldner widerlegt werden kann. D.h. der Schuldner muss beweisen, dass er die Pflichtverletzung nicht zu vertreten hat. Kann er diesen Beweis nicht erbringen, hat er die Pflichtverletzung zu vertreten.

Prüfungsschema: Schadensersatzanspruch neben der Leistung nach § 280 I BGB

Tatbestandsmerkmale	**Beispiel und Lösung**
1. Vorliegen eines Schuldverhältnisses	Kaufvertrag über Kraftstoffe zwischen Autohändler und Lieferant (§ 433 BGB)
2. Vorliegen einer Pflichtverletzung	Da die Tanks beim Einfüllen der Kraftstoffe verwechselt wurden, liegt eine Nebenpflichtverletzung vor
3. Vorliegen eines Schadens aufgrund der Pflichtverletzung	Die Motorschäden sind nur aufgetreten, weil die Fahrzeuge mit dem falschen Kraftstoff betankt wurden
4. Schuldner muss die Pflichtverletzung gem. § 276 BGB vertreten (wird vermutet)	Der Lieferant muss sich beim Einfüllen vergewissern, dass er den richtigen Tank befüllt. Er hat somit eine Sorgfaltspflicht vernachlässigt, wenn er sich darüber nicht vergewissert. Da dies unterlassen wurde, liegt Fahrlässigkeit (§ 276 II BGB) vor
Rechtsfolge	
Schadensersatz nach § 280 I BGB	Der Autohändler kann den entstandenen Schaden (Motorschäden) nach §§ 280 I, 249 BGB verlangen

Vertretenmüssen

Für das Vorliegen einer Pflichtverletzung ist der Grund, warum die erbrachte Leistung von der geschuldeten Leistung abweicht, unerheblich. Will man jedoch wegen der Pflichtverletzung Schadensersatz gegen den Schuldner geltend machen, muss dieser die Pflichtverletzung zu vertreten haben. Der Gesetzgeber folgt dabei dem gängigen Gerechtigkeitsempfinden, dass der Schuldner für die negativen Folgen einer Pflichtverletzung nur dann in besonderer Weise einzustehen hat, wenn ihm die Pflichtverletzung auch grundsätzlich zugerechnet werden kann.

Was der Schuldner zu vertreten hat, ist in §§ 276 ff. BGB geregelt. Vertretenmüssen setzt dabei nicht zwingend Verschulden voraus. Verschulden umfasst Vorsatz und Fahrlässigkeit und ist im Grundsatz vom Schuldner zu vertreten. Es kann sich aber unter Umständen eine „strengere" oder „mildere" Haftung ergeben. Es kann also sein, dass der Schuldner etwas vertreten muss, obwohl ihn kein Verschulden trifft. Dies ist bei der Übernahme einer Garantie oder eines Beschaffungsrisikos der Fall. Darüber hinaus sind aber auch Sachverhalte möglich, bei denen der Schuldner sein Verschulden nicht vertreten muss (z. B. eine leichte Fahrlässigkeit bei einer Haftungsbeschränkung auf grobe Fahrlässigkeit und Vorsatz).

Vorsatz
Das Kennen und Wollen des rechtswidrigen Erfolgs.

Fahrlässigkeit
Das Außerachtlassen der im Verkehr erforderlichen Sorgfalt.

M1 Beschaffungsrisiko: Vertretenmüssen ohne Verschulden

In bestimmten Fällen hat der Schuldner eine Pflichtwidrigkeit auch dann zu vertreten, wenn kein Verschulden vorliegt. So kann es sein, dass ein Vertragspartner im Vertrag ein besonderes Beschaffungsrisiko übernommen hat. Regelmäßig ist mit der Vereinbarung einer Gattungsschuld (§ 243 BGB), die nicht auf einen bestimmten Vorrat beschränkt wird [z. B. 5 t Mais, 300 Eier, 10 l Apfelsaft], für den Verkäufer zugleich die Übernahme des Risikos für die typischen Beschaffungshindernisse verbunden. Das Beschaffungsrisiko bezieht sich dabei aber nur auf das Risiko, die Leistung überhaupt rechtzeitig erfüllen zu können, nicht auf das Risiko einer Schlechtleistung.

nach: Achim Bönninghaus, Schuldrecht Allgemeiner Teil II, Pflichtverletzung, Heidelberg 2008, S. 10–14

Aufgaben

1. Der medizintechnische Ausrüster Meditech richtet in der Zahnarztpraxis Zacharias einen neuen Behandlungsraum ein. Als die Rechnung bei Zacharias eintrifft, zahlt dieser nicht, da er wegen eines unverschuldeten Unfalls seit 6 Wochen die Praxis geschlossen hat und momentan knapp bei Kasse ist. Erläutern Sie, ob Zacharias die Pflichtverletzung vertreten muss (M1).
2. Erläutern Sie den Unterschied zwischen Vertretenmüssen und Verschulden (M1).
3. Ein Kunde kauft nach Beratung im Aquaristikfachhandel drei Buntbarsche für sein Aquarium mit Garnelen. Da Buntbarsche Räuber sind, was der Verkäufer aber nicht erwähnte, werden die Garnelen im Wert von 20,– € innerhalb von einem Tag aufgefressen.
   Prüfen Sie, ob der Kunde die 20,– € vom Verkäufer der Barsche verlangen kann?

4.4 Schadensersatz statt der Leistung

E Die Werte unserer Zeit

Der Filialleiter F der B-Bank erwirbt für 20.000 € in einer Galerie das Acrylglas-Mosaik „Die Werte unserer Zeit" von Künstler K, das für die Montage an der Wand vorgesehen ist. Die Installation des Mosaiks in dem Kundenbereich der Bank will der Künstler persönlich vornehmen, um die Raumwirkung der Installation und der Ausleuchtung berücksichtigen zu können. Am Tag nach dem Aufbau stellt F fest, dass scharfkantige Elemente der Installation in den Kundenbereich ragen und zudem unzureichend befestigte Stromkabel der Beleuchtung ein erhebliches Gefahrenpotenzial darstellen. F fordert daher K auf, diese Gefahrenquellen innerhalb der nächsten beiden Tage zu beseitigen. K kommt dieser Aufforderung nicht nach, da er sein Gesamtkunstwerk gefährdet sieht. F erklärt daraufhin gegenüber K, dass er unter diesen Umständen keinerlei Interesse mehr an dem Mosaik habe. Nachdem K das Werk wieder abgeholt hat, beauftragt F ein Unternehmen damit, die durch die Montage beschädigte Wand zu renovieren.

Formulieren Sie mögliche Ansprüche, die F voraussichtlich gegen K geltend machen möchte.

Der Schadensersatz statt der Leistung

Für alle Schadensersatzansprüche gilt § 280 BGB als zentrale Norm, jedoch weisen die Absätze II und III darauf hin, dass für besondere Arten des Schadensersatzes weitere Voraussetzungen neben § 280 BGB zu prüfen sind.

Eine solche besondere Art stellt der **Schadensersatz statt der Leistung** dar. Im Gegensatz zum Schadensersatz neben der Leistung wird vom Gläubiger der Schadensersatzanspruch statt der Leistung alternativ zum ursprünglichen Leistungsanspruch geltend gemacht.

Der Gläubiger lehnt die Leistung ab und verlangt stattdessen Schadensersatz. Es handelt sich dabei um den Schaden, der entsteht, weil nicht erfüllt wird. Würde noch erfüllt werden, würde dieser Schaden nicht bestehen.

Um Schadensersatz statt der Leistung verlangen zu können, müssen auch die Voraussetzungen des § 280 I BGB erfüllt sein. Daneben sind gem. § 280 III BGB aber bei Verzögerung der Leistung oder Schlechterfüllung die zusätzlichen Voraussetzungen des § 281 BGB zu beachten. Handelt es sich um eine Nebenpflichtverletzung ist gem. § 280 III BGB zusätzlich der § 282 BGB heranzuziehen.

§ 280 III BGB
Schadensersatz wegen Pflichtverletzung

(3) Schadensersatz statt der Leistung kann der Gläubiger nur unter den zusätzlichen Voraussetzungen des § 281, des § 282 oder des § 283 verlangen.

Schadensersatz statt der Leistung wegen nicht oder nicht wie geschuldet erbrachter Leistung

Unter den Voraussetzungen der §§ 280 I, III, 281 BGB kann der Gläubiger einer verzögerten oder nicht wie geschuldet erbrachten Leistung Schadensersatz statt der Leistung verlangen, wenn folgende Tatbestände erfüllt sind:

§ 280 I BGB erfordert das

- Vorliegen eines Schuldverhältnisses
- Vorliegen einer Pflichtverletzung
- Vorliegen eines durch die Pflichtverletzung entstandenen Schadens
- Vertretenmüssen der Pflichtverletzung durch den Schuldner.

Die §§ 280 III, 281 BGB erfordern zusätzlich das

- erfolglose Verstreichen einer angemessenen Frist.

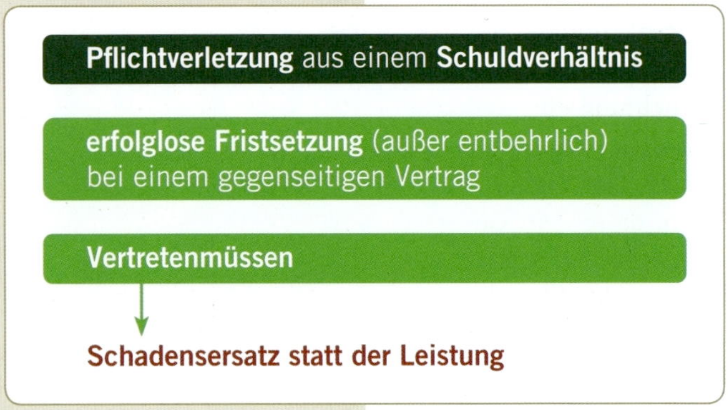

Der Gläubiger muss dem Schuldner die konkrete Pflichtverletzung, für deren Beseitigung die Frist gesetzt wird, mitteilen. Dies dient dem Schutz des Schuldners, falls sich dieser der Pflichtverletzung bisher gar nicht bewusst war oder den Anspruch des Gläubigers als unbegründet erachtet. Grundsätzlich soll durch die Fristsetzung dem Schuldner eine letzte Chance gewährt werden, seine Leistung doch noch zu erbringen und damit zumindest die Schadensersatzpflicht, die sich aus der Nichtleistung ergibt, abzuwenden. Es ist jedoch nicht erforderlich, bei der Fristsetzung bereits auf eventuelle Schadensersatzansprüche oder eine mögliche Ablehnung der Leistung hinzuweisen, falls die Frist erfolglos verstreichen sollte.

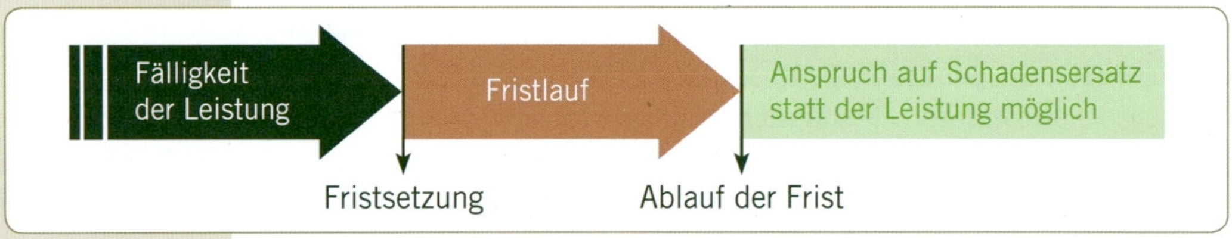

Was geschieht nach einem erfolglosen Ablauf der Frist?

Nachdem die angemessene Frist zur Nacherfüllung erfolglos abgelaufen ist, erlischt der ursprüngliche („primäre") Leistungsanspruch auf Erfüllung noch nicht. Jetzt kann der Gläubiger wählen, ob er Schadensersatzersatz statt der Leistung fordert oder doch lieber den bestehenden Erfüllungsanspruch behält und zum Beispiel Schadensersatz neben der Leistung möchte. Sobald der Gläubiger aber Schadensersatz statt der Leistung verlangt hat, ist der Erfüllungsanspruch ausgeschlossen (§ 281 IV BGB).

Bei der Prüfung des Anspruchs auf Schadensersatz statt der Leistung ist also Folgendes zu beachten:

- § 280 I BGB gilt für alle Schadensersatzansprüche, wird also immer zitiert
- § 280 III BGB gilt zusätzlich bei Schadensersatz statt der Leistung und verweist auf die zusätzlichen Voraussetzungen der §§ 281 (Sachmangel oder verzögerte Leistung), 282 (Nebenpflichtverletzung) und 283 BGB (Unmöglichkeit).

Prüfungsschema: Schadensersatzanspruch statt der Leistung nach § 281 I BGB	
Tatbestandsmerkmale	**Beispiel und Lösung**
1. Vorliegen eines Schuldverhältnisses	Kaufvertrag über ein Kunstwerk zwischen K und L (§ 433 BGB)
2. Vorliegen einer Pflichtverletzung (§ 280 I BGB)	Da sich das installierte Werk aufgrund der Verletzungsgefahr nicht für den Kundenbereich eignet, liegt eine Pflichtverletzung vor
3. Vorliegen eines Schadens aufgrund der Pflichtverletzung	F muss die Renovierung der Wand bezahlen
4. Schuldner muss die Pflichtverletzung gem. § 276 BGB vertreten (wird vermutet)	Da K sich weigert, die Gefahrenquelle zu beseitigen, liegt Vorsätzlichkeit vor
5. Setzen einer angemessenen Frist §§ 280 III, 281 I BGB	F fordert K auf, die Gefahrenquellen innerhalb der nächsten beiden Tage zu beseitigen. Da Kunden gefährdet werden, ist Eile geboten. Die Frist ist deshalb angemessen
6. Erfolgloses Verstreichen der Frist	K kommt der Aufforderung nicht nach
Rechtsfolge	
Schadensersatz statt der Leistung nach §§ 280 I, III, 281 i BGB	F kann von K Ersatz der Renovierungskosten nach §§ 280 I, III, 281 I, 249 BGB verlangen

Entbehrlichkeit der Fristsetzung

Der Gesetzgeber erkennt einige **Ausnahmetatbestände** an, bei denen ein Anspruch auf Schadensersatz statt der Leistung auch ohne erfolglosen Ablauf einer angemessenen Frist besteht:

- Der **Schuldner verweigert die Leistung ernsthaft und endgültig** (§ 281 II Alt. 1) BGB. Hier wäre eine Nachfristsetzung sinnlos und damit nach Treu und Glauben überflüssig. Allerdings werden sehr strenge Anforderungen an diese Erfüllungsverweigerung gestellt. Es dürfen keine Zweifel daran bestehen, dass der Schuldner mit der Weigerung endgültig sein letztes Wort gesprochen hat.
- Es liegen **besondere Umstände** vor, die unter Abwägung der beiderseitigen Interessen die sofortige Geltendmachung des Schadensersatzanspruchs rechtfertigen § 281 II Alt.2 BGB.

Dies kann z. B. der Fall sein, wenn der Schuldner bei einem „Just-in-time-Vertrag" nicht termingerecht liefert.

- Dem Gläubiger ist wegen **Verletzung einer nicht leistungsbezogenen Nebenpflicht** die **Leistung** durch den Schuldner **nicht mehr zuzumuten** (§ 282 BGB). Die primäre Leistungspflicht wird zwar ordnungsgemäß erfüllt, aber durch die Verletzung von Verhaltenspflichten erfolgt dies unter Umständen, die dem Gläubiger nicht zuzumuten sind.

Ein Klavierlehrer hält zwar seine Stunden fachlich ordnungsgemäß, raucht aber in Anwesenheit der 13-jährigen Schülerin, obwohl deren Eltern dies untersagt haben. Die entnervten Eltern beauftragen für die restlichen 20 Klavierstunden einen anderen Klavierlehrer zu einem höheren Preis.

Der Umfang des Schadensersatzanspruches statt der Leistung

Es wird grundsätzlich zwischen dem „kleinen Schadensersatz" und dem „großen Schadensersatz" unterschieden.

Kleiner Schadensersatz: Der Gläubiger erhält Schadensersatz für die Differenz zwischen dem Wert der bereits erhaltenen Leistung und dem Wert der eigentlich geschuldeten Leistung. Er behält also die soweit erbrachte Leistung, wird aber durch den Schadensersatz so gestellt, wie er bei vollständig ordnungsgemäß erbrachter Leistung stehen würde.

Großer Schadensersatz: Hier erhält der Gläubiger Schadensersatz für die gesamte eigentlich geschuldete Leistung (Schadensersatz **statt der ganzen Leistung**).

Bei einer Schlechtleistung kann der Gläubiger nur dann Schadensersatz statt der ganzen Leistung verlangen, wenn die Pflichtverletzung erheblich ist (§ 281 I S. 3 BGB). Bei Teilleistung kann der Gläubiger Schadensersatz statt der ganzen Leistung nur verlangen, wenn er an der Teilleistung kein Interesse hat (§ 281 I S. 2 BGB).

Ein Restaurantbesitzer (R) bestellt 100 Stühle für je 40,– € für den Speiseraum. Vergleichbare Stühle kosten sonst 50,– €. Nach erfolglos abgelaufener Nachfrist sind noch immer nur 60 Stühle geliefert worden. Behält R die Stühle, hat er einen Schadensersatzanspruch in Höhe der 400,– €, die er nun mehr aufwenden muss, um die restlichen 40 Stühle zu erwerben („kleiner Schadensersatz"). Ist anzuerkennen, dass ihm nur mit einer vollständigen Lieferung gedient ist, da verschiedenartige Stühle im Speiseraum unangemessen sind, kann R (gegen Rückgabe der 60 Stühle) einen Schadensersatz in Höhe von 1.000,– € fordern („großer Schadensersatz").

Ersatz vergeblicher Aufwendungen

Nach § 284 BGB kann der Gläubiger anstelle des Schadensersatzes statt der Leistung den **Ersatz vergeblicher Aufwendungen** verlangen, die er im Vertrauen auf die pflichtgemäße Erfüllung der Leistung gemacht hat und billigerweise machen durfte.

Der Gläubiger verzichtet dabei mit dem Anspruch auf „Ersatz vergeblicher Aufwendungen" aus § 284 BGB auf einen möglichen Anspruch auf „Schadensersatz statt der Leistung" aus § 281 BGB. Ein möglicher Anspruch auf Schadensersatz neben der Leistung aus § 280 bleibt davon jedoch unberührt.

Die Formulierung „anstelle des Schadensersatzes statt der Leistung ...“ impliziert, dass die – je nach Pflichtverletzung – erforderlichen Tatbestandsvoraussetzungen des § 281 BGB auch für die Anwendbarkeit des § 284 BGB erfüllt sein müssen. Nur wenn der Gläubiger die rechtliche Möglichkeit hätte, Schadensersatz statt der Leistung zu erwirken, ist es ihm möglich, stattdessen den Ersatz vergeblicher Aufwendungen zu verlangen.

Um einen gekauften Oldtimer unterstellen zu können, mietet der Käufer eine Garage an. Wird der Oldtimer nicht geliefert, kann der Käufer statt eines möglichen Schadensersatzes den Ersatz der Mietkosten vom Verkäufer fordern (§284 BGB).

Schematische Übersicht zu Tatbestandsmerkmalen und Rechtsfolgen der Pflichtverletzung aus einem Schuldverhältnis

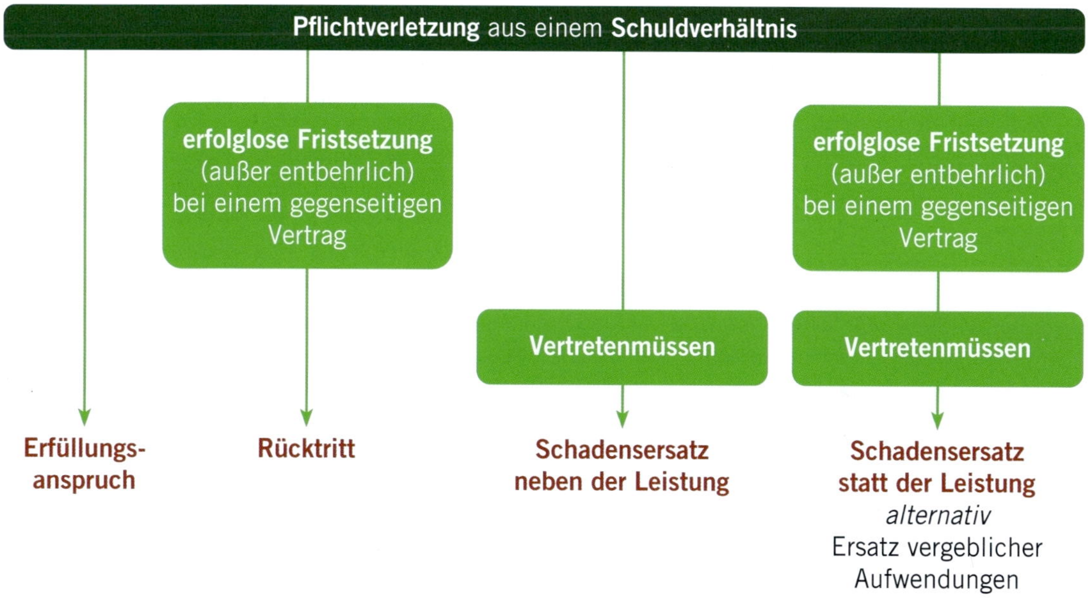

M1 Ersatzfähige Aufwendungen?

Der Handelsvertreter K will sich für seine Kundenbesuche einen neuen PKW anschaffen. Er schließt deshalb mit dem V am 1.3. einen Kaufvertrag über einen Neuwagen zum Preis von 50.000,– €. Der Wagen soll am 1.6. geliefert werden. Als am 15.6 noch immer keine Lieferung zu erwarten ist, setzt K dem V eine angemessene Frist, die erfolglos abläuft. Nach Fristablauf verlangt K von V Ersatz der Kosten für ein mobiles Navigationsgerät in Höhe von 250,– €. Dieses hatte K am 3.6. angeschafft.

nach: Achim Bönninghaus, Schuldrecht Allgemeiner Teil II, Heidelberg 2008, S. 89

Aufgaben

1. V verkauft dem K einen Verstärker der Spitzenklasse (Einzelpreis 2.500,– €) und ein darauf abgestimmtes Paar Boxen (Einzelpreis 4.000,– €) für insgesamt 4.400,– €. Die Boxen nimmt K gegen Anzahlung von 3.000,– € sofort mit. Den Verstärker hat V hingegen nicht vorrätig. Er soll ihn zwei Wochen später gegen Bezahlung des Restbetrags liefern. Allerdings liefert V den Verstärker trotz Fristsetzung und Ablauf auch nach 4 Wochen noch nicht.

a) K geht zu einem anderen Händler und erwirbt dort den gleichen Verstärker für 2.500,– €. Prüfen Sie, welchen Schadensersatz K gegen V geltend machen kann.

b) K ist verärgert, daher kauft er die gleichen Boxen (3.700,– €) und den gleichen Verstärker (2.300,– €) bei einem anderen Händler, gibt V seine Boxen zurück und möchte die gesamte Summe über 6.000,– € von V als Schadensersatz haben.
Beurteilen Sie, ob dieser Schadensersatzanspruch gerechtfertigt ist.

c) Da er den gewünschten Verstärker aktuell bei keinem anderen ansässigen Händler erwerben kann, weicht K auf ein anderes Modell für 2.500,– € aus. Da zu diesem die bisherigen Boxen nicht passen, erwirbt K andere Boxen für 3.800,– €. Die Boxen von V gibt er diesem zurück und fordert Schadensersatz in Höhe von 6.300,– €.
Beurteilen Sie, auf welche rechtliche Grundlage K seinen Anspruch stützen kann.

2. Im Fall M1 hätte K einen Schadensersatzanspruch statt der Leistung. Dieser würde aber die Kosten für das Navigationsgerät nicht einschließen. Er erwägt daher, den Ersatz vergeblicher Aufwendungen geltend zu machen.
Diskutieren Sie, ob es sich bei den Anschaffungskosten für das Navigationsgerät um vergebliche Aufwendungen gem. § 284 BGB handelt.

Z Die Systematik des Rechts der Leistungsstörungen

In einem **Schuldverhältnis** verpflichtet sich der Schuldner gegenüber dem Gläubiger, eine Leistung zu erbringen. Der Gesetzgeber unterscheidet hierbei zwischen leistungsbezogenen Haupt- und Nebenpflichten sowie den nicht leistungsbezogenen „Verhaltenspflichten". **Leistungsbezogene Pflichten** („Leistungspflichten") stehen in einem direkten Zusammenhang zu der vertraglich vereinbarten Leistung. **Nicht leistungsbezogene (Neben-)Pflichten** („Verhaltenspflichten") sind nicht Inhalt des Schuldverhältnisses, sondern Begleiterscheinungen. Es handelt sich hierbei insbesondere um Schutz-, Aufklärungs- und Rücksichtspflichten. Wird eine dieser Pflichten nicht so erfüllt, wie es der Gläubiger objektiv erwarten durfte, liegt eine **Pflichtverletzung** vor. Die Gründe, weshalb Schuldner ihre Pflichten nicht ordnungsgemäß erfüllen, sind vielfältig: Die Leistung ist nicht oder nicht mehr möglich (**Unmöglichkeit**), die Leistung erfolgt nicht rechtzeitig (**Verzögerung der Leistung**), sie erfolgt in mangelhafter Weise (**Schlechterfüllung**) oder eine **Nebenpflichtverletzung** liegt vor. Bei einer Pflichtverletzung hat der Gläubiger weiterhin den Anspruch auf ordnungsgemäße Erfüllung des Schuldverhältnisses. Möchte er jedoch neben dem **Erfüllungsanspruch** weitere Ansprüche geltend machen, so müssen weitere Tatbestandsmerkmale erfüllt sein.

Der Anspruch auf **Rücktritt** von einem gegenseitigen Vertrag (z. B. Kaufvertrag) wegen des Vorliegens einer Pflichtverletzung setzt das **erfolglose Verstreichen einer angemessenen Frist** zur Erfüllung (§ 323 I BGB) voraus. Der Gesetzgeber sieht die Erfüllung als vorrangiges Ziel aus dem Vertrag an, daher muss der Schuldner eine „zweite Chance" zur Erfüllung erhalten, bevor der Gläubiger die Leistung endgültig ablehnen darf. Nur in den in §§ 323 II, 324 BGB genannten Ausnahmefällen kann vom Gläubiger auf die Fristsetzung verzichtet werden.

Da ein Rücktritt vom Vertrag für den Schuldner mit erheblichen wirtschaftlichen Nachteilen verbunden sein kann, sieht das Gesetz nach § 323 V BGB einen weiteren Schutz des Schuldners vor: Ein Rücktritt ist bei einer Teilleistung nur zulässig, wenn der Gläubiger an dieser objektiv kein Interesse hat, bei einer Schlechterfüllung ist er nur zulässig, wenn die Pflichtverletzung nicht unerheblich ist.

In bestimmten Ausnahmefällen kann nach den §§ 323 II, 324 BGB auf die Fristsetzung verzichtet werden, zum Beispiel wenn der Schuldner die Leistung ernsthaft und endgültig verweigert.

Die Wirkungen des Rücktritts treten nicht automatisch mit Ablauf der Frist ein, sondern erst, wenn der Gläubiger eine Rücktrittserklärung abgegeben hat (§ 349 BGB).

Die zentrale Anspruchsnorm für Schadensersatz wegen Pflichtverletzung in einem Schuldverhältnis ist der § 280 I BGB. Der Anspruch auf **Schadensersatz neben der Leistung** erfordert demnach das **Vertretenmüssen** der Pflichtverletzung durch den Schuldner. Was der Schuldner zu vertreten hat, ist in den §§ 276 ff. BGB geregelt. Grundsätzlich ist jedes Verschulden, also Vorsatz und Fahrlässigkeit zu vertreten. In Sonderfällen kann jedoch eine mildere oder strengere Haftung (zum Beispiel Beschaffungsrisiko bei einer Gattungsschuld) vorliegen.

Auch für den Anspruch auf **Schadensersatz statt der Leistung** gilt § 280 I BGB, so dass **Vertretenmüssen** der Pflichtverletzung durch den Schuldner erforderlich ist. Daneben wird bei Verzögerung der Leistung oder Schlechterfüllung gem. § 280 III BGB das erfolglose **Verstreichen einer angemessenen Frist** zur Erfüllung (§ 281 BGB) gefordert.

Handelt es sich um eine Nebenpflichtverletzung ist gem. § 280 III BGB der § 282 BGB heranzuziehen.

Die Ausnahmetatbestände, die eine Entbehrlichkeit der Fristsetzung ermöglichen, sind in den §§ 281 II, 282 BGB geregelt. So kann zum Beispiel auf die Fristsetzung verzichtet werden, wenn der Schuldner die Leistung ernsthaft und endgültig verweigert.

Alternativ zu dem Anspruch auf Schadensersatz statt der Leistung kann der Gläubiger auch den **Ersatz vergeblicher Aufwendungen** verlangen (§ 284 BGB).

5 Verspätung der Leistung beim Kauf

Tagesanzeiger | **Fahrzeugmarkt** | **Montag, 17.08.**

Zu verkaufen! **Tatjana Maier, Tel. 09.....**
Kompakt-Van, 1,6 FSI, Baujahr 2/04, 116 PS, Benziner, 66.000 km, schwarzmetallic, Klimatronic, Alufelgen, scheckheftgepflegt, Top-Zustand, € 12.000,–.

Guten Tag Frau Maier, hier Bär. Ich habe Ihre Anzeige gelesen und möchte das Fahrzeug gerne kaufen.

Gerne, Herr Bär. Sie können es noch diese Woche abholen, bringen Sie einfach einen Scheck über den Kaufpreis mit.

Prima, dann hole ich es am Freitag, den 21.08. ab!

Mist, ich bekomme erst in einer Woche das Geld! Lieber erst mal nicht rühren, vielleicht wartet Frau Maier ja noch!

Gebrauchtwagenkauf

Senden Chat Anhang Adressen Schriften Farben Als Entwurf sichern

An: Konrad.Baer@wok.de
Kopie:
Betreff: Gebrauchtwagenkauf
Signatur: Signatur 1

Sehr geehrter Herr Bär, Do, 27.8.

leider sind Sie letzten Freitag nicht wie vereinbart erschienen. Da ich sie trotz mehrerer Versuche telefonisch nicht erreichen kann, weise ich Sie mit dieser E-Mail darauf hin, dass ich nur noch bis Montag den 31.08. warten werde. Da ich bereits einem weiteren Interessenten abgesagt habe, bitte ich Sie dringend, das Fahrzeug abzuholen und zu bezahlen.

Mit freundlichen Grüßen

Tatjana Maier

Guten Tag Frau Maier, hier spricht Schneider. Haben Sie den Wagen noch, obwohl heute schon der 02.09. ist?

Sie haben Glück! Der Wagen ist noch zu haben!

Kann man denn über den Preis noch verhandeln? Leider kann ich nur 11.000,– € zahlen!

Wenn Sie den Wagen morgen abholen und sofort bezahlen, bin ich bereit, für 11.000,– € zu verkaufen. Ich musste nämlich schon einen Kredit über 10.000,– € aufnehmen, um meinen Neuwagen pünktlich zahlen zu können!

1. Beschreiben Sie, welche wirtschaftlichen Nachteile Frau Maier durch die Verzögerung der Leistung durch Herrn Bär entstanden sind.
2. Beraten Sie Frau Maier unter Einbeziehung Ihres Wissens über die allgemeinen Tatbestände und Rechtsfolgen bei Leistungsstörungen, wie diese ihre Forderungen gegen Herrn Bär begründen könnte!

5.1 Verzögerte Leistung und Verzug des Schuldners

E Just in Time

Just-in-Time-Anlieferung in der Produktion.

Beurteilen Sie, warum allgemein im Wirtschaftsleben der Einhaltung von Lieferfristen eine extrem hohe Bedeutung zukommt.

Moderne Produktionsabläufe sind äußerst komplex. Die einzelnen Produktionsabschnitte sind voneinander abhängig. Verzögerungen oder Ausfälle in einzelnen Bereichen können die gesamte Produktion zum Erliegen bringen. Es drohen Produktionsausfall und erhebliche wirtschaftliche Schäden. Jedes Unternehmen ist deshalb auf zuverlässige und pünktliche Lieferung der eingekauften Waren und Dienstleistungen angewiesen, um letztlich auch die eigenen terminlichen Verpflichtungen zu erfüllen. Doch was passiert, wenn die eigene Produktion aufgrund des Lieferantenverzugs still liegt?

Autorentext

Was heißt Leistungsverzögerung?

Die **Leistungsverzögerung** setzt die **Nichtleistung trotz Fälligkeit** voraus. Im Gegensatz zur Unmöglichkeit muss die Leistung jedoch noch nachholbar sein. Somit stellt auch die Zahlungsverzögerung nur einen speziellen Fall der Leistungsverzögerung des Schuldners bei der Lieferung dar. Worauf die Nichtleistung beruht und ob der Schuldner diese zu vertreten hat, ist für das Vorliegen einer Leistungsverzögerung zunächst unerheblich.

Fälligkeit

§ 271 BGB
Leistungszeit
(1) Ist eine Leistung für die Zeit weder bestimmt noch aus den Umständen zu entnehmen, so kann der Gläubiger die Leistung sofort verlangen, der Schuldner sie sofort bewirken.

Fälligkeit herrscht ab dem Zeitpunkt, ab dem der Gläubiger die Leistung von dem Schuldner verlangen kann. Ist **keine Leistungszeit vereinbart** worden, so ist die Leistung nach § 271 BGB sofort fällig.

„Sofort“ bedeutet dabei, dass der Schuldner die Leistung schnellstmöglich erbringen muss, wenn man die unter den gegebenen Umständen objektiv notwendige Vorbereitungszeit berücksichtigt. Ist eine **Leistungszeit bestimmt**, so kann der Gläubiger die Leistung nicht vor dieser Zeit verlangen, der Schuldner sie aber vorher bewirken.

Verzug

Der Verzug ist eine besondere Ausprägung der Leistungsverzögerung. Damit dieser eintritt, müssen zusätzlichen Voraussetzungen erfüllt sein, die in § 286 BGB beschrieben sind. Es handelt sich hierbei um die **Mahnung** (§ 286 I BGB) sowie das **Vertretenmüssen** (§ 286 IV BGB) der Nichtleistung.

Ermahnen ist besser als schelten. Jenes ist sanft und freundlich, dieses hart und rücksichtslos. Jenes sucht die Fehler zu bessern, dieses nur zu überführen.

Epiktet, griechischer Philosoph

Mahnung

Ein Schuldner gerät nach § 286 I BGB grundsätzlich nur dann in Verzug, wenn er nach Eintritt der Fälligkeit gemahnt wurde. Die Mahnung ist eine empfangsbedürftige Aufforderung, die dazu dient, dem Schuldner unmissverständlich klar zu machen, dass der Gläubiger nun endlich die Erbringung der Leistung erwartet. Eine Fristsetzung oder Androhung von Folgen ist dabei nicht erforderlich, allerdings muss die geforderte Leistung eindeutig benannt sein. Dies ist insbesondere dann von Bedeutung, wenn der Gläubiger mehrere fällige Ansprüche gegen denselben Schuldner hat.

Angemessene Frist
Die Frist zwischen dem vorauszugehenden Ereignis und der Fälligkeit muss den Umständen entsprechend angemessen sein, eine Reduzierung der Frist auf Null (z. B. „sofort nach Lieferung") ist somit hinfällig.

Entbehrlichkeit der Mahnung

Die Mahnung ist entbehrlich, wenn

- die **Leistungszeit nach dem Kalender bestimmt** ist (§ 286 II Nr. 1 BGB).

Beispiele: „am 25. Mai dieses Jahres", „im Mai", „8. Kalenderwoche"

  Erforderlich ist hierbei eine vertragliche Vereinbarung, eine einseitige Festlegung durch den Gläubiger (z. B. auf der Rechnung) genügt nicht.

- die **Leistungszeit** in Abhängigkeit von dem **Eintritt eines bestimmten Ereignisses nach dem Kalender berechnet** werden kann (§ 286 II Nr. 1 BGB).

Beispiele: „14 Tage nach Lieferung", „innerhalb von 10 Tagen nach Rechnungszugang"

- der **Schuldner die Leistung** endgültig und ernsthaft **verweigert** (§ 286 II Nr. 3 BGB).
  An das Vorliegen einer derartigen Leistungsverweigerung sind sehr strenge Anforderungen zu stellen. Sie muss als das letzte Wort des Schuldners aufzufassen sein. Eine Mahnung wäre unter diesen Umständen offenkundig erfolglos und deshalb überflüssig.
- der sofortige Eintritt des Verzugs aus **besonderen Gründen** nach Abwägung der beiderseitigen Interessen gerechtfertigt ist (§ 286 II Nr. 4 BGB).

> - *Offenkundige Dringlichkeit der Leistung, z. B. Reparatur eines Wasserrohrbruchs*
> - *Selbstmahnung des Schuldners: Schuldner hat die baldige Leistung ausdrücklich angekündigt (und hält den Gläubiger dadurch von der Mahnung ab), leistet jedoch nicht*
> - *Der Schuldner ist zur Herausgabe einer durch unerlaubte Handlung erlangten Sache verpflichtet*

- **Entgeltforderung** (§ 286 III BGB)
  Der Schuldner einer Entgeltforderung kommt auch ohne Mahnung in Verzug, wenn er 30 Tage nach Fälligkeit und Zugang einer Rechnung nicht geleistet hat. Ist der Schuldner ein Verbraucher (§ 13 BGB), muss auf diese Folgen in der Rechnung jedoch gesondert hingewiesen werden.

Vertretenmüssen

Nach § 286 IV BGB kommt der Schuldner trotz Vorliegen aller anderen Verzugsmerkmale dann nicht in Verzug, wenn er die Pflichtverletzung nicht zu vertreten hat. Die Beweislast trifft dabei grundsätzlich den Schuldner, der nachweisen muss, dass er die Nichtleistung nicht zu vertreten hat. Gelingt dem Schuldner dieser Entlastungsnachweis nicht, gilt die gesetzlich vorgesehene Vermutung des Vertretenmüssens durch den Schuldner. Hier schützt der Gesetzgeber insbesondere den Käufer einer Sache. Dieser hat in der Praxis selten die Möglichkeit, dem Verkäufer nachzuweisen, dass dieser die Verzögerung der Leistung zu vertreten hat, da er meist über die genauen Umstände der Verzögerung im Unklaren ist. Dagegen ist es für den Verkäufer vergleichsweise einfach, den Beweis zu erbringen, falls er die Verzögerung der Leistung nicht zu vertreten hat.

Kompetent in Wirtschaft & Recht

erweitern – vertiefen – anwenden

M1 Verwechselungsgefahr: Mahnung und Fristsetzung

Man darf die Fristsetzung keinesfalls mit der Mahnung (§ 286 I S.1 BGB) verwechseln. Das liegt nahe, weil es sich in beiden Fällen um Erklärungen handelt, die der Gläubiger nach Fälligkeit und Nichtleistung an den Schuldner richtet. Die Ähnlichkeit wird noch größer, wenn der Gläubiger die Mahnung – was gar nicht erforderlich ist – mit einer Fristsetzung verbindet. Beispiel: Der Gläubiger schreibt als Mahnung: „Ich erwarte nunmehr die Rückgabe des reparierten Lkw bis Donnerstag, den 25. Juli“. Eine solche Erklärung ist zugleich Mahnung und Fristsetzung. Denn in jeder Fristsetzung steckt auch eine Mahnung – aber nicht in jeder Mahnung eine Fristsetzung.

Christoph Hirsch, Allgemeines Schuldrecht, 6. Auflage, München 2009, S. 178, Rn 580

M2 Zahlungsziel oder Fälligkeitstermin?

Wenn ein Schuldner eine Rechnung nicht pünktlich bezahlt, gerät er selbst dann nicht automatisch in Verzug, wenn die Zahlung laut Rechnung bis zu einem bestimmten Tag erfolgen muss. Das hat der Bundesgerichtshof (BGH) entschieden.

Die Bundesrichter wiesen die Klage einer Physiotherapeutin aus Berlin in letzter Instanz ab. Sie hatte einen Privatpatienten behandelt und stellte ihm dafür 543 Euro in Rechnung. „Den Rechnungsbetrag überweisen Sie bitte bis zum 05.10.20xx auf das rechts unten angegebene Konto“, hieß es in dem Schreiben an den Patienten. Der vergaß zu zahlen. (...)

Grundregel: Kein Verzug ohne Mahnung. Allerdings gibt es Ausnahmen. Das klingt eindeutig: „Der Mahnung bedarf es nicht, wenn für die Leistung eine Zeit nach dem Kalender bestimmt ist“, heißt es in § 286 BGB. Für Laien überraschend: Eine solche Bestimmung einer Zeit liegt nicht vor, wenn in der Rechnung bloß ein Zahlungstermin genannt wird. Nur bei einer Einigung darüber, dass der Gläubiger berechtigt sein soll, einen verbindlichen Termin zu setzen, liegt eine solche Bestimmung vor, erklären die Bundesrichter in der Urteilsbegründung. Das Datum in der Rechnung sei ein bloßes Zahlungsziel und als solches unverbindlich. Der Patient wäre also erst bei Erhalt einer Mahnung in Verzug geraten. Weil diese nicht ankam, braucht er keine Rechtsanwaltskosten und Verzugszinsen zu zahlen.

Zu beachten allerdings: Auch die Rechnung kann schon eine Mahnung enthalten. Wenn dort eindeutig klargestellt ist, dass sie bis spätestens zu einem bestimmten Datum zu zahlen ist und danach Verzugszinsen und gegebenenfalls auch Mahnkosten anfallen können, ist der Schuldner in der Pflicht. Ebenfalls möglich: Nach einer Regelung im Bürgerlichen Gesetzbuch geraten Empfänger einer Rechnung 30 Tage nach Erhalt der Rechnung in Verzug, wenn die Rechnung einen entsprechenden Hinweis enthält.

nach: www.test.de und Bundesgerichtshof, Urteil vom 25. Oktober 2007, Aktenzeichen: III ZR 91/07

Aufgaben

1. Diskutieren Sie, ob folgende Aussagen eines Schuldners als eindeutige und endgültige Leistungsverweigerung zu interpretieren sind:

a) „Freiwillig zahle ich auf keinen Fall, da werden sie schon klagen müssen."

b) „Da ich von meinem Zulieferer noch keine Nachricht erhalten habe, wann die Ware eintrifft, kann ich Ihnen noch keinen Termin für die fällige Anlieferung der Ware nennen."

c) „Sehr geehrter Herr V. Von dem gestern bei Ihnen abgeschlossenen Kaufvertrag über einen Benzinrasenmäher nehme ich hiermit Abstand. Da ich keine Verwendung für den Mäher habe, sehe ich den Vertrag als gegenstandslos an. Die Abholung meinerseits wird daher ebenso wie die Zahlung nicht mehr erfolgen."

2. Händler H verkauft am Montag dem K telefonisch einen am Tag zuvor besichtigten Gebrauchtwagen für 12.000,– €. Sie vereinbaren, dass K diesen am Mittwoch abholen kann. Der nicht im Laden tätige Sohn des H nimmt am Dienstagabend ohne Wissen des H die Autoschlüssel und den Kraftfahrzeugschein dieses Wagens aus dem verschlossenen Safe und startet mit dem Fahrzeug für 8 Tage zu einem Trip nach Italien. K setzt am Mittwoch dem vom Verschwinden des Fahrzeugs völlig überraschten H eine Frist bis Samstag, um ihm das Fahrzeug zu verschaffen. Da H seinen Sohn telefonisch nicht erreichen kann und dessen Ziel nicht kennt, kann er am Samstag das Fahrzeug – völlig schuldlos, wie er betont – nicht übereignen. Prüfen Sie, ob H sich im Lieferverzug befindet.

3. Erstellen Sie eine kurze Übersicht, in der Sie „Mahnung", „Fristsetzung" und „Zahlungsziel" voneinander abgrenzen (M1, M2).

5.2 Rechtsfolgen aus verzögerter Leistung des Schuldners

E Vergeblich auf Schrank gewartet

Ein Kunde klagt: „Im Juli habe ich in einem Möbelhaus einen Schrank bestellt und sofort bezahlt. Als Lieferzeit gab man 10 bis 14 Tage an. Als ich nach drei Wochen noch nichts gehört hatte, habe ich per E-Mail nachgefragt, wann ich mit der Lieferung rechnen könne. Daraufhin teilte man mir mit, dass die Lieferung Ende August erfolgen würde. Leider hätte sich durch Betriebsferien bei dem Lieferanten der Termin verschoben. Als im September der Schrank immer noch nicht angeliefert wurde, habe ich dem Möbelhaus schriftlich mitgeteilt, dass ich vom Vertrag zurücktrete und habe um die Rücküberweisung des Kaufpreises gebeten. Nach 5 Tagen kam letzte Woche die Antwort, dass man den Rücktritt nicht akzeptiere und der Schrank in der kommenden Woche ausgeliefert wird. Ich habe daraufhin geantwortet, dass ich an der Lieferung nicht mehr interessiert sei und nochmals um die Rückerstattung des Geldes gebeten. Gestern hat mich nun die Spedition informiert, dass die Ware zur Auslieferung bereit stehe und sie einen Termin vereinbaren möchten. Wie soll ich mich nun verhalten? Muss ich die Ware annehmen?“ *Autorentext*

Beurteilen Sie nach Ihrem bisherigen Kenntnisstand, ob der Käufer den Schrank annehmen muss.

Die Verzögerung der Leistung

Bei Verzögerung der Leistung bleiben für den Gläubiger der Erfüllungsanspruch und für den Schuldner das Erfüllungsrecht aus dem Vertrag zunächst bestehen, also zum Beispiel Übereignung der Sache oder Zahlung des Kaufpreises. Hier spiegelt sich der Grundsatz „pacta sunt servanda“ wider. Unter bestimmten Voraussetzungen ergeben sich jedoch gemäß der bereits behandelten Systematik der Leistungsstörungen weitere Rechte.

Rücktritt vom Vertrag

Bei der Leistungsverzögerung wird eine fällige Leistung nicht erbracht. Der Gläubiger kann vom gegenseitigen Vertrag zurücktreten, wenn er erfolglos eine angemessene Frist zur Leistung gesetzt hat (§ 323 I BGB), soweit die Fristsetzung nicht entbehrlich ist (§ 323 II BGB, vgl. Kapitel 4.2). Hat der Schuldner nur teilweise verspätet geliefert, so kann der Gläubiger nur dann vom ganzen Vertrag zurücktreten, wenn er an der rechtzeitig erfolgten Teilleistung kein Interesse hat (§ 323 V S. 1 BGB).

Durch die Fristsetzung hat der Verkäufer die Möglichkeit, noch einmal „alle Hebel in Bewegung zu setzen“, um die geschuldete Leistung zu erbringen. Diese zusätzliche Wartezeit muss der Käufer per Gesetz hinnehmen. Erfolgt die Lieferung allerdings auch innerhalb dieser Frist nicht, ist dem Käufer eine weitere Wartezeit nicht mehr zuzumuten. Er vertraute darauf, dass der Verkäufer pünktlich leisten kann. Selbst wenn dieser die Nichtleistung nicht zu vertreten hat, sollte der Käufer nicht weiter an einen Vertrag gebunden sein, dessen Erfüllung bereits zweimal nicht ordnungsgemäß erfolgte und weiterhin ungewiss ist. Unter dem Aspekt der Rechtssicherheit muss ihm die Möglichkeit gegeben werden, diesen Zustand der Unsicherheit zu beenden.

Herr Müller (M) ist begeisterter Heimwerker und möchte in seiner Wohnung in seinem Urlaub vom 4. bis 8. Mai eine neue Holzdecke anbringen. Er bestellt deshalb am 2. April bei der Holzbau GmbH als individuelle Spezialanfertigung 30 qm Paneelen für 500,– €. Als Liefertermin wird „ca. 2 Wochen" angegeben. Da sich die Holzbau GmbH bis zum 20. April noch nicht gerührt hat, schickt Müller dem Unternehmen eine E-Mail, in der er unmissverständlich die Paneelen einfordert, da er diese Woche noch den Lieferwagen seines Bruders zur Abholung zur Verfügung hat. Am nächsten Tag erfährt Müller bei einem Rückruf des Unternehmens, dass eine Fertigungshalle durch einen Blitzeinschlag abgebrannt sei und sich die Lieferung dadurch verzögere. Müller verlangt, dass die Ware bis zum 4. Mai geliefert sein muss. Am 6. Mai sind die Paneelen immer noch nicht angeliefert, daher ruft Müller bei der Holzbau GmbH erneut an und teilt mit, dass er nun keinerlei Interesse mehr an der Bestellung habe.

In dem Beispiel wurde als gegenseitiger Vertrag ein gültiger Kaufvertrag (§§ 145, 147, 433 BGB) geschlossen. Die Pflichtverletzung liegt in Form einer verzögerten Leistung vor. Die Holzbau GmbH hat bei Fälligkeit (§ 271 BGB) nicht geleistet, da um den 16. April geliefert werden sollte, dies aber bis 20. April noch nicht erfolgt ist. Müller hat am 21. April eine angemessene Frist zur Nachholung der Leistung gesetzt, welche erfolglos verstrichen ist (§ 323 I BGB). Am 6. Mai hat Müller mit seinem Anruf den Rücktritt gegenüber der Holzbau GmbH erklärt (§ 349 BGB) und ist damit vom Vertrag zurückgetreten (§ 323 I BGB). Da er noch keine Leistungen empfangen hat, muss er auch keine zurückgewähren (§ 346 I BGB). Ein Vertretenmüssen der Leistungsverzögerung ist für den Rücktritt nicht erforderlich!

Schadensersatz neben der Leistung

Unter den Voraussetzungen des Schuldnerverzugs (§ 286) kann der Gläubiger nach § 280 I, II BGB **Schadensersatz neben der Leistung** verlangen (vgl. Kapitel 4.3). Wenn der Schuldner die durch die Verzögerung der Leistung begangene Pflichtverletzung zu vertreten hat und zudem durch die erforderliche Mahnung nochmals ausdrücklich zur Leistung aufgefordert wurde, verdient er keine vollständige Befreiung von der Schadensersatzhaftung mehr. Erstens liegt die Ursache für die Nichtleistung in seinem Verantwortungsbereich, da er die Verzögerung zu vertreten hat. Zweitens wird er durch die Mahnung zusätzlich an seine Leistungspflicht erinnert und erhält so die Möglichkeit, durch sofortiges Nachholen der Leistung den Schadensersatzanspruch doch noch abzuwenden. Kommt er der Aufforderung zur Leistung auch dann nicht nach, so muss er für diejenigen Schäden aufkommen, die durch die Leistungsverzögerung eingetreten sind und auch durch das Nachholen der Leistung nicht mehr verhindert werden können.

Abwandlung des Ausgangsfalles: Herr Müller bestellt diesmal Paneelen aus dem angebotenen Produktsortiment. Nach dem Telefonat am 21. April mit Herrn Müller bemüht sich die Holzbau GmbH, die Ware von einem anderen Hersteller zu beschaffen, so dass Herr Müller die Bretter am 4. Mai abholen kann. Dieser muss jetzt allerdings einen Lieferwagen für 20,– € anmieten. Die Kosten für den Lieferwagen möchte er ersetzt bekommen.

Gattungsschuld
Geschuldet wird eine Sache mittlerer Art und Güte aus einer bestimmten Gattung (z. B. eine Herrenjeans der Marke Velis, Modell 608, Größe 50).

Stückschuld
Geschuldet wird ein bestimmtes Einzelstück (z. B. die Jeans, die James Dean in dem Film „Denn sie wissen nicht was sie tun" getragen hat).

In der Abwandlung des Ausgangsfalles wurde als gegenseitiger Vertrag ein gültiger Kaufvertrag (§§ 145, 147, 433 BGB) geschlossen. Die Pflichtverletzung liegt in Form einer verzögerten Leistung vor (§ 280 I BGB). Die Holzbau GmbH hat trotz Fälligkeit am 16. April nicht geliefert (§ 271 BGB). Da es sich bei den Paneelen um eine Gattungsschuld (§ 243 I BGB) handelt, hat die Holzbau GmbH die Pflichtverletzung zu vertreten (Beschaffungsrisiko § 276 I). Am 20. April ist eine Mahnung durch Müller erfolgt (§ 286 I BGB). Die Holzbau GmbH befindet sich daher seit diesem Zeitpunkt in Verzug. Die Notwendigkeit, am 4. Mai ein Fahrzeug zu mieten, ist ursächlich durch die Leistungsverzögerung hervorgerufen worden. Müller hat somit nach § 280 I, II BGB Anspruch auf Ersatz des Verzugsschadens in Höhe von 20,– € (§§ 249 ff. BGB).

Schadensersatz statt der Leistung

Aufgrund des Schuldnerverzugs (§ 286 BGB) hat der Gläubiger auch die Möglichkeit, **Schadensersatz statt der Leistung** (§ 281 BGB) zu verlangen, wenn er dem Schuldner eine Frist zur Nachholung der Leistung gesetzt hat und diese erfolglos verstrichen ist (vgl. Kapitel 4.4). Bei einer rechtzeitig erfolgten Teilleistung ist Schadensersatz statt der ganzen Leistung nur dann möglich, wenn für den Gläubiger aufgrund der teilweisen Verspätung auch das Interesse an dem rechtzeitig gelieferten Teil weggefallen ist (§ 281 I S. 2 BGB).

Anstelle des Schadensersatzes statt der Leistung kann der Gläubiger auch Ersatz vergeblicher Aufwendungen verlangen (§ 284 BGB).

Zwar wird in § 281 BGB nicht ausdrücklich auf den Schuldnerverzug (§ 286 BGB) verwiesen, sondern lediglich auf § 280 I BGB mit der Voraussetzung des Vertretenmüssens. Da jedoch jede Fristsetzung automatisch auch die Anforderungen an eine Mahnung erfüllt, sind durch die Tatbestandsvoraussetzungen des § 281 BGB auch die des Schuldnerverzugs nach § 286 BGB abgedeckt, so dass sich der Schuldner für einen Schadensersatzanspruch statt der Leistung stets in Verzug befinden muss.

Weitere Abwandlung des Ausgangsfalles: Herr Müller bestellt auch diesmal bei der Holzbau GmbH Paneelen aus dem Produktprogramm. Am 6. Mai geht Müller in das „Heimwerker Center" und erwirbt dort die gleichen Paneelen für 560,– €. Der Holzbau GmbH teilt er telefonisch mit, dass er nun keinerlei Interesse mehr an der Bestellung habe. Die Preisdifferenz von 60,– € verlangt er von der Holzbau GmbH.

In der weiteren Abwandlung des Ausgangsfalls wurde als gegenseitiger Vertrag ein gültiger Kaufvertrag (§§ 145, 147, 433 BGB) geschlossen. Die Pflichtverletzung liegt in Form einer verzögerten Leistung vor (§ 280 I BGB). Die Holzbau GmbH hat bei Fälligkeit (§ 271 BGB) nicht geleistet, da um den 16. April geliefert werden sollte, dies aber bis 20. April noch nicht erfolgt ist. Da es sich bei den Paneelen um eine Gattungsschuld (§ 243 I BGB) handelt, hat die Holzbau GmbH die Pflichtverletzung zu vertreten (§ 276 I Beschaffungsrisiko). Müller hat am 21. April eine angemessene Frist zur Nachholung der Leistung gesetzt, welche erfolglos verstrichen ist (§ 281 I BGB). Am 6. Mai hat Müller mit seinem Anruf Schadensersatz statt der Leistung verlangt (§§ 281 I, 249 ff. BGB). Da er noch keine Leistungen empfangen hat, muss er auch keine zurückgewähren (§ 281 V BGB).

Angenommen, Herr Müller hätte am 6. Mai zuerst bei der Holzbau GmbH angerufen und mitgeteilt, dass er nun keinerlei Interesse mehr an der Bestellung habe. Im Anschluss geht er in das „Heimwerker Center" und stellt fest, dass er nun 60,– € mehr bezahlen muss. Kann er nun noch Schadensersatz geltend machen?

Am 6. Mai hat Müller mit seinem Anruf den Rücktritt gegenüber der Holzbau GmbH erklärt (§ 349 BGB) und ist damit vom Vertrag zurückgetreten (§ 323 I BGB). Allerdings ist ein Schadensersatzanspruch dadurch nicht ausgeschlossen (§ 325 BGB). Müller kann also dennoch Schadensersatz statt der Leistung verlangen (§§ 281 I, 249ff. BGB).

Verzugszinsen

Der Anspruch auf Verzugszinsen stellt eine eigenständige Anspruchsgrundlage dar, deren Voraussetzungen abweichend von den Voraussetzungen des allgemeinen Schadensersatzes geregelt sind (§ 288 BGB). Denn bei einer Geldschuld kann der Gläubiger unabhängig von einem tatsächlich entstandenen Schaden grundsätzlich einen fiktiven Verzugszins (§ 288 i.V.m. § 247 BGB) fordern. Er muss also nicht nachweisen, dass durch den Verzug ein tatsächlicher Vermögensschaden aufgetreten ist.

Davon unbeschadet können darüber hinaus tatsächlich entstandene höhere Zinsaufwendungen (§ 288 III BGB) oder ein weiterer Schaden (§ 288 IV BGB) vom Gläubiger geltend gemacht werden.

Haftungsverschärfung

Mit Eintritt des Verzugs muss der Schuldner eine deutliche Haftungsverschärfung hinnehmen. Musste er vorher grundsätzlich nur Vorsatz und Fahrlässigkeit vertreten, haftet er nun auch für Zufall (§ 287 BGB), weil bei ordnungsgemäßer Vertragserfüllung die Leistung bereits erbracht worden wäre, der „Zufall" in dieser Form also gar nicht mehr hätte eintreten können.

M1 Wenn das Essen einfach nicht kommt

Wenn man einen Tisch reserviert hat und dann trotzdem warten muss, ist das ärgerlich. Allerdings ist trotz Tischreservierung eine Wartezeit von 30 Minuten zumutbar. Ist danach immer noch kein Tisch frei, kann man Schadensersatz geltend machen und beispielsweise die Anfahrtskosten fordern.

Hat man endlich einen Platz gefunden, droht das nächste Dilemma, wenn man auf die bestellten Getränke oder das Essen warten muss. Aber auf die kulinarischen Genüsse muss man nicht bis zum St. Nimmerleinstag warten. Ab einer Wartezeit von 20 bis 30 Minuten kann man Prozente von der Rechnung einbehalten.

Darf man trotz aufgegebener Bestellung nach einer bestimmten Wartezeit auch einfach aufstehen und gehen? Zwar gilt: Je gehobener die Klasse des Restaurants, desto länger muss man warten. Bei einem 5-Gänge-Menu im 4-Sterne-Restaurant ist eine Wartezeit von einer Stunde noch nicht zu lange. Danach jedoch kann man aufstehen und das Restaurant verlassen. Voraussetzung ist aber immer, dass man mehrfach erinnert hat.

Nach: www.anwalt.de (9.3.2015) und Andreas Föhr, www.fr-online.de (18.2.2015)

M2 Wie hoch dürfen Mahngebühren sein?

Zu vergessen, eine Rechnung zu bezahlen – das kann jedem einmal passieren. Meist werden dann Mahngebühren fällig, doch manche Firmen langen dabei kräftig zu. Wie viel ist zulässig?

Bevor der Rechnungssteller entstandene Kosten, wie beispielsweise Mahngebühren oder Anwaltskosten auf den Schuldner abwälzen kann, muss der Verzug eingetreten sein. Daher ist die erste Mahnung kostenfrei, es sei denn der Zahlungstermin stand in der Rechnung oder war vertraglich vereinbart und ist überschritten worden. Auch kommt man 30 Tage nach Rechnungseingang automatisch in Verzug, allerdings nur, wenn der Gläubiger zuvor auf diese Rechtsfolge hingewiesen hat.

Die Kosten für die Mahnung müssen angemessen sein. Das heißt, dass nur die tatsächlich anfallenden Kosten rechtens sind. Dazu gehören Papier und Portokosten. Verwaltungsaufwand, Personal und Technik dürfen nach der geltenden Rechtsprechung nicht mehr geltend gemacht werden. Zwar gibt es keine konkrete gesetzliche Obergrenze, trotzdem gibt es kein Urteil, bei dem mehr als 2,50 Euro an Mahngebühr zulässig war.

Daneben können Verzugszinsen gefordert werden. Bei Verbrauchern dürfen die Zinsen allerdings nicht höher als fünf Prozent über dem Basiszinssatz sein.

Nach: Herbert P. Schons, www.zdf.de/volle-kanne/top-thema-wie-hoch-duerfen-mahngebuehren-sein-36761080.html, 19.01.2015

Aufgaben

1. K erwirbt bei Händler H eine neue Waschmaschine zum Preis von 600,– €. Als Liefertermin wird der 5. Oktober vertraglich festgehalten. Zum vereinbarten Termin wird die Maschine nicht geliefert und K muss mit seiner Schmutzwäsche in den nächsten Tagen einen Waschsalon aufsuchen. Am 12. Oktober erwirbt K bei einem anderen Händler das gleiche Modell für 650,– €, der die Maschine noch am selben Tag liefert.
Erläutern Sie, welche der nachfolgenden Aussagen zutreffen.

a) H gerät erst mit einer Mahnung in Verzug.
b) H gerät durch das Ausbleiben der Lieferung am 5. Oktober automatisch in Verzug.
c) K kann von H die Kosten für den Waschsalon verlangen.
d) K konnte am 12. Oktober vom Vertrag mit H zurücktreten, weil der vertraglich festgelegte Leistungstermin die Fristsetzung gemäß §323 II Nr.2 BGB entbehrlich macht.
e) K kann von H die Differenz von 50,– € für die neue Waschmaschine gemäß §281 I, II BGB verlangen.

2. Steuerberaterin S bestellt für ihre Kanzlei Gesetzestexte bei Buchhändler B. Mit der Lieferung wird ihr eine Rechnung über 300,– € Euro überreicht, auf der folgender Satz vermerkt ist: „Wir bitten Sie, den Rechnungsbetrag innerhalb von 10 Tagen auf unser Konto zu überweisen". S vergisst die Rechnung zu begleichen.
Erläutern Sie, welche der nachfolgenden Aussagen zutrifft (M2).

a) S gerät mit Ablauf der Frist von 10 Tagen automatisch in Verzug.
b) S gerät nur in Verzug, wenn sie von B eine Mahnung erhält.
c) Ein Zinsanspruch des B besteht nur, wenn dieser einen Zinsschaden nachweisen kann.
d) Die Kosten für eine Mahnung nach 10 Tagen muss S tragen.

3. Händler H verkauft dem Kunden K am 28. Oktober ein gebrauchtes Notebook für 500,– €. Es wird vereinbart, dass K „in den nächsten Tagen" bezahlt und das Notebook dann übereignet wird. Am 3. November beichtet K dem H, dass er im Moment das Geld nicht habe, es aber bis in einer Woche auftreiben werde. Am 13. und 17. November ruft H bei K an und fordert ihn auf, endlich das Geld vorbeizubringen. Als K am 3. Dezember noch immer nicht bezahlt hat und sich ein anderer Kunde für das Notebook interessiert, ruft H bei K an und teilt diesem mit, dass er vom Vertrag zurücktritt. Er veräußert das Notebook danach für 450,– € an den anderen Kunden und verlangt von K die 50,– €, für die er das Notebook preiswerter veräußern musste. Zusätzlich verlangt er 12% Zinsen für einen Bankkredit von 500,– € für die Zeit vom 4. November bis zum 3. Dezember, den er aufnehmen musste, da K nicht wie vereinbart bezahlt hat.
Prüfen Sie im Gutachtenstil, ob H

a) die Zinsen in Höhe von 5,– € (12% von 500,– € für 30 Tage) von K fordern kann.
b) die 50,– € für den verminderten Kaufpreis von K fordern kann.

4. Belegen Sie die Rechtsinformationen aus M2 mittels der einschlägigen Paragraphen des BGB.

5. Überprüfen Sie kritisch die Hinweise in M1 unter Hinzuziehung der einschlägigen Paragraphen.

Z Verspätung der Leistung beim Kauf

Neben den generellen Regelungen des Schuldrechts hat der Gesetzgeber für einzelne Pflichtverletzungen – wie der Leistungsverzögerung – spezielle Regelungen geschaffen.

Bei der Leistungsverzögerung wird nicht geleistet, obwohl die Leistung fällig ist und grundsätzlich noch möglich wäre.

Möchte der Gläubiger wegen **verzögerter Leistung des Schuldners** vom Vertrag zurücktreten oder Schadensersatz statt der Leistung haben, ergeben sich keine Unterschiede zu den generellen Regelungen.

Zielt sein Anspruch jedoch auf **Schadensersatz neben der Leistung**, muss der Schuldner sich im **Verzug** befinden. Dies erfordert nicht nur, dass der Schuldner die Nichtleistung vertreten muss, sondern auch, dass er nach Eintritt der Fälligkeit gemahnt wurde (§ 286 I BGB). Die **Mahnung** ist eine Aufforderung an den Schuldner, die Leistung umgehend nachzuholen. Eine Fristsetzung oder Androhung von Folgen ist dabei nicht erforderlich. Gründe, warum auf die Mahnung ausnahmsweise verzichtet werden kann, sind in § 286 II BGB geregelt. Insbesondere ist die Mahnung entbehrlich, wenn die Leistungszeit nach dem Kalender bestimmt ist oder der Schuldner die Leistung endgültig und ernsthaft verweigert.

Eine weitere Besonderheit stellen bei Verzug **Geldschulden** dar. Der Schuldner einer fälligen Entgeltforderung gerät 30 Tage nach Zugang einer Rechnung auch ohne Mahnung automatisch in Verzug (§ 286 III BGB). Zudem kann nach § 288 BGB auch ein fiktiver Schaden (Verzugszins) geltend gemacht werden.

Mit Eintritt des Verzugs muss der Schuldner eine deutliche **Haftungsverschärfung** hinnehmen. Musste er vorher grundsätzlich nur Vorsatz und Fahrlässigkeit vertreten, haftet er nunmehr auch für Zufall (§ 287 BGB).

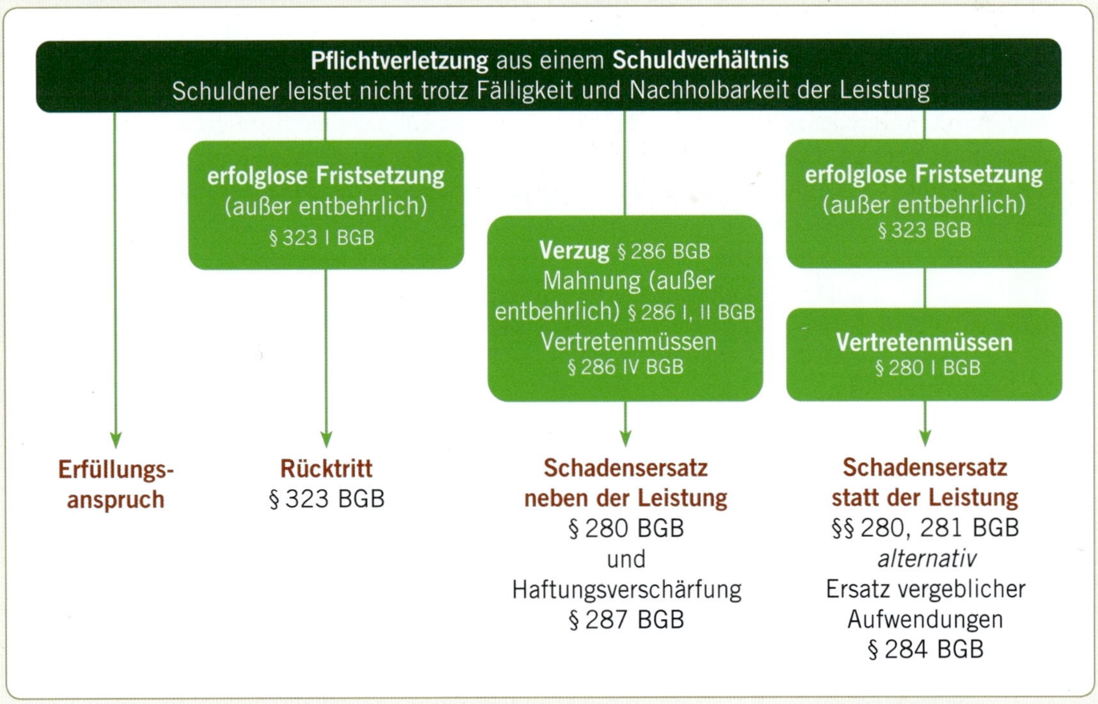

6 Mangelhafte Leistung beim Kauf

Karikatur: Tanck, eigener Text

1. Sammeln Sie mögliche Ursachen, die zu dem Auslaufen der Waschmaschine geführt haben könnten.
2. Beurteilen Sie, wer nach Ihrem Rechtsempfinden dann jeweils die entstandenen Schäden tragen sollte.
3. Zeigen Sie an weiteren Beispielen auf, warum der Schaden, der durch eine mangelhafte Sache entsteht, deren Wert deutlich überschreiten kann.

6.1 Der Begriff des Sachmangels

E Nichts als Sprüche

Im Herbst hatte der Münchner im Internet ein 15 Jahre altes Wohnmobil mit knapp 90.000 Kilometern auf dem Tacho zum Preis von 10.800 Euro erworben. Bei einer Probefahrt war das Wohnmobil ohne Schwierigkeiten angesprungen und auch noch gut gefahren. Nach der Übergabe kam der Wagen dann aber nur noch 30 Kilometer weit. Dann ging der Motor aus und konnte erst wieder gestartet werden, nachdem er sich abgekühlt hatte. Einige Zeit später ließ der Käufer das Wohnmobil reparieren: Eine neue Einspritzpumpe war fällig, die Einspritzdüsen mussten erneuert und der Kraftstofffilter ausgetauscht werden. Die Werkstattkosten von 1790 Euro verlangte der Münchner nun vom Verkäufer.

Als der sich weigerte zu bezahlen, klagte der Käufer. In der Verhandlung beim Amtsgericht pochte er darauf, dass der Verkäufer das Auto als „sofort urlaubsklar" deklariert habe. Das sei doch nur eine Anpreisung gewesen, aber keine Garantiezusage, wehrte sich der Beklagte. Er beteuerte, von den Mängeln nichts gewusst zu haben: „Bei mir ist das Wohnmobil stets gefahren, allerdings habe ich es selten genutzt."

Süddeutsche Zeitung, 31.3.2009, S.38

Bilden Sie zwei Gruppen, um die Interessen des Käufers bzw. Verkäufers zu vertreten. Entwickeln Sie dann in Partnerarbeit jeweils ein Plädoyer, um das Gericht zu überzeugen. Beurteilen Sie, welcher Argumentation sich das Gericht wohl eher anschließen würde.

Wiederholung: Pflichten aus dem Kaufvertrag

Zu den vertragstypischen Pflichten bei einem Kaufvertrag gehört, dass der Verkäufer dem Käufer die Sache frei von Sachmängeln zu verschaffen hat (§ 433 I S.2 BGB). Das Vorliegen eines Sachmangels stellt daher eine Pflichtverletzung des Verkäufers dar. Prinzipiell könnten somit alle Fälle der Mangelhaftigkeit der Kaufsache über die Regelungen zum allgemeinen Leistungsstörungsrecht abgehandelt werden. Aufgrund der hohen Bedeutung des Kaufvertrags im Alltag und um Besonderheiten des Kaufrechts gerecht zu werden, hat sich der Gesetzgeber jedoch dazu entschlossen, hierfür Sondervorschriften zu erlassen, welche die allgemeinen Regelungen ergänzen oder verdrängen: Lex specialis derogat legi generali.

Der Sachmangel

Ein Sachmangel liegt vor, wenn bei einer Sache (§§ 90, 90 a BGB) die Ist-Beschaffenheit (der tatsächliche Zustand der Sache) von der Soll-Beschaffenheit (der Zustand der Sache, wie er sein sollte) negativ abweicht. Die Sache darf zwar besser, aber nicht schlechter sein, als sie sein sollte. Folgende Arten des Sachmangels sind zu unterscheiden:

Vereinbarte Beschaffenheit

Grundsätzlich wird bei der Soll-Beschaffenheit zunächst auf die vertraglich vereinbarte (subjektive) Beschaffenheit abgestellt. Als „Beschaffenheit" gilt dabei jede Eigenschaft, die vertraglich vereinbart wurde.

> *Modedesigner Dibor versichert einer Kundin, dass das teure Abendkleid ein Unikat sei. Auf dem Wiener Opernball sieht sie am selben Wochenende eine andere Dame in dem gleichen Kleid.*

Da vereinbart wurde, dass das Kleid ein Einzelstück sei, fehlt eine vereinbarte Beschaffenheit und es liegt ein Sachmangel vor (§434 I S. 1 BGB).

Verwendungstauglichkeit

Wenn keine vertragliche Vereinbarung über die Beschaffenheit getroffen wurde, ist als nächstes zu prüfen, ob sich die Sache für die nach dem Vertrag vorausgesetzte (subjektive) Verwendung eignet (§434 I S. 2 Nr. 1 BGB).

> *Vera kauft sich ein Mountainbike für Downhill-Wettkämpfe. Der Händler rät ihr dafür zu dem Modell „Kamikaze3". Bei der ersten Fahrt in anspruchsvollem Gelände zeigt sich, dass der Rahmen der Belastung nicht standhält.*

Es wurde keine besondere Beschaffenheit für das Mountainbike vereinbart. Allerdings war für die Verwendung der Einsatz bei Downhill-Wettkämpfen zugrunde gelegt. Somit liegt auch hier ein Sachmangel vor.

Werbeaussagen

Verkäufer und Hersteller müssen künftig für die Qualitätsaussagen ihrer Werbung einstehen. Aber Achtung! Emotionale und offensichtlich überzogene Spots fallen nicht unter die Regelung. Pauschale Aussagen wie „Das beste Waschmittel, das es je gab!" beschreiben keine bestimmte Eigenschaft der Sache und reichen daher als öffentliche Äußerung nicht aus. Es fehlt der Bezug auf ein bestimmtes Beschaffenheitsmerkmal.

Gewöhnliche Verwendung und übliche Beschaffenheit

Haben sich die Vertragsparteien weder über Beschaffenheit noch über Verwendungszweck der Sache verständigt, wird ergänzend auf objektive Kriterien zurückgegriffen: Die Sache muss sich gemäß ihres Alters und ihres Allgemeinzustandes zur gewöhnlichen Verwendung eignen und eine Beschaffenheit aufweisen, die bei Sachen der gleichen Art üblich und zu erwarten ist (§434 I S. 2 Nr. 2). Hierzu gehören auch Eigenschaften, die der Käufer nach öffentlichen Äußerungen (z.B. Werbung, Kennzeichnung der Ware/Verpackung) des Verkäufers oder Herstellers erwarten kann (§434 I S. 3 BGB).

> *Markus erwirbt auf einer neuen DVD ein Live-Konzert einer bekannten Band. Zwischendurch fällt bei der DVD immer wieder der Ton aus.*

Auch ohne besondere Vereinbarungen kann ein Käufer davon ausgehen, dass eine neue DVD durchgehend mit Bild und Ton läuft.

Vorrang der Privatautonomie
Gemäß dem Schutz der Privatautonomie sind die Vereinbarungen der Parteien der Ausgangspunkt der Prüfung. Entscheidend ist zunächst, was vereinbart wurde, nicht was üblich ist. Daher muss das Vorliegen eines Sachmangels zwingend in der Reihenfolge „Fehlen der vereinbarten Beschaffenheit" → „Fehlen der Verwendungstauglichkeit" → „Fehlende Eignung für die gewöhnliche Verwendung *oder* Fehlen der üblichen Beschaffenheit" geprüft werden!

Unsachgemäße Montage oder mangelhafte Montageanleitung

Bei der unsachgemäßen Montage (§ 434 II BGB) können zwei Varianten unterschieden werden:

- Eine unsachgemäße Montage führt zu einem Mangel an der Sache, die vorher mangelfrei war.

> *Der Händler beschädigt das Navigationsgerät beim Einbau in das Auto.*

- Fehlerhafte Montage, ohne dass die Sache selbst davon mangelhaft wird.

> *Der Händler befestigt den Antennenanschluss nicht richtig, so dass sich dieser löst und das Navigationsgerät keinen TMC-Empfang zur automatischen Berücksichtigung von Staumeldungen mehr hat.*

Die Montage muss hierbei eine vertragliche Pflicht des Verkäufers darstellen, darf also z. B. nicht nur aus Kulanz erfolgen. Unerheblich ist allerdings, ob der Verkäufer die Montage selber durchführt oder ob er sich dabei eines Dritten bedient.

Ist vorgesehen, dass die Sache von dem Käufer selbst montiert wird, gilt die **Montageanleitung** als **mangelhaft**, wenn sie für einen durchschnittlichen Käufer unverständlich ist („IKEA-Klausel"). Denn in diesen Fällen ermöglicht es dem Käufer erst die einwandfreie Montageanleitung, dass er die Sache ordnungsgemäß montieren und somit nutzen kann. Gelingt die fehlerfreie Montage jedoch trotz mangelhafter Anleitung, liegt kein Sachmangel vor. Als Montageanleitung gilt jede Anleitung, die für den Zusammenbau, Anschluss, das Aufstellen oder den Einbau der Kaufsache erforderlich ist, nicht jedoch eine Gebrauchs- oder Bedienungsanleitung.

Aliud- und Minderlieferung
Hier liegt kein Sachmangel im eigentlichen Sinne vor. Diese beiden Tatbestände werden in den weiteren Voraussetzungen und in den Rechtsfolgen lediglich genauso wie ein Sachmangel behandelt.

Aliud- und Minderlieferung

Wenn der Verkäufer eine andere als die geschuldete Sache („Aliud") oder eine zu geringe Menge liefert, wird dieser Umstand einem Sachmangel gleichgestellt (§ 434 III BGB). Eine Teillieferung gilt jedoch nicht als Minderlieferung. Im Gegensatz zur Minderlieferung, bei der der Verkäufer schlichtweg zu wenig liefert, wird bei der Teillieferung ersichtlich, dass der fehlende Teil noch geliefert werden soll. (Ggf. könnten hier Ansprüche aus Verzögerung der Leistung entstehen).

> **Minderlieferung:** *Das Fliesenfachgeschäft liefert nur 45 qm statt 50 qm der Terrakottafliesen aus einer Charge.*
> **Teillieferung:** *Das Versandhaus schickt nur einen Teil der Bestellung mit dem Hinweis, dass die noch fehlende Ware innerhalb von 14 Tagen geliefert wird.*

Der maßgebliche Zeitpunkt

Für das Vorliegen eines Sachmangels muss der Fehler – zumindest im Keim – bereits bei Gefahrübergang vorhanden gewesen sein (§§446ff. BGB). Das bedeutet, dass der Fehler zwar noch nicht aufgetreten sein muss, aber die Ursache für dessen späteres Erscheinen liegt bereits in der Sache begründet.

Ein spülmaschinengeeignetes Essbesteck wird aus nicht rostfreiem Stahl gefertigt. Obwohl es zum Zeitpunkt des Gefahrübergangs noch nicht rostet, ist der Fehler im Keim bereits vorhanden – die Verwendung eines ungeeigneten Stahls.

Gefahrübergang bezeichnet dabei den Zeitpunkt, ab dem ein Schaden, der durch eine zufällige Verschlechterung oder Zerstörung der Sache entsteht, von dem Käufer getragen werden muss.

Grundsätzlich ist der Zeitpunkt des Gefahrübergangs die Übergabe der Sache an den Käufer (§446 BGB).

Vor Gefahrübergang ist ein Fehler dagegen rechtlich irrelevant. Dem Verkäufer bleibt bis zur Übergabe der Sache noch die Möglichkeit, den Mangel rechtzeitig zu beseitigen und dadurch ordnungsgemäß zu erfüllen.

Kenntnis des Käufers

Der Verkäufer braucht einen Mangel nach §442 I BGB nicht zu vertreten, wenn der Käufer den Mangel bereits bei Vertragsschluss kennt.

Der Verkäufer des Factory-Outlet-Centers weist darauf hin, dass die Ware II. Wahl mit kleinen Fehlern ist.

Das Gleiche gilt, wenn der Käufer den Mangel infolge grober Fahrlässigkeit nicht kannte – es sei denn, der Verkäufer hat den Mangel arglistig verschwiegen oder eine Beschaffenheitsgarantie übernommen.

Der Verkäufer garantiert die Unfallfreiheit des Gebrauchtwagens. Durch diese Beschaffenheitsgarantie muss der Verkäufer einen Unfallschaden auch dann vertreten, wenn der Käufer diesen aufgrund grober Fahrlässigkeit nicht kannte.

Grobe Fahrlässigkeit liegt jedoch nur vor, wenn die erforderliche Sorgfalt in besonders schwerem Maße vernachlässigt wurde.

Grobe Fahrlässigkeit liegt zum Beispiel vor, wenn der Kunde, ohne darauf zu achten, Lebensmittel kauft, die das aufgedruckte Haltbarkeitsdatum bereits überschritten haben. Denn dies stellt eine Warnung vor Mängeln dar.

M1 Fallbeispiel

Ein Hauseigentümer hat einen Kaufvertrag über eine Solaranlage inklusive Montage auf dem Gebäude abgeschlossen. Für die Zuleitungen ist im Vertrag die Verwendung des Fabrikats „SolarProFlex“ vorgesehen. Der Auftragnehmer weicht hiervon ab, weil er derzeit das Fabrikat „SunSecure“ weit günstiger erhalten kann. Beide Leitungssysteme sind technisch absolut gleichwertig. Der Käufer verlangt dennoch die Entfernung und den Einbau des Fabrikats „SolarProFlex“. Der Verkäufer weigert sich und weist auf die technische Gleichwertigkeit hin.

Autorentext

Aufgaben

1. Beurteilen Sie, ob in M1 durch die Verwendung eines anderen, gleichwertigen Leitungssystems ein Sachmangel vorliegt.

2. Ordnen Sie die nachfolgenden Mängel konkret einer Sachmangelart zu und begründen Sie Ihre Entscheidung.

a) Der neu gekaufte Wohnzimmerschrank wird vom Möbelhaus wie vertraglich vereinbart geliefert und aufgebaut. Bei dem Zusammenbau verziehen sich jedoch die Seitenwände, so dass die Türen nicht mehr richtig schließen.
b) Der Getränkehändler liefert Orangenlimonade statt Zitronenlimonade.
c) Der Kunde erwirbt eine Regenjacke. Nach den ersten Regentropfen ist die Jacke durchgeweicht und der Kunde nass.
d) Der Kunde möchte eine atmungsaktive und wasserundurchlässige Jacke. Der Verkäufer rät daher zu dem Modell „Dryactive Plus“. Bei der ersten Bergtour stellt der Käufer fest, dass die Jacke keine Luftzirkulation zulässt.

6.2 Rechtsfolgen aus dem Vorliegen eines Sachmangels

E Defekte Technik

Der Urknall ist genau datiert. Am 17. April 2008 macht es zum ersten Mal bum. Eine Dame aus dem Rheinland meldet sich bei einem Hersteller für automatische Kaffeemaschinen. Ihre Küche sähe wüst aus, die Kaffeemaschine wüster. Das Gerät sei wohl geplatzt.

Matthias Pyroth denkt sich nicht viel dabei. In der Abteilung Consumer Care, die er leitet, erlebt man ja so einiges. Allein dieser Typ damals, der wegen seines angeblich explodierten Toasters anrief. Kein Wunder, wenn man im Schrank darüber die CO_2-Patronen für den Wassersprudler lagert und eine in den Toaster kullern lässt! Als Anfang Juni aber die nächste Kaffeemaschine in die Luft geht, wird Pyroth hellhörig.

Ein holländisches Labor versucht, den Urknall zu rekonstruieren. Was in den Niederlanden im Dezember herausgefunden wird, alarmiert die Manager: Wer seine Kaffeemaschine aus bestimmten Baureihen nicht regelmäßig entkalkt – also die überwiegende Mehrzahl der Käufer –, riskiert, dass der Boiler des Geräts platzt. Dabei können nicht nur Gehäuseteile durch die Küche fliegen, sondern theoretisch auch Stromkabel freigelegt werden.

nach: Gregor Kessler, Der Stern, 7.8.2009

Diskutieren Sie in Gruppen, welche Rechte Sie den Käufern der Kaffeemaschine aufgrund des festgestellten Sachmangels zugestehen würden.

Vorrangige Rechte beim Sachmangel

Liegt ein Sachmangel vor, so hat der Käufer zunächst einen Nacherfüllungsanspruch – auch wenn es sich nur um einen unerheblichen Mangel handelt (§§437 Nr. 1, 439 BGB). Er kann dann grundsätzlich die Beseitigung des Mangels (**Nachbesserung**) oder die Lieferung einer mangelfreien Sache (**Ersatzlieferung**) verlangen. Die Wahl der Art der Nacherfüllung liegt beim Käufer. Etwaige Kosten der Nacherfüllung muss der Verkäufer tragen (§439 II BGB). Der Verkäufer kann die gewählte Art der Nacherfüllung nur dann verweigern, wenn diese mit unverhältnismäßig hohen Kosten verbunden wäre (§439 III BGB). Der Verkäufer soll dadurch vor ungerechten Nacherfüllungsverlangen des Käufers geschützt werden.

Ersatzlieferung
Eine Ersatzlieferung kommt in der Regel nur bei einem Gattungskauf in Frage. Prinzipiell ist sie jedoch auch bei einer Stückschuld denkbar, wenn die Kaufsache durch eine andere, gleichwertige ersetzt werden kann. Bei gebrauchten Sachen wird die Vergleichbarkeit jedoch in der Regel fehlen.

Die lackierte Stoßstange des an den Kunden gelieferten Neuwagens weist einige kleinere Kratzer auf. Der Autohändler verweigert die Ersatzlieferung aufgrund der hohen Kosten. Stattdessen lackiert er die komplette Stoßstange neu.

Nachrangige Rechte

Soweit ein Anspruch auf Nacherfüllung besteht, hat dieser Vorrang vor den sonstigen Mängelrechten. Im Vordergrund steht für den Gesetzgeber die Umsetzung des ursprünglichen Erfüllungsanspruchs. Dem Verkäufer soll noch eine zweite Chance gegeben werden, den Vertrag ordnungsgemäß zu erfüllen. Allerdings soll der Käufer hierauf nicht beliebig lange warten müssen. Er kann dem Verkäufer eine angemessene Frist zur Beseitigung des Mangels setzen. Verstreicht diese Frist erfolglos, kann der Käufer weitere Rechte geltend machen. Außerdem gilt die Nachbesserung grundsätzlich nach dem zweiten erfolglosen Versuch als fehlgeschlagen.

Als Ausnahme gilt: Verweigert der Verkäufer beide Arten der Nacherfüllung, ist die Nacherfüllung fehlgeschlagen oder dem Käufer nicht zuzumuten, stehen dem Käufer auch ohne Fristsetzung die nachrangigen Rechte zu, sofern ggf. die weiteren Voraussetzungen erfüllt sind (§ 440 BGB).

- **Rücktritt vom Vertrag (§ 323 BGB)**

Nach erfolglosem Fristablauf kann der Käufer gem. §§ 437 Nr. 2, 323 BGB vom Vertrag zurücktreten. Dies gilt nicht, wenn die Pflichtverletzung des Verkäufers unerheblich ist (§ 323 V S. 2 BGB). Der Gesetzgeber möchte den Verkäufer davor schützen, dass der Käufer einen „Bagatellfehler" zum Anlass nimmt, sich von dem Vertrag zu lösen. Denn schließlich steht der Verkäufer für den Mangel gerade, auch wenn er ihn nicht vertreten muss!

- **Minderung (§ 441 BGB)**

Alternativ zum Rücktritt kann der Käufer auch den Kaufpreis mindern (§§ 437 Nr. 2, 441 BGB). Dieses Recht steht ihm auch bei unerheblichen Mängeln zu, da sich die Geringfügigkeit des Mangels in der Geringfügigkeit der Kaufpreisminderung widerspiegelt.

- **Schadensersatz statt der Leistung (§ 281 BGB)**

Beschaffungsrisiko

Das „Beschaffungsrisiko" im Sinne des § 276 BGB umfasst nur die rechtzeitige Beschaffung der Sache, nicht jedoch deren Qualität.

Beachten Sie die negative Formulierung des § 280 I S. 2 BGB („Dies gilt nicht..."). Dies führt dazu, dass Vertretenmüssen grundsätzlich vermutet wird, soweit sich aus dem Sachverhalt nichts Gegenteiliges ergibt.

Der Schadensersatzanspruch statt der Leistung (§§ 437 Nr. 3, 281 BGB) erfordert neben dem erfolglosen Fristablauf zusätzlich, dass der Verkäufer die Mangelhaftigkeit der Sache oder der Nacherfüllung zu vertreten hat (§§ 280 I, III, 276 BGB). Dies setzt voraus, dass dieser fahrlässig oder vorsätzlich gehandelt hat (§ 276 BGB) oder eine Garantie für die Beschaffenheit der Sache übernommen wurde (§§ 276 I, 443 BGB).

Liegt zum Ablauf der Frist keine erfolgreiche Nacherfüllung vor, kann der Käufer auf jeden Fall den „kleinen" Schadensersatzanspruch geltend machen: Er verzichtet auf die Nacherfüllung („**statt der kleinen Leistung**"), behält also die mangelhafte Sache, und erhält die Wertdifferenz zwischen mangelfreier und mangelhafter Sache. Hierzu gehören auch Kosten, die dem Käufer durch die Beseitigung des Mangels (z. B. Reparatur bei einem anderen Händler) entstehen.

Der „große" Schadensersatzanspruch setzt voraus, dass der Mangel nicht unerheblich ist (§ 281 I S. 3 BGB). Der Käufer gibt dann die Kaufsache zurück („**statt der ganzen Leistung**") und erhält neben der Kaufpreiserstattung den gesamten Schaden (z. B. Kosten für Ersatzbeschaffung, entgangener Gewinn) ersetzt.

Anstelle des Schadensersatzes statt der Leistung kann der Käufer auch den Ersatz vergeblicher Aufwendungen verlangen (§ 284 BGB, vgl. auch Kapitel 4.4)

Mangelfolgeschäden (Schadensersatz neben der Leistung)

Der **Schadensersatz neben der Leistung** (**§§437 Nr. 3, 280 I BGB**) bezieht sich auf die sog. Mangelfolgeschäden. Hierbei fordert der Käufer den Ersatz derjenigen Schäden, die durch die Mangelhaftigkeit der Sache endgültig eingetreten sind, also auch durch eine erfolgreiche Nacherfüllung nicht mehr verhindert werden können.

Durch die explodierte Kaffeemaschine wurde die Wand in der Küche so stark verschmutzt, dass diese neu gestrichen werden muss.

Die verschmutzte Wand stellt einen Mangelfolgeschaden dar, denn auch durch eine schnelle Nacherfüllung (z. B. Ersatzlieferung) kann der Schaden nicht mehr abgewendet werden. Ein Schadensersatzanspruch für den Mangelfolgeschaden (z. B. die Kosten des Streichens der Küche) setzt entsprechend der allgemeinen Systematik der Ansprüche aus Leistungsstörungen lediglich voraus, dass der Verkäufer den Sachmangel oder die nicht ordnungsgemäße Nacherfüllung zu vertreten hat (§ 280 I BGB). Er muss also fahrlässig oder vorsätzlich gehandelt haben (§ 276 BGB) oder eine Garantie für die Beschaffenheit der Sache wurde übernommen (§§ 276 I, 443 BGB).

Vertretenmüssen liegt auch vor, wenn der Verkäufer zwar den Mangel selbst nicht zu vertreten hat, aber diesen kannte oder kennen musste.

Eine Fristsetzung ist nicht erforderlich, da der Käufer neben dem Schadensersatz nach Maßgabe der §§ 249 ff. BGB weiterhin die Erbringung der Leistung (z. B. Ersatzlieferung einer neuen Kaffeemaschine) möchte.

Verjährung der Mangelansprüche

Den Anspruch auf Nacherfüllung muss der Schuldner gegen sich geltend machen lassen, obwohl er den Sachmangel nicht kannte und nicht zu vertreten hat. Dies stellt für ihn ein nicht unerhebliches wirtschaftliches Risiko und eine Unwägbarkeit dar, der nach einer gewissen Zeit ein Ende gesetzt werden muss. Zudem wird es mit zunehmendem Zeitablauf auch immer schwieriger festzustellen, ob der Mangel bei Gefahrübergang bereits vorhanden war. Daher verjähren Mangelansprüche gem. § 438 I Nr. 3 BGB regelmäßig nach 2 Jahren. Nach Eintritt der Verjährung ist der Schuldner dann berechtigt, die Gewährleistungsansprüche zu verweigern (§ 214 I BGB).

Ansprüche sollten rechtzeitig geltend gemacht werden.

Burkhard Mohr, Baaske-Cartoons

Eine Verlängerung der Frist ergibt sich ausnahmsweise nach § 438 I Nr. 2 und Nr. 1 BGB (Bauwerke bzw. dingliche oder im Grundbuch eingetragene Rechte).

Eine weitere Sonderregelung enthält § 438 III BGB: Wenn der Verkäufer den Mangel arglistig verschwiegen hat, gelten (außer bei Rechten) die regelmäßigen Verjährungsfristen nach §§ 195 ff. BGB.

Die Verjährung beginnt nach § 438 II BGB mit der **Ablieferung** der Sache an den Käufer. Dies ist der Zeitpunkt, an dem die Sache in den unmittelbaren Besitz des Käufers gelangt und wird meist mit der Übergabe einhergehen, so dass sich dann Gefahrübergang (§ 446 BGB) und Verjährungsbeginn (§ 438 II BGB) decken.

Übersicht über die möglichen Rechtsfolgen bei einem Sachmangel

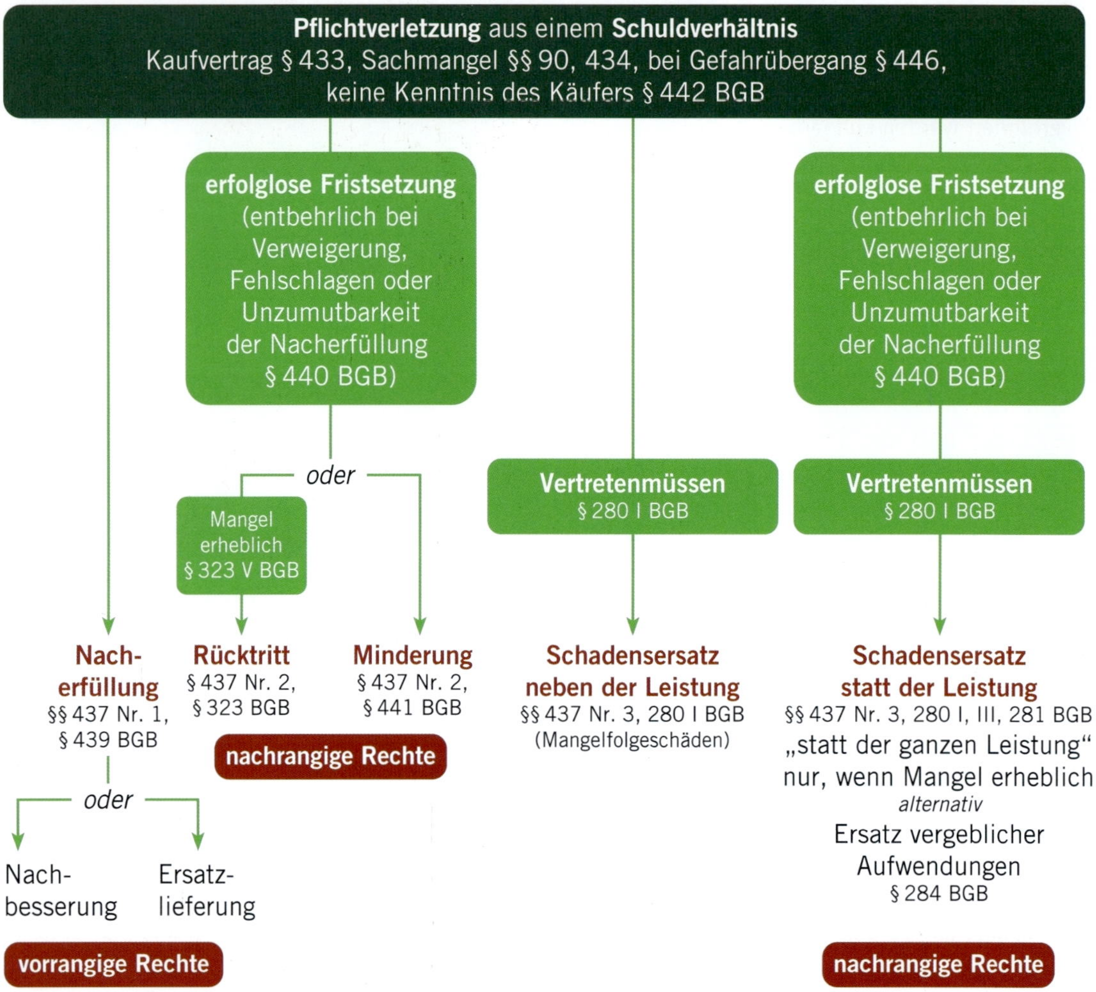

M1 Umtausch

Ein gesetzlich geregeltes Umtauschrecht bei fehlerfreier Ware gibt es nicht. Mittlerweile tauschen die meisten Händler Waren aus Kulanz um. Sie müssen aber keineswegs den Kaufpreis erstatten, sondern stellen in der Regel einen Gutschein aus. Wer sich nicht sicher ist, ob das Geschenk gefällt, sollte sich vor dem Kauf nach einer freiwilligen Umtauschmöglichkeit erkundigen und sich das ggf. auf dem Kassenbon bestätigen lassen. Zurückgebrachte Artikel müssen selbstverständlich einwandfrei sein. Der Verkäufer kann außerdem auf die Rückgabe der Verpackung bestehen.

www.verbrauchernews.de (5.3.2015)

M2 Garantie und Gewährleistung – was ist der Unterschied?

Im alltäglichen Sprachgebrauch werden diese beiden Begriffe oftmals synonym verwendet. Aus juristischer Sicht sind Garantie und Gewährleistung allerdings strikt voneinander zu unterscheiden.

Es besteht kein gesetzlicher Anspruch des Käufers auf Garantie. Vielmehr ist die Garantie eine freiwillige Verpflichtungserklärung des Herstellers gegenüber dem Kunden, die zusätzlich zur gesetzlichen Gewährleistungspflicht besteht und über den geschlossenen Vertrag hinausgeht. Etwaige Ansprüche aus einer Garantiezusage muss der Käufer somit gegenüber dem Hersteller vorbringen. Garantieversprechen zielen als besondere Dienstleistung des Herstellers darauf ab, das Vertrauen der Kunden in das Produkt und den Hersteller zu stärken.

Der Inhalt dieses Versprechens ist frei gestaltbar, weshalb der Hersteller Umfang und Geltungszeitraum der Garantie selbst bestimmen kann. Üblicherweise bezieht sich das Garantieversprechen auf die Funktionsfähigkeit bestimmter Produktteile über einen genau festgelegten Zeitraum (z. B. zwei oder fünf Jahre). Im Gegensatz zur Gewährleistung ist es hierbei unerheblich, ob die Mängel bereits zum Zeitpunkt des Gefahrübergangs (i. d. R. Übergabe) an den Kunden bestanden haben oder nicht. Die Garantieerklärung befindet sich meist auf einer gesonderten Urkunde, die in der Verpackung dem Produkt beigelegt wurde. Um sich auf die Garantie zu berufen, ist es empfehlenswert, dass diese Urkunde mit dem Kassenbon aufbewahrt wird. Einige Hersteller fordern für die Berufung auf die Garantie sogar, dass der Kunde sich im Internet registriert, damit der Hersteller auf diese Weise Kenntnis darüber erlangt, wann der Kunde das Produkt gekauft hat und verwendet.

Die Gewährleistung oder Mängelhaftung betrifft die rechtlichen Regelungen, die dem Käufer im Rahmen des Kaufvertrages zustehen, wenn der Verkäufer ihm eine mangelhafte Ware oder Sache geliefert hat. Die Gewährleistungsansprüche stehen dem Käufer im Vergleich zur Garantie kraft Gesetzes zu. Der Käufer hat daher bei jedem Produkt, das bereits zum Zeitpunkt des Gefahrübergangs Mängel aufgewiesen hat, einen Anspruch auf Gewährleistung gegenüber dem Verkäufer. Die Ansprüche sind im Rahmen der Gewährleistung binnen einer Frist von 24 Monaten geltend zu machen.

Durch eine eingeräumte Garantiezusage kann die gesetzliche Mängelhaftung weder verringert noch außer Kraft gesetzt werden. Wird eine Garantiezusage gemacht, besteht sie also zusätzlich zur gesetzlichen Gewährleistung. Der Verkäufer der mangelhaften Ware kann sich seiner Verpflichtung aus der Gewährleistung nicht entziehen, indem er den Kunden an den Hersteller verweist. Der Kunde ist berechtigt, beim Verkäufer seine Ansprüche geltend zu machen. Dem Verkäufer selbst steht allenfalls ein Regress gegenüber dem Hersteller zu.

Nach: Beatrice Farkalits-Moser, www.jurarat.de/garantie-und-gewaehrleistung-was-ist-der-unterschied, 9.2.2015

M3 Wann kann der Käufer Schadensersatz wegen Lieferung einer mangelhaften Sache verlangen?

Das Vorliegen eines Sachmangels ist die grundlegende Voraussetzung, um als Käufer von seinen Gewährleistungsrechten Gebrauch zu machen. Sie als Käufer müssen im Mangelfall immer zuerst den Verkäufer zur Nacherfüllung auffordern und ihm die Sache bereitstellen, damit er seiner Pflicht nachkommen kann.

Hat sich der Verkäufer auf die Aufforderung nicht gerührt oder war er nicht in der Lage, den Mangel zu beseitigen oder eine neue Sache zu liefern, stehen dem Käufer im Anschluss daran die Rechte aus dem Katalog des § 437 BGB zu. Allerdings sollte jetzt dem Verkäufer schriftlich und nachweisbar eine Frist zur ordnungsgemäßen Leistung gesetzt werden. Der Käufer hat dann diese Möglichkeiten:

Er kann vom Kaufvertrag zurücktreten und so die Rückabwicklung des Kaufvertrages erreichen.

Alternativ oder auch zusätzlich zum Rücktritt vom Kaufvertrag kann der Käufer Schadensersatz vom Verkäufer verlangen. Denn er hat mit der Lieferung einer mangelhaften Sache eine Pflicht aus dem Kaufvertrag verletzt. Unabhängig von der vorangegangenen Nacherfüllung kann jedoch immer auch Schadensersatz für solche Schäden verlangt werden, die lediglich auf dem Sachmangel beruhen und an einer anderen Sache als der Kaufsache entstanden sind (sog. Mangelfolgeschäden). So kann z. B. Ersatz für eine durch einen Brand wegen eines defekten Toasters beschädigte Küche verlangt werden.

Nach: Einbock GmbH, www.juraforum.de/ratgeber/kaufrecht/gewaehrleistung-im-kaufrecht-ihre-rechte-als-kaeufer-bei-maengeln, 11.11.2014

M4 „Reduzierte Ware ist vom Umtausch ausgeschlossen“

Der Schnäppchenjäger Max kauft sich im Kaufhaus H&H ein im Preis reduziertes Hemd für 35,– € und eine Hose für 50,– €. An der Kasse steht das Schild „Reduzierte Ware ist vom Umtausch ausgeschlossen“. Zu Hause, beim Auspacken der Ware, stellt Max fest, dass die gerade gekaufte Hosengröße doch zu klein ist. Zudem entdeckt er an dem Hemd ein Loch im Ärmel. Am nächsten Tag fährt er zu H&H, um Hemd und Hose umzutauschen. Der Verkäufer weist jedoch darauf hin, dass dies wegen des reduzierten Preises nicht möglich sei.

Autorentext

M5 Im Steakhouse

Sie bestellen sich voller Vorfreude in dem Steakhouse „Argentina“ ein 300g Steak für 20,90 €. Als der Ober das Essen bringt, stellen Sie jedoch enttäuscht fest, dass das Steak deutlich zu klein ist und tatsächlich nur 200g wiegt. Auf Ihre Beschwerde antwortet der Ober nur knapp, dass die Steaks alle diese Größe haben und Sie sich damit schon zufrieden geben müssten. Vor dem Grillen hätte es im Rohzustand noch 300 g gewogen. Er würde ihnen keinesfalls ein anderes Steak bringen, denn dieses sei ja qualitativ völlig in Ordnung. Er sei zudem sicherlich nicht bereit, Ihnen ein anderes Steak zu halbieren und zusätzlich zu servieren.

Da Sie jedoch wissen, dass sich die Gewichtsangabe in der Speisekarte auf das gegrillte Steak beziehen muss, weigern Sie sich nach dem Essen den vollen Preis zu zahlen und begleichen lediglich 14,00 €. Der Restaurantbesitzer Pablo García Fernández droht Ihnen nun mit einer Anzeige.

Autorentext

Aufgaben

1. Vergleichen Sie die gesetzlichen Regelungen zum Anspruch auf Ersatzlieferung aus Gewährleistung mit den dargestellten Kriterien des Umtauschs (M1).
2. Zeigen Sie die Unterschiede zwischen einer Garantie (§443 BGB) und der Gewährleistung auf (M2).
3. Ein Käufer bringt nach 5 Monaten ein defektes Gerät wegen eines Produktionsfehlers zurück ins Geschäft und hört den Satz: „Das müssen wir zum Hersteller einschicken, es hat ja noch Garantie". Beurteilen Sie, ob sich der Käufer an den Hersteller verweisen lassen muss. Belegen Sie ihre Entscheidung mit den einschlägigen Paragraphen des BGB.
4. Zeigen Sie mittels der Paragraphen des BGB, dass die Auskunft des Ratgebers in M3 zu den Voraussetzungen eines Schadensersatzanspruches aus Sachmängelhaftung nicht vollständig den Tatsachen entspricht.
5. Prüfen Sie im Gutachtenstil, ob Max vom Verkäufer verlangen kann, dass

   a) das Hemd
   b) die Hose „umgetauscht" werden (M4).
6. Prüfen Sie, ob der Käufer aus M1, Kap. 6.1 aufgrund des vorliegenden Sachmangels

   a) Nacherfüllung verlangen kann.
   b) erfolgreich vom Vertrag zurücktreten oder einen Preisnachlass fordern kann.
   c) einen Anspruch auf Schadensersatz neben der Leistung hat.
7. Verfassen Sie einen juristischen Brief an den Restaurantbesitzer Pablo García Fernández, in dem Sie ihm darlegen, dass Sie rechtlich korrekt gehandelt haben. Beziehen Sie sich dabei auf die rechtlichen Regelungen zum Kaufvertrag (M5).

Z Mangelhafte Leistung beim Kauf

Eine der häufigsten Leistungsstörungen beim Kauf stellt der **Sachmangel** dar. Die Arten des Sachmangels werden in §434 BGB detailliert aufgelistet. Es handelt sich dabei um

- das **Fehlen einer vereinbarten Beschaffenheit**,
- das **Fehlen der Verwendungstauglichkeit**,
- das **Fehlen der üblichen Beschaffenheit** oder
- die **fehlende Eignung für die übliche Verwendung**,
- eine **unsachgemäße Montage** oder **mangelhafte Montageanleitung**
- sowie die **Aliud- oder Minderlieferung**.

Allerdings gilt ein Fehler an der Sache nur dann als Sachmangel im Sinne des §434 BGB, wenn dieser bereits bei **Gefahrübergang** – zumindest im Keim – vorhanden gewesen ist (§§446ff. BGB) und der Käufer davon keine Kenntnis hatte (§442 I BGB).

Liegt ein Sachmangel vor, so hat der Käufer vorrangig zunächst einen **Nacherfüllungsanspruch** (§§437 Nr. 1, 439 BGB). Er kann dann grundsätzlich die Beseitigung des Mangels (**Nachbesserung**) oder die Lieferung einer mangelfreien Sache (**Ersatzlieferung**) verlangen. Die Wahl der Art der Nacherfüllung liegt beim Käufer. Anfallende Kosten für die Nacherfüllung muss der Verkäufer tragen (§439 II BGB). Der Verkäufer kann die gewählte Art der Nacherfüllung nur dann verweigern, wenn diese mit unverhältnismäßig hohen Kosten verbunden wäre (§439 III BGB).

Allerdings soll der Käufer auf die Nacherfüllung nicht beliebig lange warten müssen. Er kann dem Verkäufer eine angemessene **Frist zur Beseitigung des Mangels** setzen. Verstreicht diese Frist erfolglos, kann der Käufer folgende **nachrangigen Rechte** geltend machen:

Er kann dann gem. §§437 Nr. 2, 323 BGB vom **Vertrag zurücktreten** (außer bei einem „Bagatellfehler") oder **Minderung des Kaufpreises** verlangen (§§437 Nr. 2, 441 BGB).

Oder er kann einen **Schadensersatzanspruch statt der Leistung** (§§437 Nr. 3, 281 BGB) geltend machen. Dieser erfordert neben dem erfolglosen Fristablauf zusätzlich, dass der Verkäufer die Mangelhaftigkeit der Sache oder der Nacherfüllung zu vertreten hat (§§280 I III, 276 BGB). Dies setzt voraus, dass dieser fahrlässig oder vorsätzlich gehandelt hat (§276 BGB) oder eine Garantie für die Beschaffenheit der Sache übernommen wurde (§§276 I, 443 BGB). Anstelle des Schadensersatzes statt der Leistung kann der Käufer auch den **Ersatz vergeblicher Aufwendungen** verlangen (§284 BGB).

Der **Schadensersatz neben der Leistung** (§§437 Nr. 3, 280 I BGB) bezieht sich auf die so genannten Mangelfolgeschäden. Dieser Anspruch setzt lediglich voraus, dass der Verkäufer den Sachmangel oder die nicht ordnungsgemäße Nacherfüllung zu vertreten hat (§280 I BGB).

Mangelansprüche verjähren gem. §438 I Nr. 3 BGB regelmäßig nach 2 Jahren. Nach Eintritt der Verjährung ist der Schuldner berechtigt, die Ansprüche zu verweigern (§214 I BGB).

7 Das Spannungsverhältnis zwischen Verbraucherschutz und Vertragsfreiheit

1. Zeigen Sie auf, warum gerade in den dargestellten Fällen für den Verbraucher besondere Chancen, aber auch besondere Gefahren lauern.

7.1 Vertragsfreiheit in der sozialen Marktwirtschaft

E Egon, brauchen wir Plutonium?

Karikatur: Schwalme

Diskutieren Sie die rechtliche Problematik, die in der Karikatur zum Ausdruck kommt.

Die Privatautonomie als Ausdruck der allgemeinen Handlungsfreiheit im Zivilrecht

Testierfreiheit
Mit Testierfreiheit wird die Freiheit bezeichnet, durch Testament zu bestimmen, an wen nach dem eigenen Tode das Vermögen fallen soll.

Artikel 2 des Grundgesetzes der Bundesrepublik Deutschland räumt jedem das Recht auf die freie Entfaltung seiner Persönlichkeit ein, sofern er nicht die Rechte anderer verletzt und nicht gegen die verfassungsmäßige Ordnung oder das Sittengesetz verstößt. Diese allgemeine Handlungsfreiheit findet ihren Ausdruck im Zivilrecht in der so genannten **Privatautonomie**, also im Recht des Einzelnen, eigenverantwortlich rechtsverbindliche Regelungen zu treffen und somit seine Lebensverhältnisse nach eigenen Vorstellungen zu regeln. Die Privatautonomie äußert sich in der Vereinigungsfreiheit, der Eigentumsfreiheit, der Eheschließungsfreiheit, der Testierfreiheit und in der Vertragsfreiheit.

Durch die Privatautonomie treten Rechtsfolgen nicht deshalb ein, weil z. B. der Staat oder eine andere Stelle oder Person dies anordnet, sondern weil die rechtlich handelnden Personen dies wollen. Damit wird die Privatautonomie zu einer unabdingbaren Voraussetzung für eine marktwirtschaftliche Ordnung. Die Möglichkeit, seine Rechtsverhältnisse nach seinem eigenen Gutdünken zu gestalten, beinhaltet zwei Aspekte: Einmal die Freiheit zum Handeln, aber auch die Verantwortung für dieses Handeln zu übernehmen. So sind z. B. nach dem allgemein gültigen Rechtsgrundsatz „pacta sunt servanda“ einmal abgeschlossene Verträge einzuhalten. Ohne Bindung des Einzelnen an seine rechtlichen Handlungen könnte die Marktwirtschaft nicht funktionieren.

Artikel 2 des Grundgesetzes, beleuchtete Glastafel in Berlin.

Vertragsfreiheit als wichtigste Folge der Privatautonomie

Gemäß § 311 I BGB ist zur Begründung oder zur inhaltlichen Änderung eines rechtsgeschäftlichen Schuldverhältnisses ein Vertrag zwischen den Beteiligten erforderlich. Der Gesetzgeber geht dabei vom Grundsatz der **Vertragsfreiheit** aus. Diese beschreibt die Freiheit des Einzelnen, sein Leben durch Verträge frei gestalten zu können.

Die Vertragsfreiheit äußert sich zunächst in der **Abschlussfreiheit**. Demnach ist es einem grundsätzlich frei gestellt, ob überhaupt und mit wem man einen Vertrag abschließen will. Dies beinhaltet demnach auch die Freiheit, dass man Anträge auf Vertragsschluss ablehnen kann (negative Abschlussfreiheit). Der Autohändler kann also nicht gezwungen werden, seine Gebrauchtwagen auch zu verkaufen. Es besteht auch keine Pflicht, sich mit einem bestimmten Interessenten zu einigen. Man kann sich also aussuchen, mit wem man einen Vertrag eingehen will (Freiheit der Partnerwahl).

Die zweite Erscheinungsform der Vertragsfreiheit ist die **Inhaltsfreiheit**. Die Parteien entscheiden frei darüber, wie sie ihre Verträge inhaltlich ausgestalten wollen. Sie können also Leistung und die Gegenleistung frei aushandeln oder die Modalitäten (z. B. Liefer- oder Zahlungsbedingungen etc.) des Geschäfts frei vereinbaren.

Unter **Formfreiheit** versteht man die Freiheit, Verträge grundsätzlich in jeder beliebigen Form rechtswirksam abschließen zu können. So kann z. B. ein Kaufvertrag über einen Gebrauchtwagen auch mündlich abgeschlossen werden.

Einschränkungen der Vertragsfreiheit

Die Vertragsfreiheit findet dort **Einschränkungen**, wo schutzwürdige Interessen von Rechtsbeteiligten diese erfordern. Insbesondere sind hier Regelungen zum Minderjährigenschutz oder Verbraucherschutzbestimmungen von Belang. Die Vertragsfreiheit wird auch dort eingeschränkt, wo der Gesetzgeber Verträge für sozialschädlich ansieht oder wo die Möglichkeit der Vertragsfreiheit dafür genutzt werden kann, durch vertragliche Preisabsprachen den freien Wettbewerb – und damit die Funktionsfähigkeit der Marktwirtschaft – zu behindern.

Der Kontrahierungszwang stellt eine Ausnahme von der Abschlussfreiheit dar. Mit Kontrahierungszwang (Abschlusszwang) wird die gesetzliche Pflicht bezeichnet, einen Vertrag aus sozialem oder öffentlichem Interesse abschließen zu müssen. Der Abschlusszwang kann entweder aufgrund eines Gesetzes (z. B. Personenbeförderungsgesetz) oder auf Grund einer Monopolstellung eines Unternehmens bestehen, wenn das Allgemeininteresse verlangt, dass jedermann an den von diesem Unternehmen angebotenen Gütern oder Dienstleistungen teilhaben kann (z. B. öffentliche Versorgungsbetriebe). So sind z. B. Verkehrsbetriebe grundsätzlich verpflichtet, jedermann nach den Bedingungen des amtlich veröffentlichten Tarifs zu befördern. Apotheken müssen ärztliche Rezepte einlösen und eine Kfz-Haftpflichtversicherung kann nicht grundlos einen Antrag auf Versicherungsschutz ablehnen.

Autokauf

Eine weitere Einschränkung erfährt die Abschlussfreiheit z. B. dort, wo Verträge mit besonders schutzwürdigen Personen geschlossen werden sollen. Gemäß § 105 BGB sind Verträge mit Geschäftsunfähigen, also mit Kindern unter sieben Jahren oder mit Geisteskranken, nichtig. Schließen beschränkt geschäftsfähige Kinder oder Jugendliche im Alter zwischen sieben und 18 Jahren einen Vertrag ohne Wissen ihrer Eltern, so hängt dessen Wirksamkeit in der Regel von der Genehmigung der Eltern ab (§§ 106 ff. BGB).

Durch § 134 BGB wird die Inhaltsfreiheit bei der Gestaltung von Verträgen eingeschränkt. Wird z. B. unter Verstoß gegen Vorschriften des Betäubungsmittelgesetzes rechtswidrig ein Kaufvertrag über Rauschgift geschlossen, verstoßen beide Seiten gegen ein gesetzliches Verbot. Der Vertrag ist nichtig. Auch die Verletzung von Straftatbeständen des Strafgesetzbuches führt immer zur Nichtigkeit des Rechtsgeschäfts.

Der § 138 BGB stellt eine weitere allgemeine Schranke der Inhaltsfreiheit dar. So sind Verträge nichtig, die gegen die guten Sitten verstoßen (§ 138 I BGB). Der § 138 II BGB verbietet ein Wuchergeschäft. Beispiele für sittenwidrige Rechtsgeschäfte sind Verträge, die auf die Begehung einer Straftat oder auf Bestechung gerichtet sind. Bei Wucherverträgen besteht ein grobes Missverhältnis zwischen einer zu erbringenden Leistung und der erwarteten Gegenleistung unter Ausnutzung einer Schwächesituation des Vertragspartners.

Der Notar berät beim Immobiliengeschäft.

Von **Formvorschriften** spricht man, wenn ein Vertrag in einer bestimmten Form abgeschlossen werden muss, damit er gültig ist. Liegt ein Formmangel vor, ist das Rechtsgeschäft nichtig (§ 125 BGB). Mit der Beschränkung der Formfreiheit kommt der Gesetzgeber in erster Linie seiner Schutzfunktion nach.

So bedürfen etwa die Verträge über den Verkauf eines Grundstücks der notariellen Beurkundung (§ 311 b BGB), ebenso wie das Schenkungsversprechen (§§ 516, 518 BGB). Hier sollen die Beteiligten vor dem übereilten Abschluss eines Vertrags geschützt werden, der für sie erhebliche vermögensrechtliche Folgen haben kann.

M1 Das Problem der Vertragsfreiheit

„Schrankenlose Vertragsfreiheit zerstört sich selbst. Eine furchtbare Waffe in der Hand des Starken, ein stumpfes Werkzeug in der Hand des Schwachen, wird sie zum Mittel der Unterdrückung des Einen durch den Anderen, der schonungslosen Ausbeutung geistiger und wirtschaftlicher Übermacht. Das Gesetz, welches mit rücksichtslosem Formalismus aus der freien rechtsgeschäftlichen Bewegung die gewollten oder die als gewollt anzunehmenden Folgen entspringen lässt, bringt unter dem Schein einer Friedensordnung das bellum omnium contra omnes in legale Formen. Mehr als je hat heute auch das Privatrecht den Beruf, den Schwachen gegen den Starken, das Wohl der Gesamtheit gegen die Selbstsucht des Einzelnen zu schützen.“

Otto von Gierke, zit. nach: Uwe Wesel, Fast alles, was Recht ist. Jura für Nicht-Juristen, Frankfurt am Main 2004, S. 124

M2 Mehr Vertragsfreiheit, geringere Regulierungsdichte, weniger Bürokratie

Bürokratieabbau und Deregulierung müssen primär an der Vertragsfreiheit der Bürger ansetzen. Zu diesem Ergebnis kommt der Wissenschaftliche Beirat beim Bundesministerium für Wirtschaft und Technologie in seinem neusten Gutachten (Pressemeldung BMWi vom 30.11.2006). Es trägt den Titel „Mehr Vertragsfreiheit, geringere Regulierungsdichte, weniger Bürokratie“.

Der Beirat beobachtet die Tendenz in der deutschen Gesetzgebung, die auf eine immer weitergehende Aushöhlung des Prinzips der privatautonomen Gestaltung von Verträgen hinauslaufe. Diese sei eine wichtige Ursache der zunehmenden Bürokratielast. Dabei gehe es nicht primär um die steigende Anzahl von „Bürokraten“. Es gehe vor allem um den steigenden Anteil von Bürokratie-Zeitaufwand an der Lebenszeit der Bürger und um den steigenden Anteil von „Bürokratie-Experten“ an der volkswirtschaftlichen Gesamtbeschäftigung (z. B. Rechtsanwälte und Steuerberater).

Konkret schlägt der Beirat vor, die Praxis der Gesetzesfolgenabschätzung grundlegend zu verbessern. Jede Staatsintervention solle ex ante und ex post auf ihre Folgen für die Vertragsfreiheit sowie auf die Bürokratielasten für die Bürger untersucht werden. Mit seinen konkreten Vorschlägen will der Beirat mittelfristig das Bewusstsein dafür schaffen, dass ein Mehr an Vertragsfreiheit nicht nur weniger Bürokratie und geringere Regulierungsdichte, sondern auch mehr Wachstum und Beschäftigung bedeutet.

http://www.pr-journal.de/redaktion/services--tipps/mehr-vertragsfreiheit-geringere-regulierungsdichte-wenigerburokratie.html (08.01.2009)

Aufgaben

1. Stellen Sie die verschiedenen Ausprägungen der Vertragsfreiheit mit ihren jeweiligen Einschränkungen übersichtlich dar. Erläutern Sie jeweils den Zweck der gesetzlichen Einschränkungen.
2. Belegen Sie die Aussagen Otto von Gierkes (M1) mit aktuellen Beispielen aus Ihrer Lebensumwelt. Zeigen Sie daran auf, wo Vertragsfreiheit zur „Waffe des Starken“ werden kann.
3. Zur Vertiefung: Beschaffen Sie sich die Dokumentation 560 des Bundesministeriums für Wirtschaft und Technologie (M2) aus dem Internet und referieren Sie über den Inhalt vor Ihrem Kurs.

7.2 Der Verbrauchsgüterkauf

E Der Hut ist zu groß …

Diskutieren Sie, unter welchen Bedingungen der Händler den Hut zurücknehmen muss.

Der Verbrauchsgüterkauf

Der Verbrauchsgüterkauf ist der Kauf einer beweglichen Sache durch einen Verbraucher als Käufer von einem Unternehmer als Verkäufer (§ 474 BGB). Er stellt für den Verbraucher den in der Praxis bedeutendsten Fall des Kaufs dar. **Verbraucher** ist jede natürliche Person, die ein Rechtsgeschäft zu Zwecken abschließt, die überwiegend weder ihrer gewerblichen noch ihrer selbständigen beruflichen Tätigkeit zugerechnet werden können. Der **Unternehmer** hingegen handelt in Ausübung einer gewerblichen oder selbständigen beruflichen Tätigkeit (§ 14 BGB). Der Verbraucher wird in dieser Situation als besonders schützenswert angesehen, v. a. auch deswegen, weil aufgrund des größer werdenden Konkurrenzdrucks der Anbieter die angewandten Verkaufsmethoden immer aggressiver werden. In den §§ 474–479 BGB werden deshalb die grundsätzlich im Schuldrecht geltende Vertragsfreiheit und speziell die Möglichkeiten, im einzelnen Kaufvertrag vom gesetzlichen Kaufvertragsrecht abzuweichen, begrenzt.

Ob ein Verbrauchsgüterkauf vorliegt, hängt davon ab, in welcher Funktion der Käufer auftritt.

Wer Verbraucher oder Unternehmer ist, entscheidet sich im Einzelfall. Kauft ein selbständiger Steuerberater in einem Elektronikfachmarkt ein Notebook, um seine Musikdateien und Urlaubsfotos zu verwalten oder privat im Internet zu surfen, handelt er als Verbraucher, auch dann, wenn er ab und zu seinen geschäftlichen E-Mail-Verkehr mit dem Notebook erledigt. Es läge allerdings kein Verbrauchsgüterkauf vor, wenn er auf dem Notebook alle seine Kundendaten verwalten würde und es nur ab und zu auch privat nutzen würde.

Wichtige Sonderregelungen beim Verbrauchsgüterkauf

Durch den §475 BGB schränkt der Gesetzgeber die Vertragsfreiheit insofern ein, als er eine Reihe von Vorschriften beim Verbrauchsgüterkauf für obligat erklärt, d.h., die Vertragsparteien dürfen weder durch Individualabreden noch durch Allgemeine Geschäftsbedingungen (AGB) zum Nachteil des Verbrauchers davon abweichen. Ein Unternehmer kann demnach die im Kaufrecht geregelten Rechte des Käufers bei der Sachmängelhaftung nicht beschränken (kein Ausschluss von Gewährleistungsrechten). Ebenso darf die gesetzliche Gewährleistungsfrist von zwei Jahren bei neuen Sachen nicht verkürzt werden. Beim Verkauf gebrauchter Sachen ist eine Verkürzung auf ein Jahr möglich.

§474 IV BGB bestimmt, dass der §447 Abs. 1BGB beim Verbrauchsgüterkauf nur dann Anwendung findet, wenn der Käufer selbst den Transporteur (z.B. Spediteur oder Paketdienst) beauftragt hat und der Unternehmer dem Käufer diesen nicht zuvor benannt hat. Das heißt, dass die Gefahr des zufälligen Untergangs oder der zufälligen Verschlechterung der Kaufsache wie beim Handkauf auch beim Versendungskauf in der Regel erst dann auf den Käufer übergeht, wenn die Sache dem Käufer durch das Transportunternehmen übergeben wird.

Macht der Käufer einer Sache einen Mangel geltend, so muss er beweisen, dass der Mangel schon bei Gefahrübergang vorhanden war (vgl. § 434 I BGB). Wenn beispielsweise das Notebook zunächst ein paar Wochen funktioniert und dann eben nicht mehr, kann es für den Käufer gegebenenfalls nur sehr schwer oder gar nicht möglich sein, diesen Nachweis zu erbringen. Zum Schutz des Käufers gilt daher beim Verbrauchsgüterkauf in den ersten sechs Monaten eine **Beweislastumkehr**, d.h. es wird vermutet, dass der Mangel bereits bei Gefahrübergang vorgelegen habe und es obliegt dem Verkäufer, das Gegenteil zu beweisen. Die Beweislastumkehr (§476 BGB) stellt eine erhebliche Erleichterung für den Verbraucher dar, seine berechtigten Ansprüche auch durchzusetzen. Der Rechtsgrundsatz, dass derjenige, der etwas behauptet, dies auch beweisen müsse, wird damit durchbrochen. Die Beweislastumkehr greift dann nicht, wenn sie mit der Art der Sache oder des Mangels unvereinbar ist. Dies gilt z.B. für verderbliche Waren, also etwa für Lebensmittel.

Garantien sind Rechte, die der Verkäufer dem Käufer bei Sachmängeln über die gesetzlichen Regelungen hinaus **freiwillig** einräumt. An solche Garantieerklärungen stellen die Regelungen zum Verbrauchsgüterkauf in § 477 BGB besondere Anforderungen. So muss die Erklärung einfach und verständlich abgefasst sein. Außerdem muss sie den Hinweis auf die gesetzlichen Rechte der Verbraucher aus der Gewährleistung beinhalten sowie darauf, dass diese Rechte durch die Garantie nicht eingeschränkt werden. Alle wesentlichen Angaben, die für die Geltendmachung der Garantie erforderlich sind, wie Inhalt der Garantie, Dauer und räumlicher Geltungsbereich sowie Name und Anschrift des Garantiegebers, sind ebenfalls zwingende Inhalte der Erklärung.

Muss der Verkäufer Gewährleistungsansprüche eines Verbrauchers erfüllen und die Ware zurücknehmen oder eine Minderung akzeptieren, würde er zunächst die Nachteile alleine tragen müssen, da im Verhältnis zu seinem Lieferanten (meist Großhändler oder Hersteller) in vielen Fällen die Haftung für Sachmängel ausgeschlossen ist. Deshalb gibt ihm das Gesetz einen Regressanspruch gegen seinen Lieferanten (§§478f. BGB).

M1 Verkauf an "Firma" bei Verbrauchern – so umgehen Autohändler die Gewährleistung

Der Blick auf das tollste Auto der Welt sollte nicht den Blick für das Kleingedruckte trüben. Stellen sich nach der Übernahme Mängel heraus, verweigern Verkäufer gerne die Mängelhaftung und verweisen auf den angeblich vereinbarten Gewährleistungsausschluss. Hier wird viel getrickst.

Was ist ein Verbrauchsgüterkauf?

Voraussetzung dafür, dass Sie als Käufer Mängelansprüche geltend machen können, ist ein Verbrauchsgüterkauf. Ein Verbrauchsgüterkauf ist ein Vertrag, bei dem ein Verbraucher von einem Unternehmer eine Sache kauft (§ 474 BGB). Sie sind dann Verbraucher, wenn der Vertrag überwiegend weder Ihrer gewerblichen noch Ihrer selbständigen beruflichen Tätigkeit zugerechnet werden kann (§ 13 BGB).

Umgekehrt ist Unternehmer jeder, der bei Abschluss eines Vertrages in Ausübung seiner gewerblichen oder selbständigen beruflichen Tätigkeit handelt (§ 14 BGB). Bei einem Verbrauchsgütervertrag kann die Mängelgewährleistung nicht ausgeschlossen werden. Unternehmer haften für Mängel eines Fahrzeuges zwei Jahre lang. Diese Haftung kann der Verkäufer im Kaufvertrag allenfalls auf ein Jahr reduzieren.

Was ändert sich wenn Sie als Unternehmer handeln würden?

Findige Verkäufer stellen Ihnen auf Ihren Namen eine Rechnung aus und adressieren diese Rechnung an "Firma". Ähnlich ist es, wenn Sie selbstständig sind und der Kaufvertrag auf Ihr Geschäft ausgestellt wird, obwohl Sie als Verbraucher handeln. Damit versuchen Verkäufer Ihre Eigenschaft als Verbraucher zu umgehen und Sie als "Unternehmer" darzustellen.

Die rechtliche Konsequenz besteht darin, dass es sich gerade nicht um einen Verbrauchsgüterkauf handelt. Vielmehr handelt es sich um einen Vertragsabschluss zwischen Unternehmern. In diesem Fall kann tatsächlich ein Haftungsausschluss für eventuelle Mängel vereinbart werden. Sie könnten dann keine Mängelansprüche geltend machen. Achten Sie also peinlich darauf, dass Ihr Name ohne irgendwelche Firmenbezeichnungen im Kaufvertrag vermerkt wird.

Was ist, wenn der Unternehmer als angebliche Privatperson handelt?

Ähnlich ist die Situation, in der sich der Verkäufer als Privatperson ausgibt, obwohl er tatsächlich Unternehmer ist. Handeln auf beiden Seiten Privatpersonen, kann ebenfalls ein Gewährleistungsausschluss wirksam vereinbart werden. Unseriöse Händler schieben dann gerne die Ehefrau als privater Verkäufer vor, um nicht selbst als Unternehmer in Erscheinung zu treten.

Nach: Volker Bellaire, www.ratgeber-geld.de, 26.2.2015

M2 Das Paket beim Nachbarn – Rechtliches, das Sie wissen sollten

In der Vorweihnachtszeit werden Paketsendungen besonders häufig beim Nachbarn abgegeben. Der Versand von Selbstgebackenem, Aufmerksamkeiten und Geschenken boomt. Kein Wunder, dass die Paketzusteller die Sendungen gerne beim ersten Anlauf loswerden möchten.

In vielen Fällen erhält der Empfänger keine Benachrichtigung oder ist damit erst gar nicht einverstanden. Doch ist die Abgabe beim Nachbarn überhaupt erlaubt und welche rechtlichen Konsequenzen ergeben sich, wenn der Nachbar die Sendung dort (aus Versehen) beschädigt oder sie verloren geht? (...)

Wer muss Ersatz leisten, wenn etwas beschädigt wird oder verloren geht?

Ist die Paketsendung beim Nachbarn beschädigt worden oder verloren gegangen, so kommt es auf den so genannten Gefahrübergang an. Versenden Privatleute Paketsendungen, so geht die Gefahr, dass die Ware beschädigt wird oder verloren geht, zum Zeitpunkt der Übergabe an den Paketzusteller auf den Empfänger über. Wird das Paket dagegen von einem Unternehmer im Rahmen der Erfüllung eines Kaufvertrages mit einem Verbraucher versendet, geht die Gefahr erst dann über, wenn der Privatkäufer die Ware erhalten hat. Geht das Paket beim Nachbarn verloren oder wird es beschädigt, so ist der Kaufvertrag nicht erfüllt und der Unternehmer hat Haftungsansprüche gegen den Paketzustelldienst. Der Käufer kann vom Unternehmer den Kaufpreis erstattet verlangen.

ARAG Hauptgeschäftsstelle Düsseldorf Versicherung, www.citynews-koeln.de, 18.12.2014

Aufgaben

1. Diskutieren Sie, ob in der Karikatur (E) ein Verbrauchsgüterkauf vorliegt.
2. Stellen Sie die besonderen Regelungen zum Verbrauchsgüterkauf übersichtlich dar.
3. Stützen Sie die Aussagen des Textes M2, wer Ersatz leisten muss, wenn etwas beschädigt wird oder verloren geht, mit den einschlägigen Normen des Bürgerlichen Gesetzbuches.

7.3 Verbraucherschutz bei besonderen Vertriebsformen

E Shopping auf Distanz

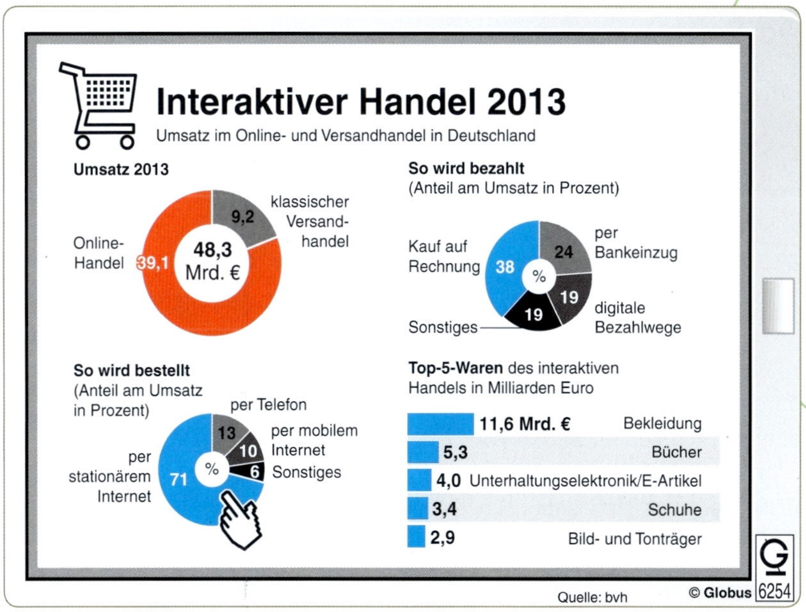

Stellen Sie die wesentlichen Aussagen der Grafik in einem zusammenhängenden Text dar.

Verbraucherverträge

Verbraucherverträge im Sinne des § 310 III BGB sind **Verträge zwischen** einem **Unternehmer** (§ 14 BGB) und einem **Verbraucher** (§ 13 BGB). Dazu zählt als eine Sonderform naturgemäß auch der Verbrauchsgüterkauf (vgl. Kapitel 7.2). Mit Ausnahme der in den § 312 II BGB aufgelisteten Vertragsarten gelten für **Verbraucherverträge**, die eine **entgeltliche Leistung** des Unternehmers zum Gegenstand haben, u.a. gem. § 312a BGB besondere Regelungen zum Schutz des Verbrauchers.

Besondere Schutzwürdigkeit bei besonderen Vertriebsformen

Besondere Vertriebsformen stellen nach den §§ 312–312j BGB die **außerhalb von Geschäftsräumen geschlossenen Verträge**, die **Fernabsatzverträge** sowie die im **elektronischen Geschäftsverkehr** abgeschlossenen Verträge (E-Commerce) dar. Gemeinsam haben diese Vertriebsformen: Durch die Umstände, unter denen diese Verträge abgeschlossen werden, sieht der Gesetzgeber eine besondere Schutzwürdigkeit des Verbrauchers gegeben, da dieser gegebenenfalls beim Abschluss eines Vertrags nicht über alle notwendigen Informationen verfügt, z. B. über den Verkäufer oder das Produkt, oder er nicht genügend Zeit erhält, um gründlich über seinen Entschluss nachzudenken.

Verträge außerhalb von Geschäftsräumen

Karikatur: Kai Felmy, Baaske-Cartoons

Erläutern Sie, warum der Gesetzgeber in der dargestellten Situation eine besondere Schutzwürdigkeit des Verbrauchers sieht.

Schon seit Langem weiß man im Handel, dass es verkaufsfördernd sein kann, wenn man nicht wartet, bis der Kunde zu einem kommt, sondern wenn man ihn direkt anspricht. Die Vertragsanbahnung und meist auch der Vertragsabschluss erfolgen nicht in den Geschäftsräumen des Verkäufers , sondern an Haus- und Wohnungstüren, am Telefon, auf Partys oder auf Kaffeefahrten, in Verkehrsmitteln oder Hotels. Häufig ist der Verbraucher in solchen Situationen vom Auftreten des Anbieters überrascht und nicht auf Vertragsverhandlungen eingestellt. Er hat dabei oft auch keine Möglichkeit, dem Verkaufsgespräch zu entfliehen, zu überlegen oder gar einen Preis-Leistungsvergleich durchzuführen. Er läuft also Gefahr, dass er durch Überrumpelung minderwertige und überteuerte Waren kauft, für die er eigentlich keinen Bedarf hat.

In welchen Fällen ein solcher Vertrag genau vorliegt, regelt der § 312b BGB. Es muss sich dabei um einen Verbrauchervertrag handeln, der eine entgeltliche Leistung zum Gegenstand hat und der bei gleichzeitiger Anwesenheit des Verbrauchers und des Unternehmers (oder seines Beauftragten)

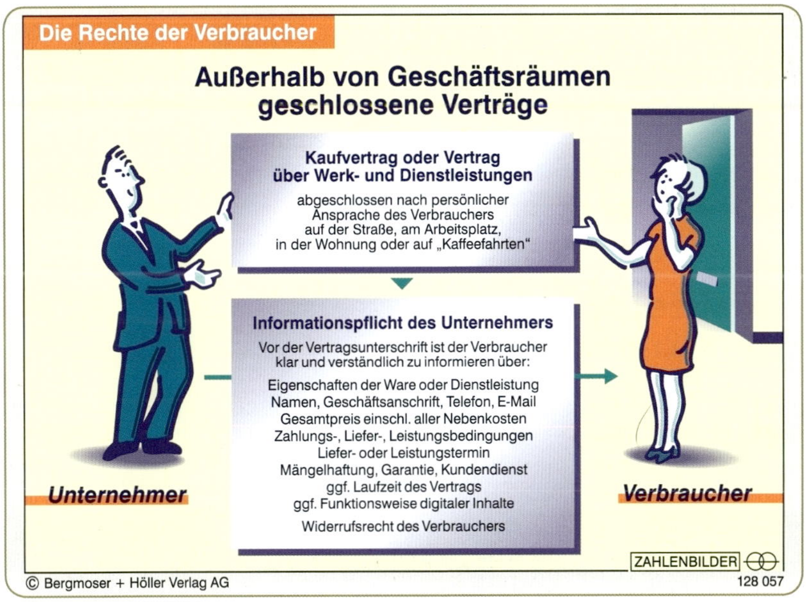

an einem Ort geschlossen wird, der **kein Geschäftsraum des Unternehmers** ist, auch wenn der Verbraucher hier das Angebot abgegeben hat. Oder um einen Vertrag, bei dem der Verbraucher zur Vertragsanbahnung außerhalb der Geschäftsräume des Unternehmers direkt angesprochen wird, und der unmittelbar danach in den Räumen des Unternehmers durch Fernkommunikationsmittel (Internet, Fax oder Telefon) zum Abschluss gebracht wird. Auch fallen Verträge darunter, die z. B. auf einem vom Unternehmer organisierten Ausflug („Kaffeefahrt") zustande kommen.

Fernabsatzverträge

Marktanteil des Versandhandels am Einzelhandelsumsatz in Deutschland in den Jahren 2000 bis 2014*

Die Statistik stellt die Entwicklung der Marktanteile des deutschen Versandhandels am gesamten deutschen Einzelhandel in den Jahren von 2000 bis 2014* (prognostiziert) dar. Der Marktanteil deutscher Versandhändler am Gesamteinzelhandelsumsatz in Deutschland belief sich im Jahr 2010 auf rund 7,3 Prozent

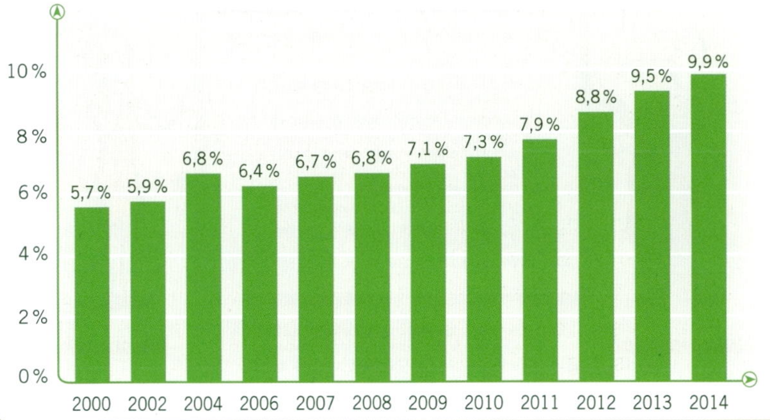

Quelle: www.statista.de (17.3.2015)

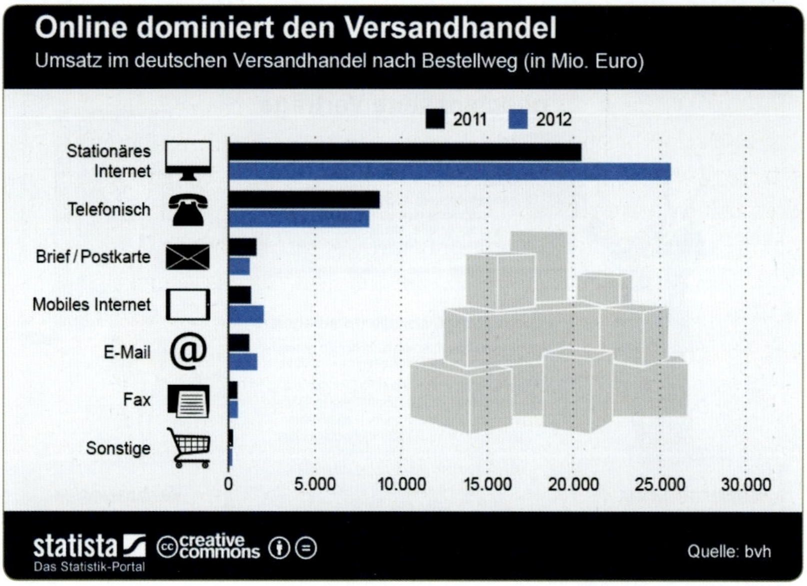

Quelle: www.statista.de (17.3.2015)

Gerade beim Vertragsschluss kommt der Telekommunikation eine zunehmende Bedeutung zu. Fernkommunikationsmittel sind alle Kommunikationsmittel, die zur Anbahnung oder zum Abschluss eines Vertrags eingesetzt werden können, ohne dass die Vertragsparteien gleichzeitig körperlich anwesend sind, wie Briefe, Kataloge, Telefonanrufe, Telekopien, E-Mails, über den Mobilfunkdienst versendete Nachrichten (SMS) sowie Rundfunk und Telemedien (312 c II BGB).

Das Besondere bei solchen **Fernabsatzverträgen** ist, dass sich die Vertragsparteien nicht persönlich begegnen und der Verbraucher in der Regel keine Möglichkeit hat, die Ware vor Vertragsschluss zu prüfen.

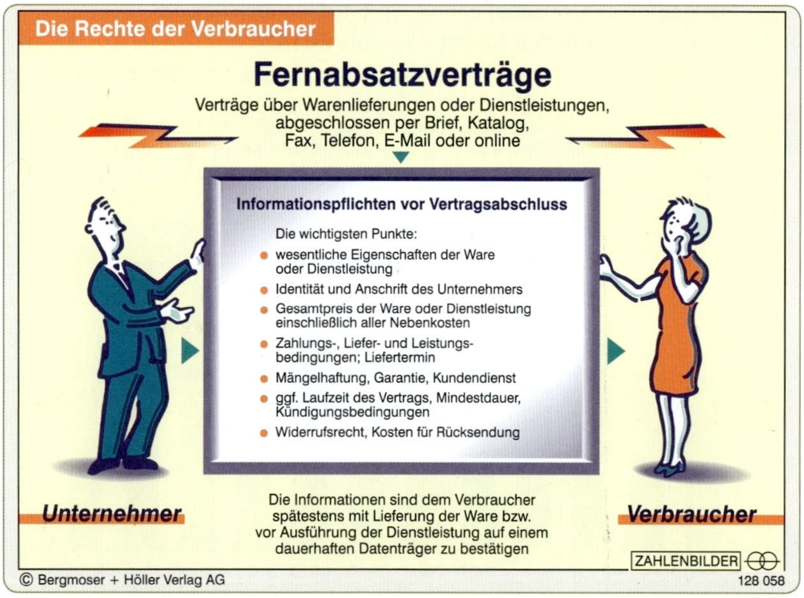

Besondere Informationspflichten und Widerrufsrecht

Bei **außerhalb von Geschäftsräumen geschlossenen Verträgen** (§ 312b BGB) und **Fernabsatzverträgen** (§ 312c BGB) kommen dem Unternehmer **besondere Informationspflichten** nach § 312d I BGB und Art. 246a EGBGB (Einführungsgesetz zum Bürgerlichen Gesetzbuch) zu. So hat er dem Verbraucher vor Vertragsschluss umfassende Informationen über seine Identität, über die wesentlichen Eigenschaften der vertragsmäßigen Leistung, über den Gesamtpreis (einschl. aller Nebenkosten), die Liefer- und Zahlungsbedingungen, über Gewährleistung, Garantien und Kundendienstleistungen, über Vertragslaufzeit und Kündigung usw. zur Verfügung zu stellen.

Außerdem hat der Verbraucher bei diesen Verträgen gem. § 312g BGB in der Regel ein **Widerrufsrecht** (§§ 355, 356 BGB), über das er ebenfalls zu informieren ist. Der Widerruf erfolgt durch Erklärung gegenüber dem Unternehmer. Aus der Erklärung muss der Entschluss des Verbrauchers zum Widerruf des Vertrags eindeutig hervorgehen. Ob die bloße Rücksendung der Ware als konkludente Erklärung genügt, wird die Rechtsprechung der kommenden Jahre zeigen. In der Regel kann sich der Verbraucher innerhalb von 14 Tagen nach Vertragsabschluss vom Vertrag lösen, ohne dafür Gründe angeben zu müssen. Im Falle des Widerrufs sind die empfangenen Leistungen spätestens nach 14 Tagen zurück zu gewähren. Der Verbraucher muss die Kosten der Rücksendung der Waren tragen, wenn der Unternehmer den Verbraucher von dieser Pflicht unterrichtet und sich nicht selbst bereit erklärt hat, diese Kosten zu tragen. Die genauen Rechtsfolgen des Widerrufs von Verträgen im Sinne der §§ 312b und 312c BGB sind im § 357 BGB geregelt.

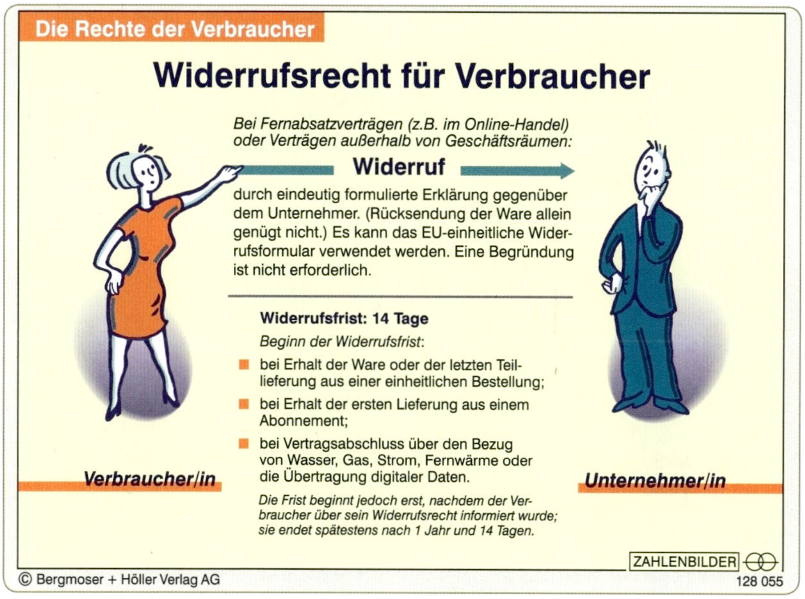

Verträge im elektronischen Geschäftsverkehr

Bedient sich ein Unternehmer zum Zwecke des Abschlusses eines Vertrags über die Lieferung von Waren oder über die Erbringung von Dienstleistungen des **elektronischen Geschäftsverkehrs** (Onlineshop oder Onlineplattform) unabhängig davon, ob der Vertrag mit einem Verbraucher oder einem anderen Unternehmer geschlossen wird, hat er gem. § 312i BGB besondere Auflagen zu erfüllen.

Erfolgt der **Vertragsschluss** mit einem **Verbraucher**, treten besondere **Informationspflichten** gem. § 312j BGB hinzu:

Handelt es sich um ein entgeltliches Angebot des Unternehmers, ist der Verbraucher vor Abgabe seiner Bestellung auf die Kostenpflicht hinzuweisen. Dies kann z. B. über einen die Kostenpflicht deutlich machenden Button („zahlungspflichtig bestellen") auf der letzten Seite des Bestellvorgangs, auf der der Verbraucher seine Bestellung an den Unternehmer abschickt, geschehen.

Auf der Bestellübersichtsseite, d. h. unmittelbar bevor der Verbraucher seine Bestellung abgibt, sind folgende Informationen klar und verständlich in hervorgehobener Weise zusammengefasst zur Verfügung zu stellen, d. h. ohne verwirrende oder ablenkende Zusätze: die wesentlichen Eigenschaften der Ware oder Dienstleistung, der Gesamtpreis einschließlich aller Steuern und Abgaben sowie der Versandkosten, die Mindestdauer vertraglicher Verpflichtungen, die Laufzeit und ggf. die Kündigungsbedingungen.

Überblick über rechtliche Regelungen zu besonderen Vertriebsformen

Außerhalb von Geschäftsräumen geschlossene Verträge §§312 b ff. BGB	Fernabsatzverträge §§312 c ff. BGB	Verträge im elektronischer Geschäftsverkehr §312 i BGB
Funktion: Schutz vor übereiltem Vertragsschluss bei Haustürgeschäften	**Funktion:** Schutz wegen der räumlichen Entfernung des Vertragspartners und des Produkts	**Funktion:** Schutz vor unbeabsichtigtem Vertragsschluss im Internet
Voraussetzungen: • Verbrauchervertrag • über entgeltliche Leistung • außerhalb der Geschäftsräume des Unternehmens	**Voraussetzungen:** • Verbrauchervertrag • im Rahmen eines für den Fernabsatz organisierten Vertriebs- oder Dienstleistungssystems • unter ausschließlicher Verwendung von Fernkommunikationsmitteln	**Voraussetzungen:** • Vertrag zwischen Unternehmer und einem Kunden (kann auch Unternehmer sein) • über die geschäftsmäßige Lieferung von Waren oder die Erbringungen von Dienstleistungen • unter Einsatz eines Tele- oder Mediendienstes (Internet)
Beispiele: • Vertreterbesuche, Kaffeefahrten	**Beispiele:** • Teleshopping, Bestellungen aus dem Katalog	**Beispiel:** Onlineshopping
Rechtsfolgen: • Besondere Informationspflichten des Unternehmers (§ 312 d BGB) • Widerrufsrecht (§§ 312 g, 355 BGB)	**Rechtsfolgen:** • wie bei außerhalb von Geschäftsräumen geschlossenen Verträgen	**Rechtsfolgen:** • besondere Informationspflichten des Unternehmers (§§ 312 i, 312 j BGB)

M1 Typische Fallen beim Online-Kauf

Einkaufen ohne Ladenschluss und bequem vom Sofa aus nach Schnäppchen suchen: Online-Shopping hat sicher seine Vorteile. Von den Nachteilen kann Christiane Lersch, die Leiterin einer Verbraucherzentrale, viel berichten. Denn wenn es nicht so glatt läuft, suchen unzufriedene Kunden bei ihr Hilfe. Anlässlich des Weltverbrauchertags warnt die Verbraucherschützerin vor typischen Fallen beim vermeintlichen Sonderangebot.

Da ist die Online-Kundin, die sich vom attraktiven Preis einer Designertasche locken ließ und am Ende leer ausging: Das gute Stück wurde in Hongkong angeboten, die Kundin zahlte vorab, aber am Ende kam die Tasche nie bei ihr an.

Warnung vor „Fake-Seiten"

Die Verbraucherschützerin warnt vor „Fake-Seiten": „Die wirken super-seriös, sind drei Wochen im Netz und dann wieder verschwunden. Kunden müssen das Geld vorab überweisen. Und dann kommt minderwertige Ware an, oder auch gar nichts." Ihre Empfehlung: Vorsicht, wenn das Preis-Leistungs-Verhältnis stark differiert. Das Impressum muss mit zwei Klicks aufzurufen sein. Und geprüfte Onlineshops tragen Siegel wir „Trusted Shops" oder das TÜV SÜD Prüfsiegel „s@fer shopping." Beim Klick auf das Logo sollte ein entsprechendes Zertifikat erscheinen. Beim Bezahlen sollten die Verbraucher auf einen sicheren Zahlungsweg achten: etwa per Lastschrift, die zurückgefordert werden kann, oder eben per Rechnung.

Der Vorteil des Online-Shoppings ist das Widerrufsrecht: Der Kaufvertrag kann rückgängig gemacht werden und die Ware (wenn es sich z. B. nicht um Maßanfertigungen oder verderbliche Sachen handelt) innerhalb von 14 Tagen zurückgeschickt werden. „Im Laden hat man kein Widerrufsrecht: da kann man die Ware ja vor dem Kauf prüfen", erklärt Christiane Lersch. Bei großen Anbietern sind Verbraucher ihrer Erfahrung nach rechtlich meist auf der sicheren Seite.

Online ist die Rechtdurchsetzung komplizierter

Manche Online-Händler sehen das aber auch anders. So half die Verbraucherberatung kürzlich einem Käufer weiter, der seinen Widerruf bei einem online georderten Heizgerät nicht durchsetzen konnte. Dem Kunden gefiel die gelieferte Farbe nicht. Der Händler ging bei dem im Internet in mehreren Farben angebotenen Artikel von „kundenspezifischer" Herstellung aus. „Online ist die Rechtdurchsetzung für Verbraucher komplizierter als im Laden."

Neben den vielen seriösen Internetshops gibt es eben auch schwarze Schafe. „Viele Verbraucher fühlen sich durch Zusatzleistungen über den Tisch gezogen, die sie sich online oftmals unbemerkt einhandeln, etwa eine Versicherung", weiß Christiane Lersch.

Online werden nicht nur Waren, auch Dienstleistungen verkauft: Telefonverträge, Reisen, oder auch der Zugang zu Kontaktbörsen für Singles. Übrigens: Nicht nur junge, auch Menschen reiferen Alters, die im Netz ein neues Glück suchen, kommen in dieser Sache zur Beratung in die Verbraucherzentrale. „Es kommt oft vor, dass die Leute ein Schnupperangebot nutzen und hinterher in einer Abofalle stecken", berichtet Christiane Lersch.

Bettina Kutzner, www.derwesten.de, 14.3.2015

Aufgaben

1. Diskutieren Sie die gesetzlichen Regelungen des Verbraucherschutzes bei besonderen Vertriebsformen vor dem Hintergrund des Grundsatzes der Vertragsfreiheit.
2. Informieren Sie sich beim Verbraucherinformationssystem (vis) Bayern über die wichtigsten rechtlichen Regelungen bei Internetauktionen (z. B. eBay). Stellen Sie die Ergebnisse ihrer Recherche in einem Informationsblatt zusammen.
3. Zeigen Sie Grenzen des Verbraucherschutzes beim Online-Kauf auf (M1).

Z Verbraucherschutz und Vertragsfreiheit

Die allgemeine Handlungsfreiheit, die im Art. 2 des Grundgesetzes verankert ist, findet im Zivilrecht in der sogenannten **Privatautonomie** ihren Ausdruck, also im Recht des Einzelnen, eigenverantwortlich rechtsverbindliche Regelungen treffen zu können. Die Privatautonomie ist damit eine unabdingbare Voraussetzung für eine marktwirtschaftliche Ordnung.

Die **Vertragsfreiheit**, als wichtigste Folge der Privatautonomie, beschreibt die Freiheit des Einzelnen, sein Leben durch Verträge frei gestalten zu können. Sie umfasst die **Abschlussfreiheit**, die **Inhaltsfreiheit** und die **Formfreiheit**.

Die Vertragsfreiheit findet dort **Einschränkungen**, wo schutzwürdige Interessen von Rechtsbeteiligten dies erfordern (z. B. im Minderjährigenrecht), wo der Gesetzgeber Verträge für sozialschädlich ansieht (z. B. bei Verstoß gegen ein gesetzliches Verbot) oder wo die Vertragsfreiheit dafür genutzt werden könnte, den freien Wettbewerb zu behindern (z. B. durch Preisabsprachen).

Ein **Verbrauchsgüterkauf** liegt dann vor, wenn ein **Verbraucher** (§ 13 BGB) von einem **Unternehmer** (§ 14 BGB) eine bewegliche Sache kauft (§ 474 I BGB).

Beim Verbrauchsgüterkauf gelten folgende wichtige **Sonderregelungen**:

Der § 475 BGB **untersagt** den **Ausschluss von Gewährleistungsrechten** durch den Unternehmer. Die **gesetzliche Gewährleistungsfrist** von zwei Jahren darf bei neuen Sachen nicht verkürzt werden. Beim Verkauf gebrauchter Sachen ist eine Verkürzung auf ein Jahr möglich.

Der **Gefahrübergang beim Versendungskauf** auf den Käufer erfolgt i. d. R. erst, wenn die Sache dem Käufer durch das Transportunternehmen übergeben wird (§ 474 IV BGB).

Die **Beweislastumkehr** (§ 476 BGB) besagt, dass in den ersten sechs Monaten vermutet wird, dass ein Mangel bereits bei Gefahrübergang vorgelegen habe und es dem Verkäufer obliegt, das Gegenteil zu beweisen.

In **Sonderbestimmungen für Garantien**, die der Verkäufer dem Käufer gibt (§ 477 BGB), ist festgelegt, dass diese einfach und verständlich abgefasst sein und welche konkreten Inhalte sie aufweisen müssen.

Im Rahmen der **Verbraucherverträge** stellen nach den §§ 312 ff. BGB die **außerhalb von Geschäftsräumen geschlossenen Verträge**, die **Fernabsatzverträge** sowie **Verträge im elektronischen Geschäftsverkehr** (E-Commerce) **besondere Vertriebsformen** dar. Der Gesetzgeber sieht hier eine besondere Schutzwürdigkeit des Verbrauchers vorliegen, da er gegebenenfalls beim Abschluss eines solchen Vertrages nicht über alle nötigen Informationen verfügt oder er nicht genügend Zeit erhält, um gründlich über seinen Entschluss nachzudenken. Deshalb werden dem Unternehmer **besondere Informationspflichten** auferlegt und der Verbraucher hat i. d. R. ein **Widerrufsrecht**.

8 Abiturtraining

8.1 Die schriftliche Abiturprüfung im Fach Wirtschaft und Recht

Allgemeines zur schriftlichen Prüfung

Bei der schriftlichen Abiturprüfung im Fach Wirtschaft und Recht kann man zwischen zwei Aufgaben mit unterschiedlichen Schwerpunkten wählen. Eine Aufgabe hat den Schwerpunkt **Wirtschaft**. Die andere Aufgabe setzt den Schwerpunkt beim Thema **Recht**. Bei beiden Aufgaben sind 100 Bewertungseinheiten (BE) in 210 Minuten zu erarbeiten.

Der Schwerpunktbereich umfasst jeweils etwa 70 Prozent der Bewertungseinheiten, der Nicht-Schwerpunktbereich etwa 30 Prozent.

Jede Abituraufgabe ist so aufgebaut, dass in den einzelnen Teilen unterschiedliche Anforderungen an die Komplexität der Lösung gestellt werden. Hinweise auf die verschiedenen Anforderungsbereiche, die im Verhältnis 30 : 40 : 30 verteilt sind, geben die Operatoren der Aufgabenstellungen. Mit Operatoren sind die Handlungsanweisungen gemeint, die zur Lösung der Aufgabe erfüllt werden müssen (nennen, erläutern, prüfen, beurteilen ...). Es ist wichtig, die Operatoren und die damit verbundenen Anforderungen an die Aufgabenlösung richtig zu verstehen, weil nur so die volle Zahl der Bewertungseinheiten erreicht werden kann. Außerdem kann so vermieden werden, dass z. B. nicht lösungsrelevante Inhalte wiedergegeben und damit unnötig Zeit verschwendet wird.

Bei der Abiturprüfung im Fach Wirtschaft und Recht geht es insbesondere darum, inhaltliche und methodische Kompetenzen zu überprüfen. Deshalb sind viele der gestellten Aufgaben eng an Quellenmaterialien (Texte, Grafiken, statistische Tabellen, Diagramme, Karikaturen) gebunden. Diese stellen zusammen mit den im Unterricht erworbenen Kenntnissen die Grundlage für eine Vernetzung von Einzelinformationen zu einer problembezogenen Gesamtdarstellung dar. Es ist daher sinnvoll, sich bei der Vorbereitung auf das Abitur neben den rein fachlichen Aspekten auch intensiv mit den relevanten Fachmethoden zu beschäftigen. Das heißt konkret, sich (auch fachübergreifend) z. B. mit der Textanalyse, der Auswertung von Tabellen und Diagrammen sowie der Interpretation von Karikaturen auseinanderzusetzen.

Im Folgenden sollen die unterschiedlichen Anforderungsbereiche und die jeweils einzelnen Anforderungsbereichen zugeordneten Operatoren genauer erläutert werden.

Die verschiedenen Anforderungsbereiche in den Aufgabenstellungen

Anforderungsbereich I

Teilbereich Wirtschaft

- Wiedergabe von Inhalten aus einem begrenzten Gebiet im gelernten Zusammenhang
- Beschreibung und Verwendung gelernter und geübter Arbeitsweisen in einem begrenzten Gebiet und einem wiederholenden Zusammenhang

Dazu gehören u. a.:

- Beschreiben von Strukturen (z. B. Aufbau der Europäischen Zentralbank),
- sachgerechtes Wiedergeben fachwissenschaftlicher Begriffe (z. B. Wechselkurs),
- Darstellung von wirtschaftlichen Grundmodellen (z. B. idealtypischer Konjunkturverlauf),
- Ermitteln von wirtschaftlichen Größen (z. B. Ermittlung des Break-even-points),
- Nennen von wirtschaftlichen Zielen (z. B. Magisches Viereck und Erweiterungen).

Dem entsprechen u. a. folgende **Operatoren**:

nennen wiedergeben zusammenfassen	Kenntnisse (Fachbegriffe, Daten, Fakten, Modelle) und Aussagen in komprimierter Form unkommentiert darstellen
beschreiben darstellen	wesentliche Aspekte eines Sachverhaltes im logischen Zusammenhang unter Verwendung der Fachsprache wiedergeben
berechnen ermitteln	Aufgaben anhand vorgegebener Daten und Sachverhalte mit bekannten Operationen lösen

Teilbereich Recht

- Wiedergabe von Inhalten aus einem begrenzten Gebiet im gelernten Zusammenhang
- Beschreibung und Verwendung gelernter und geübter Arbeitsweisen in einem begrenzten Gebiet und einem wiederholenden Zusammenhang

Dazu gehören u. a.:

- Beschreiben von Strukturen (z. B. Gliederung des Rechts),
- sachgerechtes und sprachlich korrektes Wiedergeben fachwissenschaftlicher Begriffe (z. B. Willenserklärung, Normenanalyse),

- Zuordnung eines Sachverhalts zu einem Rechtsgebiet (z. B. Kaufvertrag – Schuldrecht/BGB),
- Auffinden einschlägiger Rechtsnormen in einem bekannten Zusammenhang,
- genaues Zitieren von Rechtsnormen (z. B. Definition einer bestimmten Art des Sachmangels, § 434 S. 2 Nr. 1 BGB),
- Wiedergeben der Analyse im Unterricht erarbeiteter Rechtsnormen (z. B. Schadensersatzpflicht, § 823 BGB),
- fachsprachlich korrekte Lösungen einfacher Fälle in einem geübten Zusammenhang (z. B. Prüfung des Zustandekommens eines Kaufvertrags).

Dem entsprechen u. a. folgende **Operatoren**:

nennen aufzählen wiedergeben zusammenfassen	gelernte Fachbegriffe, Rechtsnormen und Definitionen angeben
beschreiben schildern kennzeichnen darstellen	wesentliche Aspekte eines Sachverhaltes unter Verwendung der Fachsprache darlegen
ermitteln	bekannte Anspruchsnormen finden

Anforderungsbereich II

Teilbereich Wirtschaft

- selbstständiges Ordnen, Bearbeiten und Erklären bekannter Sachverhalte
- selbstständiges Anwenden des Gelernten auf vergleichbare Sachverhalte
- eigenständiges Strukturieren komplexer Texte oder umfassender fachspezifischer Sachverhalte

Dazu gehören u. a.:

- Erklären von wirtschaftlichen Strukturen und Prozessen (z. B. Geldpolitik),
- Vergleichen von wirtschaftlichen Theorien (z. B. nachfrageorientierte und angebotsorientierte Wirtschaftspolitik),
- Anwenden grundlegender Arbeitsweisen (z. B. Auswertung von Tabellen, Grafiken),
- Analysieren bekannter Sachverhalte unter bestimmten Gesichtspunkten (z. B. Grenzen der Fiskalpolitik),
- Erläutern funktionaler Zusammenhänge in der Wirtschaft (z. B. Auswirkungen von Steuersenkungen auf die gesamtwirtschaftliche Nachfrage, Spannungsverhältnis Ökonomie und Ökologie),
- Anwenden von Erklärungs-, Beschreibungs- und Entscheidungsmodellen (z. B. Kreislaufmodell).

Dem entsprechen u. a. folgende **Operatoren**:

erklären erläutern	Sachverhalte durch Wissen und Einsichten in einen Zusammenhang (Theorie, Modell, Regel, Gesetz, Funktionszusammenhang) einordnen und deuten; ggf. durch zusätzliche Informationen und Beispiele verdeutlichen
analysieren	wirtschaftliche Sachverhalte aus Materialien kriterien- bzw. aspektorientiert beschreiben und erklären
auswerten	Daten oder Einzelergebnisse zu einer abschließenden Gesamtaussage zusammenführen
vergleichen	Sachverhalte gegenüberstellen, um Gemeinsamkeiten, Ähnlichkeiten und Unterschiede herauszuarbeiten
herausarbeiten	aus Materialien bestimmte Sachverhalte herausfinden, die nicht explizit genannt werden, und Zusammenhänge zwischen ihnen herstellen
anwenden	grundlegende Arbeitsweisen und Modelle auf unbekannte Sachverhalte bzw. Zusammenhänge übertragen

Teilbereich Recht

- selbstständiger Transfer der im Unterricht erarbeiteten Inhalte
- Anwendung eingeübter Methoden auf neue, aber ähnliche Gegenstände

Dazu gehören u. a.:

- Einordnen von Sachverhalten in Strukturen (z. B. Einordnung in die Systematik des BGB),
- sachgerechtes und sprachlich korrektes Abgrenzen oder Anwenden fachwissenschaftlicher Begriffe (z. B. Vorliegen des Tatbestands des Vertretenmüssens),
- den rechtlichen Hintergrund eines Lebenssachverhalts verdeutlichen und verschiedenen Rechtsgebieten zuordnen (z. B. Verkehrsunfall: Zivilrecht, Strafrecht),
- Auffinden einschlägiger Rechtsnormen in einem unbekannten Zusammenhang,
- eigenständige Analyse von Rechtsnormen mit komplexerem Aufbau,
- Erläutern komplexer Falllösungen und fachwissenschaftlicher Literaturmeinungen (z. B. Analyse höchstrichterlicher Rechtsprechung),
- fachsprachlich korrekte Falllösungen mit bekannter Grundstruktur (z. B. Prüfung eines Schadensersatzanspruchs aus § 823 I BGB).

Dem entsprechen u.a. folgende **Operatoren**:

erklären erläutern aufzeigen	komplexe Fachbegriffe definieren, abgrenzen, an Beispielen verdeutlichen, ob einzelne Tatbestandsmerkmale erfüllt sind
begründen	in einem begrenzten Zusammenhang auf der Basis einzelner Rechtsnormen entscheiden Aufzeigen des Normzwecks
erörtern	Für und Wider rechtlicher Standpunkte darstellen Vor- und Nachteile einer rechtlichen Regelung aufzeigen
analysieren herausarbeiten	rechtlich relevante Informationen aus komplexen Sachverhalten herausarbeiten und strukturieren unbekannte Rechtsnormen in Tatbestandsmerkmale und Rechtsfolgen gliedern
vergleichen abgrenzen	Rechtsnormen gegenüberstellen, um Gemeinsamkeiten und Unterschiede herauszuarbeiten
subsumieren	darstellen, inwiefern in einem Sachverhalt die Tatbestandsmerkmale einer Rechtsnorm erfüllt sind
bestimmen festhalten	beschreiben der Rechtsfolgen bzw. des juristischen Ergebnisses, wenn bestimmte Tatbestandsmerkmale erfüllt sind

Anforderungsbereich III

Teilbereich Wirtschaft

- planmäßiges Verarbeiten komplexer Gegebenheiten mit dem Ziel zu selbstständigen Begründungen, Folgerungen, Lösungsansätzen, Deutungen und Wertungen zu gelangen
- selbstständiges Auswählen und Anwenden geeigneter Arbeitsmethoden und Darstellungsformen in neuen Situationen und deren Beurteilung

Dazu gehören u.a.:

- selbstständige Urteilsbildung hinsichtlich der Anwendbarkeit von Theorien und Modellen auf ein Beispiel bezogen (z.B. Beurteilung fiskalpolitischer Maßnahmen),
- selbstständiges Entwickeln von nachhaltigen Lösungsansätzen (z.B. Rohstoffproblematik)
- Entwickeln von Konzepten und adressatenbezogenes, sachlogisch strukturiertes, fachsprachlich korrektes Gestalten der Arbeitsergebnisse unter Nutzung geeigneter Materialien und Medien,
- Diskutieren von Problemstellungen (z.B. Staatsverschuldung),
- Entwickeln und Beurteilen von Zukunftsszenarien (z.B. Auswirkungen der Arbeitslosigkeit, demographische Entwicklung),
- Bewerten unterschiedlicher wirtschaftlicher Situationen und Lösungsansätze (z.B. wirtschaftspolitische Konzeptionen).

Dem entsprechen u. a. folgende **Operatoren**:

beurteilen	Den Stellenwert von Sachverhalten und Prozessen in einem Zusammenhang bestimmen, um theorie- und kriterienorientiert zu einem begründeten Sachurteil zu gelangen
Stellung nehmen	Ausgehend vom Sachurteil unter Einbeziehung individueller Wertmaßstäbe zu einem begründeten eigenen Werturteil kommen
selbstständiges Entwickeln	zu einem Sachverhalt oder einer Problemstellung ein konkretes Lösungsmodell, eine Gegenposition oder einen Regelungsentwurf begründet entfalten
gestalten	Aufbereiten und adressatenbezogenes, sachlogisch strukturiertes, fachsprachlich korrektes Darstellen der selbstständig entwickelten Ergebnisse
diskutieren	zu einer ökonomischen Problemstellung eine Pro- und Kontra-Argumentation entwickeln, die zu einer begründeten Bewertung führt

Teilbereich Recht

- planmäßige Analyse komplexer Sachverhalte mit dem Ziel, zu selbstständigen Begründungen, Folgerungen, Lösungsansätzen, Deutungen und Wertungen zu gelangen
- selbstständiges Anwenden fachspezifischer Arbeitsmethoden und Darstellungsformen in neuen Situationen und das Beurteilen der Ergebnisse

Dazu gehören u. a.:

- selbstständiges Auslegen unbestimmter Rechtsbegriffe und Interpretieren von Rechtsnormen,
- Reflektieren von Normen hinsichtlich des Normzwecks bzw. zugrunde liegender Gerechtigkeitsvorstellungen,
- Bewertung z. B. von eigenen Falllösungen, Rechtsprechung und herrschender Meinung im Hinblick auf Grundwerte der Bundes- und Länderverfassungen, insbesondere in vielschichtigen Entscheidungssituationen,
- sachlogisch strukturierte und fachsprachlich korrekte Argumentation bei der Lösung von komplexen Problemstellungen,
- Prüfung eines komplexen, unbekannten Falles im Gutachtenstil,
- Entwickeln eigener Fallbeispiele,
- Entwerfen von Alternativen zu geltenden Normen.

Dem entsprechen u. a. folgende **Operatoren**:

prüfen untersuchen	Subsumtion ausgewählter Tatbestandsmerkmale
beurteilen abwägen diskutieren	ausgehend von einer kriterienorientierten Pro- und Kontra-Darstellung unter Einbeziehung individueller Wertmaßstäbe ein begründetes eigenes Werturteil darstellen
Stellung nehmen bewerten würdigen	unter Einbeziehung individueller Wertmaßstäbe ein begründetes eigenes Werturteil darstellen
entwickeln	zu einem Sachverhalt oder einer Problemstellung einen eigenen Regelungsentwurf begründet entwerfen zu einer unbekannten Rechtsnorm ein passendes Fallbeispiel darstellen
widerlegen	eingehen auf vorgegebene Argumente und eine begründete Gegenposition formulieren
prüfen im Gutachtenstil untersuchen im Gutachtenstil prüfen nach Prüfschema	Aufwerfen der Fallfrage („Wer will was von wem woraus?"), dabei Nennen der Anspruchsgrundlage und systematisches Prüfen der Tatbestandsmerkmale und Subsumtion

vgl.: Beschlüsse der Kultusministerkonferenz – Einheitliche Prüfungsanforderungen in der Abiturprüfung Wirtschaft, Recht

Beispiele für typische Aufgabenstellungen bei schriftlichen Abiturprüfungen aus den verschiedenen Anforderungsbereichen

Anforderungsbereich I

- **Stellen Sie den Aufbau des Europäischen Systems der Zentralbanken (ESZB) dar und führen Sie wesentliche Aufgaben der Europäischen Zentralbank (EZB) auf!**

Lösungshinweise: Hier genügt die reine Wiedergabe gelernter Inhalte, z. B.:

Das ESZB umfasst die EZB und die nationalen Zentralbanken aller EU-Mitgliedstaaten (Artikel 282 Vertrag über die Arbeitsweise der Europäischen Union (AEUV)), unabhängig davon, ob sie den Euro eingeführt haben oder nicht. Der EZB-Rat ist das wichtigste Beschlussorgan der EZB. Er besteht aus dem Direktorium und den Präsidenten aller nationalen Zentralbanken der 15 Länder des Euroraums. Die EZB ist von politischen Weisungen unabhängig.

Zu den wesentlichen Aufgaben der EZB gehören:
- Festlegung und Durchführung der Geldpolitik des Euro-Währungsgebiets
- Durchführung von Devisengeschäften

- Verwalten der offiziellen Währungsreserven der Mitgliedstaaten
- Förderung des reibungslosen Funktionierens der Zahlungssysteme

ggf. weitere Aufgaben:
- Ausgabe von Banknoten innerhalb des Euroraums
- Erhebung statistischer Daten
- Aufsicht über die Kreditinstitute und die Stabilität des Finanzsystems

- **Stellen Sie unter Einbeziehung des gegebenen Sachverhalts das Wesen und die wirtschaftliche Bedeutung des Abstraktionsprinzips dar!**

Lösungshinweise: Hier genügt die Wiedergabe von Inhalten aus einem begrenzten Gebiet im gelernten Zusammenhang, z. B.:

Als Abstraktionsprinzip bezeichnet man im bürgerlichen Recht die Trennung von Verpflichtungsgeschäft (schuldrechtliches Grundgeschäft) und Erfüllungsgeschäft (Verfügungsgeschäft, sachenrechtliches Geschäft). Das Verpflichtungsgeschäft stellt in diesem Fall der Kaufvertrag (§§ 145, 147, 433 BGB) dar. Die Übereignung des Geldes durch Einigung und Übergabe (§§ 145, 147, 929, 854 I BGB) stellt das eine, die Übereignung der Sache durch Einigung und Übergabe (§§ 145, 147, 929, 854 I BGB) das andere Erfüllungs- bzw. Verfügungsgeschäft dar. Die Verträge führen ein juristisches Eigenleben und sind hinsichtlich ihrer Wirksamkeit unabhängig voneinander.

So kann z. B. eine Sache, bei der ein Dritter Eigentümer ist oder die noch gar nicht hergestellt ist, bereits verkauft werden. In einer arbeitsteiligen Wirtschaft (Marktwirtschaft) ist dies von besonderer Bedeutung. Die dadurch möglichen Reihengeschäfte erleichtern den Handel über mehrere Stufen.

Die durch das Abstraktionsprinzip gegebene Möglichkeit des Verkaufs unter Eigentumsvorbehalt verbessert die Position des Verkäufers. Zahlt der Käufer nicht, so kann der Verkäufer nach Rücktritt als Eigentümer die bereits übergebene Sache zurückfordern.

Anforderungsbereich II

- **Erklären Sie auch anhand einer grafischen Darstellung, welche Auswirkungen es auf den Wechselkurs des Euro gegenüber dem US-Dollar hat, wenn sich die Ölscheichs mit Euros eindecken und kapitalkräftige Staaten sich vom Dollar abwenden!**

Lösungshinweise: Gelernte Sachverhalte bzw. Modelle, wie hier das Marktschema, sollen selbstständig auf einen neuen Sachverhalt angewendet werden. Es ist dabei sinnvoll, zunächst den neuen Sachverhalt zu erschließen und deutlich zu machen.

Die Fragestellung verlangt konkret eine grafische Darstellung sowie eine verbale Erklärung der Inhalte dieser Grafik, z. B.:

„Wenn sich die Ölscheichs mit Euros eindecken und kapitalkräftige Staaten sich vom Dollar abwenden“, steigt an den Devisenmärkten die Nachfrage nach Euro. Die Nachfragekurve verschiebt sich nach rechts von N_0 auf N_1. Bleibt das Angebot an Euro gleich *(ceteris paribus-Bedingung)*, steigt der Preis für Euros in US-Dollar, d. h., der Kurs steigt von k_0 auf k_1.

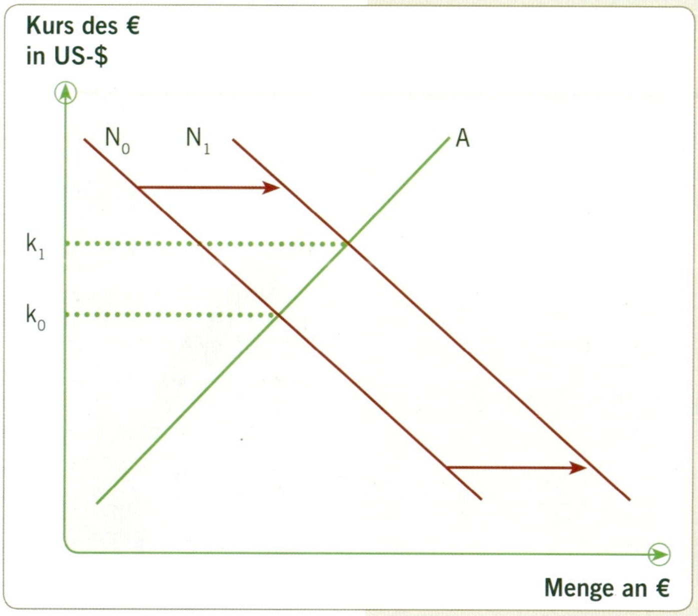

- **Zeigen Sie, wie der Rechtsgedanke „pacta sunt servanda“ (Verträge sind einzuhalten) jeweils bei der Verzögerung der Leistung und beim Vorliegen eines Sachmangels berücksichtigt wird!**

Lösungshinweis:
Der Operator „Zeigen“ verlangt eine schlüssige, begründete Darstellung. Die genannten Leistungsstörungen sind voneinander abzugrenzen und die jeweilige Umsetzung des Rechtsgedankens „pacta sunt servanda“ ist zu verdeutlichen, z. B.:

Der Erfüllungsanspruch für den Gläubiger und das Erfüllungsrecht für den Schuldner bleiben beim Vorliegen einer der beiden Leistungsstörungen zunächst grundsätzlich bestehen.

Eine sofortige Lösung vom Vertrag durch den jeweiligen Gläubiger ist in beiden Fällen nicht möglich.

Eine Verzögerung der Leistung liegt dann vor, wenn die Leistung grundsätzlich noch erbracht werden kann. Um den Grundsatz *pacta sunt servanda* Rechnung zu tragen, muss dem Schuldner zunächst die Möglichkeit gegeben werden, seiner Leistungspflicht noch nachzukommen. Dies erfolgt grundsätzlich über eine Fristsetzung zu Leistung. Ein Rücktritt ist erst nacherfolglosem Ablauf der Frist möglich.

Auch beim Sachmangel wird dem Schuldner ein Recht zur zweiten Andienung in Form einer Frist zur Nacherfüllung (Beseitigung des Mangels oder Lieferung einer mangelfreien Sache) eingeräumt. Auch hier ist der Rücktritt erst nach Ablauf der Frist möglich.

Nur beim Vorliegen bestimmter Ausnahmetatbestände, bei denen die Fristsetzung entbehrlich ist, kann in beiden Fällen der sofortige Rücktritt vom Vertrag erfolgen.

Anforderungsbereich III

- **Interpretieren Sie die Abbildung vor dem Hintergrund der darin erkennbaren tarifpolitischen Position!** *Abituraufgabe Bayern 2014*

Karikatur: Tomicek

Lösungshinweis:
Die Auseinandersetzung mit einer Karikatur vollzieht sich in der Regel in einem Zwei- bzw. Dreischritt:
Bildbeschreibung (Szenerie, Personen, Handlung etc.) – Deutung (Welches Problem wird angesprochen? Welche realen Personen (z. B. Politiker) oder Szenarien sind ggf. dargestellt?) – Ggf. Beurteilung (Ist die Sichtweise des Karikaturisten überzeugend? Darstellung der eigenen Meinung).
Bei dieser Aufgabenstellung ist dabei auch auf die grundlegenden tarifpolitischen Positionen einzugehen, z. B.:

Die Abbildung zeigt eine rote, gezackte Pfeillinie, die zunächst sinkt, später steigt. Der Richtungswechsel wird durch einen Schlag mit einem Boxhandschuh auf die Linie ausgelöst. Die Abbilddung wird durch den Text „Unser Konjunkturprogramm: Lohnerhöhung wirkt sofort" ergänzt.
Die rote Linie soll offensichtlich den Konjunkturverlauf darstellen. Der Abschwung wird durch eine Lohnerhöhung, die durch die Faust mit einem Boxhandschuh symbolisiert wird, „schlagartig" in einen Aufschwung umgelenkt.

Die erkennbare tarifpolitische Position ist die der Arbeitnehmer bzw. der Gewerkschaften. Diese fordern im Rahmen der „offensiven Lohnpolitik" Lohnerhöhungen, die sie auch wirtschaftspolitisch über die damit einhergehende zu erwartende Erhöhung der gesamtwirtschaftlichen Nachfrage begründen.

Die Argumentationskette der Arbeitnehmer lässt sich wie folgt beschreiben: Lohnerhöhungen führen zu einer Erhöhung des verfügbaren Einkommens der privaten Haushalte, was wiederum zu höheren Konsumausgaben führt. Damit wird die gesamtwirtschaftliche Nachfrage gestärkt. Die Produktion und die Beschäftigung im Unternehmenssektor nehmen zu, ein höheres Wirtschaftswachstum ist die Folge. Ggf. kann es zu Multiplikatoreffekten kommen.

- **Prüfen Sie, ob im vorliegenden Fall der Autohändler A einen Anspruch aus unerlaubter Handlung gemäß § 823 gegen Franz T. hat!**

  Abituraufgabe Bayern 2007

Jugendliche Diebesbande wütet bei Autohändler

München – Ein Autohändler in München wurde Opfer einer Jugendbande. Jugendliche Täter durchstreiften am Montagabend auf der Suche nach Diebesgut den Hof des Autohändlers A. Unter anderem brachen sie vier Autos auf, beschädigten diese dabei erheblich und entwendeten Audiosysteme im Wert von insgesamt 1.400 Euro.

Am anderen Ende des Hofes wartete schon ein Hehler. Der erst 15-jährige Anführer der Bande, Franz T., der selbst zwei Autos aufgebrochen hatte, übergab dem Hehler das Diebesgut und erhielt dafür im Gegenzug 800 Euro in bar. Dabei wurden sie von Zeugen beobachtet, die sofort die Polizei riefen. Die Jugendlichen wurden noch am Tatort festgenommen, der Hehler konnte aber mit dem Diebesgut flüchten. Seine Identität konnte nicht ermittelt werden.

Besonders Besorgnis erregend ist für die Polizei, dass sich unter den Tätern auch der erst 12-jährige Manuel M. befand. „Wir beobachten vermehrt, dass der Einstieg in die kriminelle Laufbahn in immer jüngeren Jahren beginnt“, so Kriminalhauptkommissar Rudolf P., der die Jugendlichen verhört hatte.

Lösungshinweise: Eine Prüfung (im Gutachtenstil) verlangt immer ein Nennen der zu untersuchenden Anspruchsgrundlage und ein systematisches Prüfen aller Tatbestandsmerkmale mit Subsumtion, z. B.:

Der Autohändler A könnte gegen Franz T einen Anspruch aus unerlaubter Handlung gem. § 823 I BGB haben.

- Rechtsgutverletzung: Es liegt eine Eigentumsverletzung vor, da T Autos aufgebrochen und Audiosysteme entwendet hat.
- Schaden: Für die Beseitigung der durch das Aufbrechen an den Autos entstandenen Schäden fallen für T Kosten an. Der Wiederbeschaffungswert der entwendeten Audiosysteme beträgt 1.400 Euro.
- Adäquate Kausalität: Die Rechtsgutverletzungen waren ursächlich für den entstandenen Schaden.
- Widerrechtlichkeit: Für das Handeln des T sind keine Rechtfertigungsgründe ersichtlich.

- Verschulden: T handelte vorsätzlich. Er brach die Autos absichtlich auf, um die Audiosysteme entwenden zu können.
- Deliktsfähigkeit: T ist gem. § 828 III BGB beschränkt deliktsfähig, er ist 15 Jahre alt. Demnach wäre er für die entstandenen Schäden nicht verantwortlich, wenn er bei seinen Handlungen nicht die zur Erkenntnis seiner Verantwortlichkeit erforderliche Einsicht gehabt hätte. Bei einem 15-Jährigen sollte man aber davon ausgehen, dass er weiß, dass das Aufbrechen von Autos, der Diebstahl von Audiosystemen und deren Weitergabe den Eigentümer der Sachen schädigen.

Ergebnis: A hat gegen T einen Anspruch auf Schadensersatz gem. 823 I BGB.

Ggf. kommt auch ein Schadenersatzanspruch aus § 823 II i.V.m. §§ 123, 242, 243, 259, 303 StGB in Betracht.

Beispiele
für schriftliche Abituraufgaben

A Die Rolle der Europäischen Zentralbank

Seit Einführung des Euro trägt die EZB die Verantwortung für die Preisniveaustabilität im Euro-Raum. Zugleich soll die Notenbank auch die allgemeine Wirtschaftspolitik des Währungsraums unterstützen – allerdings nur soweit, als hierdurch nicht das Ziel Preisniveaustabilität beeinträchtigt wird.

Der Leitzins im Euro-Raum bewegt sich seit 2010 auf einem niedrigen Niveau und erreichte im Jahr 2013 den historischen Tiefstand von 0,25 %.

Wirtschaftliche Entwicklung

		2010	2011	2012	2013[3]
Deutschland	reales Wirtschaftswachstum[1]	4,0	3,3	0,7	0,5
	Arbeitslosigkeit[2]	7,7	7,1	6,8	6,9
Frankreich	reales Wirtschaftswachstum[1]	1,7	2,0	0,0	0,2
	Arbeitslosigkeit[2]	9,7	9,6	10,2	11,2
Spanien	reales Wirtschaftswachstum[1]	–0,2	0,1	–1,6	–1,3
	Arbeitslosigkeit[2]	20,1	21,7	25,0	27,0
Eurozone	durchschnittliche Inflation[4]	1,6	2,7	2,5	1,5

[1] reales BIP, Veränderungen zum Vorjahr in Prozent; [2] Arbeitslosenquote im Jahresdurchschnitt in Prozent; [3] Prognosewerte; [4] pro Jahr in Prozent, gemessen am Harmonisierten Verbraucherpreisindex (HVPI)

Quelle: de.statis.com, epp.eurostat.ec.europa.eu, de.inflation.eu, aufgerufen am 25.11.2013

Aufgaben

1. Begründen Sie die wirtschaftspolitischen Ziele Preisniveaustabilität und Wirtschaftswachstum.
2. Vergleichen Sie die wirtschaftliche Entwicklung in Deutschland, Frankreich und Spanien im dargestellten Zeitraum.
3. Erläutern und beurteilen Sie die Niedrigzinspolitik der EZB vor dem Hintergrund der vorliegenden Daten. Gehen Sie dabei auch auf mögliche Grenzen der Geldpolitik ein.

Abituraufgabe Bayern 2014

Hinweis: Die Auswahl der angegebenen Abituraufgaben wurde hinsichtlich der Anforderungen und des Aufgabenformats ausschließlich vom Verlag getroffen.
Bei den angebotenen Lösungsvorschlägen handelt es sich jeweils um Autorentexte.

Schweizer Juristen raten: Prüfen Sie die Ware noch vor dem Kauf

Zusammenbrechende Kommoden, Jacken mit offenen Nähten und einen Mixer, der nicht geht, kann man bis ein Jahr nach Kaufdatum zurückbringen.

Wer im Laden Ware aus dem Regal nimmt, zur Kasse trägt und bezahlt, schließt einen Kaufvertrag ab. Das Schweizer Schuldrecht sieht für alle Kaufgegenstände eine Gewährleistung vor. Bei Sachen dauert die Gewährleistungsfrist ein Jahr.

Die Ware sollte noch im Geschäft genau angeschaut und auf Mängel geprüft werden. Kann man die gekaufte Ware jedoch erst zu Hause ausprobieren, soll man dies rasch tun. Später fällt es schwer zu beweisen, dass die Sache bereits beim Kauf mangelhaft war.

Nach dem Gesetz hat der Kunde bei einem Mangel drei Möglichkeiten: Wandelung, Minderung oder Ersatz. Bei schwerwiegenden Mängeln kann der Kunde den Vertrag rückgängig machen, man spricht von der Wandelung. Ist der Mangel nicht gravierend, kann der Kunde eine Preisreduktion, eine sogenannte Minderung verlangen. Häufig wird in der Praxis gleich ein Ersatzstück verlangt. Das ist manchmal leichter gesagt als getan. Was ist, wenn es die Jacke nicht mehr gibt? Der Kunde muss nicht auf ein anderes Modell ausweichen, wenn er gerade dieses eine Kleidungsstück wollte. Er darf das Geld zurückverlangen und braucht einen Gutschein des Geschäfts nicht zu akzeptieren.

Nicht ausdrücklich im Gesetz vorgesehen ist die Reparatur. Dennoch können sich Käufer und Verkäufer statt auf Wandelung, Minderung oder Ersatz auf eine Reparatur einigen. Es gibt Geschäfte, die locken Kundschaft mit einer Garantie. Kunden ohne Garantieschein fahren jedoch oft besser als solche mit. Denn die Versprechen in Garantiescheinen gehen in vielen Fällen weniger weit als die gesetzlichen Regelungen. Oft kommt es vor, dass das Geschäft Leistungen auf bestimmte Schäden reduziert, indem es Verschleißteile wie etwa Akkus aus der Garantie nimmt. Diese Vereinbarung ist dann bindend. Die gesetzliche Regelung gilt nur, wenn nichts anderes vereinbart wurde.

Bei größeren Kaufsummen lohnt es sich, mit dem Verkäufer zu besprechen, welche Leistungen man bekommt, wenn die Ware nicht einwandfrei funktioniert. Wird die Ware umgetauscht oder ersetzt? Bekommt man ein Leihgerät während einer Reparatur? Wichtig ist, dass man sich die ausgehandelten Lösungen dann auch schriftlich bestätigen lässt. Mündliche Versprechen sind häufig keinen Pfifferling wert.

Rahel Guggisberg, Prüfen Sie die Ware noch vor dem Kauf, www.bernerzeitung.ch, aufgerufen am 5.10.2011, bearbeitet

Aufgaben

1. Vergleichen Sie die Aussagen zum Schweizer Gewährleistungsrecht mit den Regelungen zur Gewährleistung im BGB vor dem Hintergrund des Verbraucherschutzes.
2. Zeigen Sie auf, welche Aspekte der Vertragsfreiheit im Text angesprochen werden und zu welchen Problemen sie führen können.
3. Stellen Sie dar, inwiefern durch den im BGB normierten Verbraucherschutz ein gerechter Interessenausgleich zwischen Verbraucher und Unternehmer erzielt wird.

Abituraufgabe Bayern 2012

A Trikot-Raub

Trikot-Räuber muss büßen
Fan vom Nachbarverein war das Opfer

Ein 1. FKM-Fan, der einem Anhänger vom Ligakonkurrenten Spielvereinigung Franken Fantrikot vom Leib gerissen hatte und wegen Raubes verurteilt worden war, kann sich nicht darauf hinausreden, nur ein Bagatelldelikt begangen zu haben. Das Oberlandesgericht (OLG) bestätigte jetzt das entsprechende Urteil des Amtsgerichts.

Mit seinem Beschluss verwarf das OLG jetzt die Revision des 20-jährigen Marvin P., der wegen dieses Deliktes verurteilt worden war. Der 1. FKM-Fan hatte im November 2012 dem 25-jährigen Spielvereinigung Franken-Fan Stefan U. nach dem Derby zwischen den beiden Mannschaften verfolgt und diesem mit Gewalt das Trikot in den Vereinsfarben vom Leib gezerrt. Zuerst versteckte er die zerfetzte „Beute" unter seinem Pullover, später wurde sie im Auto deponiert.

Nach dem ersten Urteil, das die Tat als Raub einstufte, legte Marvin P. Berufung ein. Seiner Ansicht nach ist das Wegnehmen von Fan-Utensilien nur ein Bagatelldelikt, aber kein Raub. Schließlich wolle man das eroberte Gut in diesem Fall nicht in Besitz nehmen.

Mit dieser Argumentation stieß er jetzt beim Gericht auf wenig Gegenliebe: Zwar liege ein Raub tatsächlich nur dann vor, wenn der Täter sich die weggenommene Sache zu Eigen machen wolle, und nicht dann, wenn er sie von Anfang an wegwerfen oder vernichten wolle. Wenn man diese Entscheidung aber hinauszögert und sich damit so verhält, als ob einem die weggenommene Ware gehört, dann wird diese Tat nach Auffassung des Oberlandesgerichts mit Recht als Raub bewertet.

§ 249 StGB Raub

(1) Wer mit Gewalt gegen eine Person oder unter Anwendung von Drohungen mit gegenwärtiger Gefahr für Leib oder Leben eine fremde bewegliche Sache einem anderen in der Absicht wegnimmt, die Sache sich oder einem Dritten rechtswidrig zuzueignen, wird mit Freiheitsstrafe nicht unter einem Jahr bestraft.

(2) (...)

Aufgabe

1. Belegen Sie mit den Aussagen des Zeitungsartikels, dass im dargelegten Fall alle Tatbestandmerkmale des § 249 StGB erfüllt sind.
2. Begründen Sie im Hinblick auf den Präventionsgedanken die grundsätzliche Festlegung einer Mindestfreiheitstrafe bei Raub.
3. Prüfen Sie im Gutachtenstil, ob der Stephan U. gegen Marvin P. einen Anspruch auf Schadensersatz geltend machen kann.

Abituraufgabe Bayern 2013

8.2 Die mündliche Abiturprüfung im Fach Wirtschaft und Recht

Allgemeines zur mündlichen Prüfung

Das Fach Wirtschaft und Recht kann auch Gegenstand einer der beiden mündlichen Abiturprüfungen (Kolloquium) sein.

Stoffeingrenzung und Schwerpunktsetzung

Um den Prüfungsstoff einzugrenzen, können von den Schülerinnen und Schülern die Inhalte eines Ausbildungsabschnittes der 11. Jahrgangsstufe für das Kolloquium ausgeschlossen werden. Gleichzeitig können die Inhalte eines der drei verbleibenden Ausbildungsabschnitte zum Prüfungsschwerpunkt erklärt werden.

Der Prüfungsausschuss legt zu allen vier Ausbildungsabschnitten jeweils mindestens drei Themenbereiche fest, die dann zum Gegenstand der Prüfung werden können. Bis spätestens vier Wochen vor dem Prüfungstermin legt sich die Schülerin oder der Schüler auf einen dieser Themenbereiche als Schwerpunktbereich fest.

Prüfungsablauf und Prüfungsvorbereitung

Das Kolloquium gliedert sich in zwei Prüfungsteile von je etwa 15 Minuten Dauer. Der erste Teil umfasst ein *Kurzreferat* von etwa zehn Minuten Dauer zu einem Thema aus dem Schwerpunktbereich sowie ein fünfminütiges Prüfungsgespräch zum Kurzreferat.

Im zweiten Teil erfolgt dann ein *Prüfungsgespräch* über Problemstellungen aus den verbleibenden beiden Ausbildungsabschnitten.

Das Thema des Kurzreferats wird der Schülerin oder dem Schüler 30 Minuten vor Prüfungsbeginn schriftlich vorgelegt. Je nach Aufgabenstellung können auch Materialien zur Verfügung gestellt werden. Die Schülerin oder der Schüler bereitet sich auf das Referat unter Aufsicht vor und kann dabei Aufzeichnungen als Grundlage für die Ausführungen machen.

Bewertung

Sowohl im ersten als auch im zweiten Prüfungsteil wird neben den *fachlichen Kenntnissen* und Fertigkeiten jeweils auch die *Gesprächsfähigkeit* bewertet.

Im fachlichen Bereich sind dies u. a:
- das Erfassen des Themas bzw. der Probleme
- die Systematik der Gliederung bzw. des Aufbaus des Referats bzw. der Antwort
- das Urteilsvermögen
- die Tiefe der Fachkenntnisse
- die Beherrschung der Fachmethoden und die Beherrschung der Fachsprache

Bei der Gesprächsführung werden u. a. bewertet:

- die Art des Vortrags und der Darstellung
- die Logik in der Argumentation
- die Veranschaulichung der Sachverhalte
- die Darlegung einer eigenen (begründeten) Meinung
- die Fähigkeit, auf den Gesprächspartner einzugehen (Fragen, Hilfestellungen etc.)

Hinweise zum Aufbau und zur Gestaltung des Referats

Ein Referat folgt in der Regel folgendem *Aufbau*:

- *Einführung*
  Hier sollte die Themenstellung nochmals formuliert oder die Fragestellung kurz begründet werden, die im Referat erörtert wird.
  Die Grobgliederung sollte kurz vorgestellt werden.
- *Hauptteil*
  Im Hauptteil erfolgt die eigentliche Auseinandersetzung mit den eingangs aufgeworfenen Fragen sowie im Idealfall die Zuspitzung der Ausführungen auf bestimmte Thesen.
  Die Kerngedanken der Argumentation sollten kurz und prägnant formuliert werden. („In der Kürze liegt die Würze!")
  Wo dies möglich ist, sollten Mittel der Veranschaulichung genutzt werden (z. B. Folien, Einsatz der Wandtafel).
- *Schluss*
  Zum Schluss sollten die wesentlichen Kernaussagen des Hauptteils nochmals zusammengefasst und ggf. mit einer Schlussfolgerung, einem Ausblick in die Zukunft, einem einprägsamen Bild oder einem Leitgedanken abgerundet werden.

Ausgesprochen wichtig ist, dass die vorgegebene *Dauer des Referats* von zehn Minuten eingehalten wird. Es empfiehlt sich daher, sich bei der Vorbereitung ein *Zeitraster* zu erstellen, an das man sich beim Vortrag dann auch halten sollte. Planen Sie jeweils etwa eine Minute für die Einführung und eine Minute für den Schluss ein. In den restlichen acht Minuten kann man sich dem Hauptteil widmen, wobei auch hier eine angemessene Verteilung der Zeit auf die einzelnen inhaltlichen Aspekte erfolgen sollte. Hilfreich ist die Angabe der Zeit, die man beim Erreichen eines Gliederungspunkts höchstens verbraucht haben darf. Ein Überschreiten dieser Zeit mahnt zur Eile, ein Unterschreiten zum langsameren Vortragen. Beim Kurzreferat ist die Vortragsweise ein wesentlicher Bestandteil der Bewertung. Deshalb sollten die bekannten Kriterien für einen guten Vortrag beachtet werden.

Glossar

Abstraktionsprinzip
Im deutschen Recht die Trennung zwischen Rechtsgeschäften, bei denen eine Verpflichtung eingegangen wird (Verpflichtungsgeschäfte, z. B. Kaufvertragsschluss) und Rechtsgeschäften, die ein Recht unmittelbar verändern (Verfügungsgeschäfte, z. B. Eigentumsübertragung).

Angebot/Antrag
Einseitige, empfangsbedürftige Willenserklärung, durch die einem anderen der Abschluss eines Vertrages angeboten wird (§ 145 BGB).

Angebotstheorie
Die Angebotstheorie setzt nicht bei der gesamtwirtschaftlichen Nachfrage, sondern bei der Angebotsseite an. Wirtschaftliches Wachstum und die Schaffung von Arbeitsplätzen sollen über die Verbesserung der Angebotsbedingungen erreicht werden. Höhere Gewinne sind die Voraussetzungen für mehr Investitionen und eine Erhöhung der Beschäftigung. Mittel der Angebotspolitik sind zum Beispiel die Senkung von Unternehmenssteuern und die Deregulierung. Wesentlicher Bestandteil der Angebotstheorie ist eine potenzialorientierte Geldpolitik (Monetarismus).

Annahme
Einseitige Willenserklärung, durch die ein Antrag vorbehaltlos bejaht wird und die zum Zustandekommen eines Vertrages führt (§§ BGB 147 ff.).

Anspruch
Recht, von einem anderen ein Tun oder Unterlassen zu verlangen (§ 194 I BGB).

Arbeitgeberverbände
Freiwillige Zusammenschlüsse von Arbeitgebern zur Vertretung ihrer sozialpolitischen und arbeitsrechtlichen Interessen gegenüber den Gewerkschaften als Tarifpartner und dem Staat.

Arbeitslosigkeit
Arbeitslose sind Personen, die eine bezahlte Beschäftigung suchen, aber keine finden. Als arbeitslos gelten Personen, die arbeitsfähig und arbeitswillig sowie bei der Arbeitsagentur gemeldet sind. Im volkswirtschaftlichen Sinne gibt es Arbeitslosigkeit, wenn das Angebot an Arbeitsleistung größer ist als die Nachfrage. Arbeitslosigkeit wird anhand der Arbeitslosenquote gemessen. Dazu werden die registrierten Arbeitslosen zu den Erwerbspersonen (Erwerbstätige und Arbeitslose) in Beziehung gesetzt. Nach den Ursachen werden die friktionale, saisonale, konjunkturelle und strukturelle Arbeitslosigkeit unterschieden.

Arbeitsmarktpolitik
Gesamtheit aller Maßnahmen der Träger der Wirtschaftspolitik, die das Angebot und die Nachfrage auf dem Arbeitsmarkt beeinflussen sollen.

Außenhandelspolitik
Alle tarifären und nichttarifären Maßnahmen der Träger der Wirtschaftspolitik, die sich auf den Waren-, Dienstleistungs- und Kapitalverkehr mit dem Ausland erstrecken. In der Europäischen Union ist die Außenhandelspolitik vergemeinschaftet und wird von der Europäischen Kommission bestimmt.

Außenwirtschaftspolitik
Alle Maßnahmen der Träger der Wirtschaftspolitik, mit denen die internationalen Wirtschaftsbeziehungen, also der internationale Waren-, Dienstleistungs- und Kapitalverkehr beeinflusst und gesteuert werden soll.

Bruttoinlandsprodukt (BIP)
Gesamtwert aller wirtschaftlichen Leistungen einer Volkswirtschaft, die im Laufe eines bestimmten Zeitraums (häufig eines Jahres) innerhalb der Landesgrenzen erbracht wurden.

Bürgerliches Gesetzbuch (BGB)
Das BGB trat am 1. Januar 1900 in Kraft und regelt die Grundmaterien des bürgerlichen Rechts. Es gliedert sich in fünf Bücher (Allgemeiner Teil, Schuldrecht, Sachenrecht, Familienrecht, Erbrecht). Die leitenden Grundsätze des BGB sind die seit Jahrhunderten geltenden Prinzipien wie Achtung der Einzelpersonen und ihrer Privatautonomie, der gesetzmäßig erworbenen Rechte, Vertragstreue, Schadensersatzpflicht bei Rechtsverletzung und Verbot von Arglist und Rechtsmissbrauch. Das Gesetzeswerk des BGB gilt als bedeutende wissenschaftliche Leistung des 19. Jahrhunderts.

Einigung
Übereinstimmung von Willenserklärungen.

Europäische Zentralbank (EZB)
Die für die Geldpolitik im Euro-Raum zuständige Zentralbank. Wichtigste Aufgabe der Europäischen Zentralbank ist die Sicherung der Stabilität des Euro. Geleitet wird die Europäische Zentralbank vom EZB-Rat. Die EZB ist gegenüber politischen Weisungen unabhängig.

Exportquote
Verhältnis der Exporte einer Volkswirtschaft zu ihrem Bruttoinlandsprodukt. Sie gibt somit Aufschluss über den Umfang des Handels, den die Volkswirtschaft treibt. Die Exportquote wird herangezogen, um den Grad der Offenheit einer Volkswirtschaft zu beurteilen.

Fahrlässigkeit
Fahrlässigkeit liegt dann vor, wenn die im Verkehr erforderliche Sorgfalt außer Acht gelassen wurde (§ 276 II BGB). Eine Form des Verschuldens neben dem Vorsatz.

Forderung
Das aus einem Schuldverhältnis herrührende Recht des Gläubigers gegen den Schuldner auf Erbringung der geschuldeten Leistung (Anspruch).

Form
Bei bestimmten Rechtsgeschäften sind Schriftform oder notarielle Form vorgeschrieben. Ihre Missachtung hat die Nichtigkeit des Rechtsgeschäfts zur Folge.

Freihandel
Idealvorstellung eines weltweiten Warenaustauschs ohne staatliche Beschränkungen, das heißt frei von tarifären und nichttarifären Handelshemmnissen. Vertreter des Freihandels gehen davon aus, dass nur so eine optimale Arbeitsteilung zwischen den einzelnen Volkswirtschaften und damit der größtmögliche Wohlstand für alle beteiligten Länder erreicht werden kann.

Gattungsschuld
Die Leistungspflicht erstreckt sich bei der Gattungsschuld auf eine nur art-/gattungsmäßig beschriebene Sache (z. B. 10 Kilo Äpfel) (§ 243 BGB).

Gefahrübergang
Übergang der Gefahr des zufälligen Untergangs bzw. der zufälligen Verschlechterung der Kaufsache vom Verkäufer an den Käufer. In der Regel erfolgt der Gefahrübergang mit der Übergabe der Kaufsache (§ 447 BGB).

Geschäftsfähigkeit
Fähigkeit, wirksame Willenserklärung abzugeben und entgegenzunehmen (§§ 104 ff. BGB).

Gewährleistung
Die gesetzliche Verpflichtung eines Schuldners, für die Mangelfreiheit einer Sache oder eines Werkes einzustehen (§§ 434 ff. BGB).

Gewerkschaften
Freiwillige Vereinigungen von Arbeitnehmern zur Vertretung ihrer sozialpolitischen und wirtschaftlichen Interessen gegenüber den Arbeitgeberverbänden als Tarifpartner und dem Staat.

Gläubiger
Derjenige, der gegen einen Schuldner einen Anspruch hat, also das Recht, von ihm ein Tun, Dulden oder Unterlassen zu verlangen.

Globalisierung
Bezeichnung für den fortschreitenden Prozess der weltweiten Arbeitsteilung und Vernetzung der Märkte. Ermöglicht wurde die Globalisierung durch die Liberalisierung des Welthandels, neue Kommunikationstechnologien und sinkende Transportkosten.

Gutachtenstil
Formulierungsstil, bei dem zu Beginn die zu prüfende Anspruchsgrundlage formuliert und das Ergebnis erst nach einer eingehenden Prüfung der Tatbestandsmerkmale (vollständige Subsumtion) am Ende verfasst wird.

Inflation
Prozess stetiger und allgemeiner Steigerung des Preisniveaus beziehungsweise anhaltender Geldentwertung. Die Inflationsrate wird an Hand eines Preisindex gemessen, der auf der Grundlage eines Warenkorbes errechnet wird. Inflation bedeutet, dass die Geldmenge schneller wächst als die Gütermenge.

Kaufvertrag
Ein schuldrechtlicher, gegenseitiger Vertrag, bei dem die Übereignung einer Sache gegen Zahlung des Kaufpreises geschuldet wird (§ 433 BGB).

Keynesianismus
Nach dem britischen Ökonomen John Maynard Keynes (1883–1946) benannte makroökonomische Theorie. Sie fußt auf der Annahme, dass Angebot und Nachfrage auf den Märkten nicht automatisch zu einem gesamtwirtschaftlichen Gleichgewicht führen, bei dem auch Vollbeschäftigung herrscht. Arbeitslosigkeit hat demnach ihre Hauptursache in einer unzureichenden gesamtwirtschaftlichen Nachfrage. Der Staat muss deshalb dafür sorgen, dass die gesamtwirtschaftliche Nachfrage z. B. durch Steuersenkungen oder Ausgabenerhöhungen wieder steigt. Die zusätzlichen Ausgaben können auch durch ein Haushaltsdefizit finanziert werden (deficit spending).

Leitzinssatz (Hauptrefinanzierungssatz)
Zinssatz der Europäischen Zentralbank für Refinanzierungskredite an die Geschäftsbanken. Der Leitzins dient als Instrument der Geldpolitik, da er das allgemeine Zinsniveau beeinflusst. Eine Anhebung dient der Verknappung der Geldmenge, eine Senkung der Ausweitung der Geldmenge.

Nacherfüllung
Vorrangiger Anspruch im Rahmen der Mängelhaftung beim Kaufvertrag. Die Nacherfüllung kann beim Kaufvertrag nach Wahl des Käufers aus einer Nachlieferung oder einer Nachbesserung bestehen (§ 439 BGB).

Nachfragetheorie
(siehe Keynesianismus)

Privatrecht
Das Privatrecht umfasst alle Rechtsnormen, die die Beziehungen privater Personen untereinander regeln (Zivilrecht).

Protektionismus
Bezeichnet Maßnahmen der Außenhandelspolitik, die darauf zielen, inländische Erzeuger bzw. Erzeugnisse vor ausländischer Konkurrenz zu schützen, meist durch die Erhebung von Zöllen.

Recht
Im subjektiven Sinn der Anspruch, der für einen Berechtigten aus dem objektiven Recht erwächst.

Rechtsfähigkeit
Fähigkeit, Träger von Rechten und Pflichten zu sein. Rechtsfähig sind alle Menschen (ab Vollendung der Geburt) und juristische Personen (§ 1 BGB).

Rechtsfolge
Rechtliche Konsequenz, die eintritt, wenn die in der Rechtsnorm definierten Tatbestandsvoraussetzungen erfüllt sind.

Rechtsordnung
Im objektiven Sinn die Gesamtheit der Rechtsnormen, die zueinander in einer gestuften Ordnung stehen und die auf einem bestimmten Gebiet (zum Beispiel der Bundesrepublik

Deutschland) zu einer bestimmten Zeit gelten. Die Rechtsordnung regelt verbindlich das Zusammenleben der Menschen. Ihre Durchsetzung wird von der staatlichen Autorität garantiert.

Rücktritt
Ablehnung der Leistung und Rückabwicklung des Vertrags. Mit erfolgtem Rücktritt (Rücktrittserklärung) erlöschen die noch nicht erfüllten Leistungspflichten. Bereits empfangene Leistungen müssen zurückgewährt werden (Rückgewährschuldverhältnis) (§§323ff. BGB).

Sachmangel
Eine Beeinträchtigung der Kaufsache, die den Wert oder die Tauglichkeit zu dem gewöhnlichen oder dem nach dem Vertrag vorausgesetzten Gebrauch aufhebt oder mindert (§434 BGB).

Schadensersatz
Anspruch auf Ausgleich des Schadens, den eine Person aufgrund des rechtswidrigen Verhaltens einer anderen Person erlitten hat (§§280–283 BGB).

Schadensersatz neben der Leistung
Der Gläubiger nimmt die Leistung an, verlangt aber aufgrund einer Pflichtverletzung daneben Schadensersatz.

Schadensersatz statt der Leistung
Der Gläubiger lehnt die Leistung ab und verlangt aufgrund einer Pflichtverletzung stattdessen Schadensersatz.

Schuldner
Diejenige Partei eines Schuldverhältnisses, die verpflichtet ist, einem anderen (den Gläubiger) eine Leistung zu erbringen.

Soziale Marktwirtschaft
Wirtschaftsordnung der Bundesrepublik Deutschland. Sie verbindet den Grundsatz der Freiheit auf dem Markt mit dem sozialen Ausgleich.

Staatsverschuldung
Sämtliche Verbindlichkeiten der Gebietskörperschaften Bund, Länder und Gemeinden aus der Kreditaufnahme zur Finanzierung von Defiziten in den öffentlichen Haushalten. Unterschieden wird die Gesamtverschuldung, das ist der Betrag, mit dem Bund, Länder und Gemeinden insgesamt in der Kreide stehen, von der Neuverschuldung, das ist der Betrag, den ein Staat in einem Haushaltsjahr neu aufnehmen muss, um sein Budget auszugleichen (Haushaltsdefizit).

Stabilitätsziele/magisches Viereck
Die im „Gesetz zur Förderung der Stabilität und des Wachstums der Wirtschaft" von 1967 verankerten wirtschaftspolitischen Ziele. Die Wirtschaftspolitik des Staates soll im Rahmen der marktwirtschaftlichen Ordnung gleichzeitig zur Stabilität des Preisniveaus, zu einem hohen Beschäftigungsstand, zu außenwirtschaftlichem Gleichgewicht und einem stetigen und angemessenen Wirtschaftswachstum beitragen. Alle vier Ziele sind nur schwer gleichzeitig zu verwirklichen, weshalb sie auch als magisches Viereck bezeichnet werden. Als weitere Ziele werden häufig eine gerechte Einkommens- und Vermögensverteilung sowie der Erhalt einer lebenswerten Umwelt gefordert.

Steuern
Steuern sind öffentlich-rechtliche Abgaben aller Steuerpflichtigen zur Deckung des Finanzbedarfs eines Gemeinwesens, denen keine bestimmte staatliche Leistung (keine Pflicht zur Gegenleistung und keine Zweckbindung des Gemeinwesens) gegenübersteht. Nach der Art der Erhebung werden direkte (z.B. Einkommensteuer) und indirekte Steuern unterschieden (z.B. Mehrwertsteuer).

Subsumtion
Bei der Subsumtion wird geprüft, ob ein Sachverhalt die Tatbestandsvoraussetzungen einer Rechtsnorm erfüllt. Dazu müssen aus dem gegebenen Fall die rechtlich bedeutsamen Informationen genau herausgearbeitet werden.

Tarifautonomie
Bezeichnet das Recht der Tarifpartner, durch freie Vereinbarungen Tarifverträge auszuhandeln, ohne die Mitwirkung des Staates. Die Tarifautonomie ist im Grundgesetz garantiert.

Tarifvertrag
In Tarifverträgen regeln die Tarifpartner (Arbeitgeberverbände und Gewerkschaften) die Arbeitsverhältnisse der Mitglieder der Tarifparteien. Gegenstand der Regelungen sind Arbeitsentgelt, Arbeitszeit, Urlaubsregelungen etc. Flächentarifverträge gelten für die gesamte Tarifbranche eines bestimmten Tarifgebiets. Firmentarifverträge gelten nur für die Beschäftigten eines Unternehmens.

Tatbestand
Der Tatbestand beschreibt die Voraussetzungen, die bei einer Rechtsnorm erfüllt sein müssen, damit die Rechtsfolge eintritt.

Übereignung
Eigentumsübertragung. Erforderlich dazu ist bei beweglichen Sachen die Einigung über den Eigentumsübergang und in der Regel die Übergabe der Sache (§854 I BGB).

Übergabe
Die durch Übertragung der tatsächlichen Herrschaftsgewalt erfolgende Verschaffung des unmittelbaren Besitzes (§854 I BGB).

Verbraucherschutz
Gesamtheit der rechtlichen Vorschriften, die den Verbraucher vor Benachteiligungen im Wirtschaftsleben schützen und seine rechtliche Stellung stärken sollen.

Verbrauchsgüterkauf
Kauf einer beweglichen Sache durch einen Verbraucher bei einem Unternehmer. Beim Verbrauchsgüterkauf werden dem Verbraucher besondere Schutzrechte gewährt.

Vertrag
In der Regel zweiseitiges Rechtsgeschäft, das durch Übereinstimmung von Antrag (der eigenen Partei §145 BGB) und Annahme (durch die andere Partei §147 BGB) zu Stande kommt.

Vertretenmüssen
Grundsätzlich zu vertreten hat der Schuldner Verschulden (Vorsatz und Fahrlässigkeit), in Sonderfällen geht das Gesetz aber auch von einer Haftung ohne Verschulden aus (§276 BGB).

Verzug
Schuldhafte Verzögerung der Leistung trotz Fälligkeit und Mahnung (§ 286 BGB).

Vorsatz
Das Wissen und Wollen eines rechtswidrigen Erfolges.

Währungsunion
Zusammenschluss von Ländern, die eine einheitliche gemeinsame Geld- und Währungspolitik betreiben. Meist wird in diesen Ländern gleichzeitig auch eine einheitliche Währung eingeführt.

Wechselkurs
Preis für eine ausländische Währungseinheit. Bei flexiblen Wechselkursen wird der Preis durch Angebot und Nachfrage am Devisenmarkt gebildet. Bei fixen Wechselkursen wird ein bestimmter Preis oder eine Bandbreite festgesetzt und durch Devisenan- bzw. -verkäufe der Zentralbank gestützt. Die Preisnotierung gibt den Preis einer ausländischen Währungseinheit in inländischer Währung (z. B. 71 Euro-Cent für einen Dollar) wieder. Die Mengennotierung gibt an, welche Menge an ausländischer Währung man für eine Einheit inländischer Währung erhält (für einen Euro 1,40 Dollar).

Welthandelsorganisation (WTO)
Internationale Organisation zur Gewährleistung eines freien Welthandels. Die WTO soll die internationalen Handelsbeziehungen innerhalb verbindlicher Regelungen organisieren und überwachen und bei Handelskonflikten für eine effektive Streitschlichtung sorgen. Wichtigste Prinzipien sind: Meistbegünstigung, Inländerbehandlung, Transparenz.

Willenserklärung
Sie ist die Äußerung eines auf die Herbeiführung einer bestimmten Rechtswirkung gerichteten Willens.

Zahlungsbilanz
In der Zahlungsbilanz wird die wirtschaftliche Verflechtung eines Landes mit dem Ausland statistisch erfasst. Sie setzt sich aus mehreren Teilbilanzen zusammen. Die wichtigsten Teilbilanzen sind die Leistungsbilanz und die Kapitalbilanz. Die Leistungsbilanz setzt sich zusammen aus der Handels-, Dienstleistungs-, Erwerbs- und Vermögenseinkommens- sowie der Übertragungsbilanz. In der Handelsbilanz wird – bezogen auf ein Jahr – der Wert aller Warenim- und -exporte Deutschlands ausgewiesen. In der Kapitalbilanz werden die Kapitalbewegungen zwischen In- und Ausländern erfasst.

Register

Anmerkung: Schwarz gedruckte Seitenangaben verweisen auf den Darstellungsteil. Personennamen sind kursiv gedruckt.

Abiturprüfungen 179ff.
Abschlussfreiheit 159, 170
Abstraktionsprinzip 180
Aliudlieferung 146, 156
Anforderungsbereiche (im Abitur) 174ff.
Angebotspolitik 13ff., 38, 41
Angebotstheorie 42
Äquivalenzprinzip 32f., 42
Arbeitgeberverbände 20
Arbeitslose 11
Arbeitslosigkeit 12, 13f., 21, 59
– demographische 9
– keynesianische 10
– persönlichkeitsbedingte 10
– regionale 10
– strukturelle 8ff., 13, 41
– technologische 9
Arbeitsmarkt 11, 17, 37, 41f., 81
Arbeitsplätze 21, 38
Arbeitsproduktivität 38
Außenhandel 91, 98, 107
Außenhandelsbilanz 100
Außenhandelspartner 91, 107
Außenhandelspolitik 96ff., 107

Basar-Ökonomie 82
Basistender 56
Beschaffungsrisiko 122, 150
Beweislastumkehr 163, 172
Bilanz
– der Erwerbs- und Vermögenseinkommen 85f., 107
– der laufenden Übertragungen 85
Bruttoinlandsprodukt 81
Bundeshaushalt 35

deficit spending 14
Devisenbilanz 86, 107
Devisenmarkt 73
Dienstleistungen 83, 92
Dienstleistungsgesellschaft 10
Direktinvestitionen 86, 91, 93, 104, 107
Drei-Sektoren-Hypothese 10

Effizienz 31, 42
Effizienzlohntheorie 12
Einkommensteuer 34
Einlagefazilität 57
Elektronischer Geschäftsverkehr 165, 168, 170
Erfüllungsanspruch 115, 129, 136, 142, 149
Ersatz vergeblicher Aufwendungen 126, 130, 146, 152, 156
EU-Handelspolitik 100
Europäischer Leitzins 56
Europäisches System der Zentralbanken (ESZB) 51f., 77
Eurosystem 51
Eurozone 51
Export 91
Exporteure 80
Exportquote 81, 107
Europäische Zentralbank (EZB) 27, 51ff., 55, 57, 60, 63f., 65f., 76, 77, 85, 179

Fahrlässigkeit 121
Fälligkeit 162
Fernabsatzverträge 165, 167f.,170
Firmentarifvertrag 22
Flächentarifvertrag 22
Formfreiheit 159, 170
Formvorschriften 160
Freihandel 96
Frist 118, 124ff., 129, 133f., 136, 146, 154
Fristsetzung (siehe auch Frist) 116f., 127, 142, 151f.

Garantie 153, 163, 170
Gattungsschuld 122, 138
Gefahrübergang 147, 151f., 156, 170
Geld 44ff., 48
Geldmenge 45f., 55, 62, 64, 77, 89
Geldmengensteuerung 63
Geldpolitik 53, 55, 58, 62ff., 77
Geldschöpfung 47
Geldschulden 142
Geldwertstabilität 47f.
General Agreement of Tariffs and Trade (GATT) 98f.
Gerechtigkeit 31, 42
Geschäftsbanken 46
Gewährleistung 153, 170

Gewerkschaften 20
Gewöhnliche Verwendung 145
Giralgeldschöpfung 46
Gläubiger 110, 118
Globalisierung 102 ff., 107
Grobe Fahrlässigkeit 147
Grundgesetz 26, 42

Handelsbilanz 85, 92
Handelshemmnisse 97 ff., 107
– tarifäre 97, 107
– nichttarifäre 97, 107
Hartz IV 39, 40
Hauptrefinanzierungsgeschäfte 55 f.
Haupttender 56
Haustürgeschäfte 165 f., 168, 170

Importeure 81
Importquote 92
Inflation 49 f., 59 f., 77
Inhaltsfreiheit 159, 170
Inländerbehandlung 99, 108

Kaufkraftparitätentheorie 68, 77
Kaufkrafttheorie 21, 23 f., 41
Kaufvertrag 138, 144, 148, 152
Kündigungsschutz 17 f., 38

Laffer-Kurve 35
Leistungsbilanz 85, 91 ff., 107
Leistungsbilanzdefizit 88
Leistungsbilanzüberschuss 88, 107
Leistungsfähigkeitsprinzip 33, 42
Leistungszeit 132 f.
Leitzins 65, 77
Liberalisierung 107

Mahnung 132 f., 134 f., 138, 140, 142
Mangelfolgeschäden 151
Mangelhafte Montageanleitung 146, 156
Meistbegünstigungsklausel 98, 107
Mengentender 56
Minderlieferung 146, 156
Minderung 150, 152, 156, 163
Mindestlöhne 39, 42, 182 f.
Mindestreserve 57
Mündliche Abiturprüfung 188 ff.

Nachbesserung 149 f., 156
Nacherfüllung 146, 151 f., 154
Nachfragepolitik 13 ff., 39, 41 f.
Nebenpflichtverletzung 112
Nichterfüllung 112
Nominallohn 21

Operatoren 174 ff.

Pflichten 111, 129
– leistungsbezogene 111
– nicht leistungsbezogene 111, 125
– aus einem Schuldvehältnis 111
Pflichtverletzung 112 f., 115 ff., 120 ff., 127, 129, 136 f., 139, 142, 144, 152
Preisniveaustabilität 62
Privatautonomie 158 f., 170
Produktivität/Arbeitsproduktivität 20
Protektionismus 96, 100
Prüfungsschema 117, 121, 125
Public-Choice-Theorie 29

Quantitätsgleichung 63

Reallohn 21
Refinanzierungskredite 55 f.
Ricardo, David 27, 96
Rückgaberecht 167, 170
Rücktritt 115 ff., 129, 136, 139, 142, 150, 152, 179
– Rechtsfolgen 117

Sachmangel 144, 146, 149, 152, 163
Saldo 85 ff.
– der statistisch nicht aufgliederbaren Transaktionen 86
– der Vermögensübertragungen 107
Schadensersatz 120 ff., 126 f., 129, 156
– neben der Leistung 50, 106, 120, 124, 137, 142, 151 f.
– statt der Leistung 123 ff., 126, 138 f., 142, 146, 150, 152
Schlechterfüllung 112, 129
Schriftliche Abiturprüfung 171 ff.
Schuldenbremse 26
Schuldner 110, 118
Schuldnerverzug 138
Schuldverhältnis 110 ff., 117, 124 f., 129, 142, 152, 159
Sozialpartner 20
Spitzenrefinanzierungsfazilität 57

Staatseinnahmen 31
Staatsverschuldung 25ff., 28f., 41, 60
Stabilitätspakt 96
Stagnationsarbeitslosigkeit 9
Steuereinnahmen 32
Steuern 30ff., 41f.
– direkte 32
– indirekte 32
Steuersystem 31f.
Steuertarife 34
Strukturwandel 10
Stückschuld 138

Tarifautonomie 20
Tarifbindung 23
Tarifpartner 41
Tarifvertrag 22
Testierfreiheit 158
Theorie der komparativen Kostenvorteile 96
Transparenzprinzip 99, 108

Übertragungsbilanz 85
Umtausch 153f., 164, 169
Unabhängigkeit (der EZB) 53, 53
Unmöglichkeit der Leistung 112, 129
Unsachgemäße Montage 146, 156
Unterlassen 111
Unternehmer 162, 164, 170

Verbraucher 162, 170
Verbrauchsgüterkauf 162f., 170
Vereinbarte Beschaffenheit 145f.
Verjährung 151
Verschärfung 139, 142
Vertragsfreiheit 158f., 161, 172
– Einschränkungen 159f.
Vertretenmüssen 121, 122, 124, 127, 129, 132f., 138, 142, 151f.
Vertriebsformen 165ff., 170
Verwendungstauglichkeit 145, 156
Verzögerung der Leistung (siehe auch Verzug) 112, 129, 132, 136ff., 142
Verzug 132, 134f., 139, 140, 142
Verzugszinsen 139
Vorsatz 121

Wechselkurs(systeme) 67, 70ff., 75, 77, 107, 178
– feste (fixe) 70ff., 74
– freie (flexible) 70ff., 76, 87
– mit Bandbreiten (relativ feste) 72ff.
Wechselkursänderungen 70
Wechselkursmechanismus II (WKM II) 72ff., 78
Werbeaussagen 145
Widerrufsrecht 166, 170, 179
Wirtschaftsbündnisse 99, 107
World Trade Organization (WTO) 98f., 107
Wuchergeschäft 160

Zahlungsbilanz 84ff., 88, 90, 94, 107
Zentralbank 46
Zentralbankgeld 46, 49, 56, 64
Zinsen 55ff.
Zinstender 56
Zölle 69, 97, 100
Zollunion 99
Zwei-Säulen-Konzept 64

Verzeichnis der im Darstellungsteil verwendeten Literatur

Andersen, Uwe: *Konjunktur und Beschäftigungspolitik*, in: Grosser, Dieter (Hrsg.): *Der Staat in der Bundesrepublik Deutschland*, Opladen 1985, S. 394 (Westdeutscher Verlag)

Altmann, Jörn: *Wirtschaftspolitik*, 7. Aufl., Stuttgart 2000 (UTB)/ 8. Aufl. Stuttgart 2007

Baßeler, Ulrich/Heinrich, Jürgen/Utecht, Burkhard: *Grundlagen und Probleme der Volkswirtschaft*, 19., überarb. Auflage, Stuttgart 2010 (Schäffer-Poeschel)

Barbier Hans D./Jeske, Jürgen (Hrsg.): *Handbuch Wirtschaft. So nutzt man den Wirtschafts- und Finanzteil einer Tageszeitung*, Frankfurt am Main 2000 (Societäts-Verlag)

Brozus, Lars/Zürn, Michael: *Regieren im Weltmaßstab*, in: *Informationen zur politischen Bildung 280, Globalisierung*, Bonn 3/2003, S. 57–62 (Bundeszentrale für politische Bildung)

Kruber, Klaus Peter/Mees, Anna Lena/Meyer, Christian: *Auf dem Weg zu einer internationalen Wirtschaftsordnung?* in: *Informationen zur politischen Bildung 299, Internationale Wirtschaftsbeziehungen*, Bonn 2/2008, S. 57–60 (Bundeszentrale für politische Bildung)

Mankiw, N. Gregory/Taylor, Charles P.: *Grundzüge der Volkswirtschaftlehre*, 5. Aufl., Stuttgart 2012 (Schäffer-Poeschel), (Übersetzung: Marco Hermann, Adolf Wagner)

Pohl, Rüdiger: *Geld und Währung*, Mannheim 1993 (Bibliographisches Institut)

Sperber, Herbert: *Wirtschaft verstehen*, 4. Aufl., Stuttgart 2012 (Schäffer-Poeschel)

von Plate, Bernard: *Grundzüge der Globalisierung*, in: *Informationen zur politischen Bildung 280, Globalisierung*, Bonn 3/2003, S. 3–6 (Bundeszentrale für politische Bildung)

Gerhard Willke: *Das politische Element in der Ökonomik*, in: Georg Weißeno (Hrsg.), *Politik und Wirtschaft unterrichten*, Bonn 2006, S. 37–60 (Bundeszentrale für politische Bildung)

Bildnachweis

Baaske Cartoons/Kai Felmy, Müllheim – S. 166; -/Martin Guhl – S. 7, 48; -/Erik Liebermann – S. 113; -/Gerhard Mester – S. 31; -/Burkhard Mohr – S. 102, 151; -/Klaus Puth – S. 30; -/Heinz Wildi – S. 7; Bermoser + Höller Verlag, Aachen – S. 8, 20, 30, 57, 75, 90, 92, 98, 99, 167, 168, 169; Bundesarchiv/Allgemeiner Deutscher Nachrichtendienst, Sig. Nr. 183 S80285, Walter Heilig, Koblenz – S. 44

Paolo Calleri, Ulm – S. 61; Caro Fotoagentur/Thomas Ruffer, Berlin – S. 158

dieKLEINERT.de, Martin Guhl, München – S. 157 (6), 162; dpa Picture-Alliance/epa, Bildfunk, Frankfurt – S. 19; -/EPA, Mast Irham – S. 99; -/EPA, Aaron Ufumeli – S. 49, 50; -/Patrick Seeger – S. 97; -/ZB, Jens Büttner – S. 17; dpa Infografik, Frankfurt – S. 32, 34, 35, 51, 79, 80, 81 (2), 82, 83, 91 (2), 92, 93, 165

F.A.Z.-Archiv/F.A.Z.-Grafik – Felix Brocker – S. 76; Wolfgang Filser, Augsburg – S. 115; Fotolia/Deklofenak – S. 159; -/Kzenon – S. 160; -/Niki Love – S. 162; -/Dan Race – S. 135

INSM – Initiative Neue Soziale Marktwirtschaft, Berlin – S. 13; Institut für Demoskopie Allensbach – S. 32; iStockphoto/lisafx – S. 109; -/lisegagne – S. 140; -/Pgiam –S. 114; -/tap10 – S. 146; -/webphotographeer – S. 109

Luis Murschetz, München – S. 67; Felix Mussil, Frankfurt – S. 67

Heiko Sakurai, Köln – S. 25, 62; Rainer Schwalme, Krausnick-Groß-Wasserburg – S. 158; Statista GmbH, Hamburg – S. 167, 168; Statistisches Bundesamt, Wiesbaden – S. 11, 24, 65; Klaus Stuttmann, Berlin – S. 7

Birgit Tanck Illustration, Hamburg – S. 143 (2); Thinkstock/iStockphoto – S. 132; Jürgen Tomicek, Werl-Westönnen – S. 182

Freimut Wössner, Berlin – S. 105; www.musicheadquater.de – S. 119; www.wikimedia.org – S. 95, 96; www.wikimedia.org/Dualor 01 – S. 112.